Sven Frotscher

unter Mitarbeit von Johannes Frotscher

Das stählerne Herz von Halle

Lindner/Waggonbau Ammendorf/MSG

Band I: 1823–1945

mitteldeutscher verlag

Bibliografische Information der Deutschen Nationalbibliothek
Die Deutsche Nationalbibliothek registriert diese Publikation in der Deutschen Nationalbibliografie; detaillierte bibliografische Daten im Internet unter http://d-nb.de.

Grafiken, Diagramme und Tabellen: Sabine Schulz, Halle (Saale).
Lektorat: Birgit Frotscher, Halle (Saale).

Gesamtherstellung: Mitteldeutscher Verlag, Halle (Saale)

ISBN 978-3-95462-286-3

Printed in the EU

Vorwort

Da sitze ich nun und überlege, wie ich Sie auf die fast 200-jährige Geschichte vom Waggonbau Ammendorf einstimmen kann.
Wir schreiben das Jahr 2014. Von dem ehemaligen, die Stadt Halle repräsentierenden industriellen Großbetrieb ist nicht viel übrig geblieben.
Und doch schlägt das stählerne Herz wieder.

Als ich im Jahr 1977 meine Ausbildung im damaligen Waggonbau Ammendorf begann, hätte ich nicht gedacht, dass ich eines Tages das Vorwort für die Edition der Geschichte des Waggonbaus schreiben würde. Damals war auch nicht zu ahnen, mit dem Betrieb einmal so verbunden zu sein, dass ich die letzten Jahrzehnte mit all seinen Höhen und Tiefen hautnah miterleben und gestaltend eingreifen konnte.

Unvergessen ist der Umbruch des Unternehmens in der Wendezeit 1989–1990 und die Aufbruchstimmung danach. Mit unbeschreiblichem Engagement gingen Mitarbeiter und Führungskräfte mit Hilfe von Politik, Gewerkschaft und Treuhandanstalt an die gewaltige Aufgabe, einen volkseigenen Betrieb erfolgreich in die Marktwirtschaft zu führen. Alle schienen nur ein Ziel zu verfolgen: das Unternehmen zu erhalten und es erfolgreich für die Zukunft aufzustellen. Die Privatisierung erfolgte schließlich im Jahr 1996.
Die Übernahme durch den Bombardier-Konzern im 1998 nährte Hoffnung bei den Beschäftigten, am weltweit tätigen Konzern zu partizipieren. Trotz sehr viel Engagement und notwendiger Anpassungen wurde der Waggonbau am 31. 12. 2005 geschlossen.
Über die wahren Gründe ließ sich damals nur spekulieren, dieses Buch wird dazu beitragen, Licht in das Dunkel zu bringen.
Jedoch, Ammendorf erlebte eine Auferstehung. Mit 40 Mitarbeitern startete 2006 die Maschinenbau und Service GmbH – seit 2009 erneut mit dem Namenszug Waggonbau Ammendorf im Firmenlogo. Die Schienenfahrzeugbautradition wird heute wieder mit mehr als 200 Mitarbeitern aufrechterhalten. Dem Herzblut einiger ehemaliger Waggonbauer ist es zu verdanken, dass der Waggonbau Ammendorf nicht nur in den Geschichtsbüchern zu finden ist, sondern auch wieder in den Tageszeitungen.

Aber war es nicht schon immer so, dass sich seit dem Firmengründer Gottfried Lindner alle Nachfolger wieder und wieder an neue Situationen anpassen mussten?
In der heutigen hastigen Zeit beschränken sich unsere Erinnerungen auf die letzten 25 Jahre. Doch was geschah alles in den 191 Jahren seit der Gründung des Waggonbau Ammendorf im Jahre 1823?

Dieses Buch wird auch diese Fragen beantworten können.

Uwe Albrecht
Geschäftsführer MSG/Waggonbau Ammendorf

Danksagung

Zahlreiche Personen und Institutionen haben wertvolle Hilfe für das vorliegende Werk geleistet. Ihnen soll hier gedankt werden:

Uwe Albrecht, Geschäftsführer MSG Waggonbau Ammendorf, Halle

Tahmine Bastany, Universität Hamburg

Landesarchiv Berlin

Dr. Christina Böttcher, ehemals Martin Luther Universität Halle-Wittenberg

Prof. Dr. Burchard Brentjes †, Berlin

db-Museum Nürnberg

Birgit Frotscher, Halle

Johannes Frotscher, Halle

Eberhard Heinicke, Halle

Gerald Heise, Landeshauptarchiv Sachsen-Anhalt, Merseburg

Jana Holenstein, Landeshauptarchiv Sachsen-Anhalt, Merseburg

Internationales Maritim-Museum Hamburg

Annegret Jungnickel, Landeshauptarchiv Sachsen-Anhalt, Merseburg

Fred Keitel, Halle

Matthias Koch, db-Museum Halle

Uwe Küster, Vorstandsvorsitzender AWO Sachsen-Anhalt

Dr. Hildegard Labenz, Stadtbibliothek Halle

Angelika Laibl, Halle

Deutsche Nationalbibliothek, Leipzig

Prof. Dr. em. Hans-Jürgen Pandel, Martin-Luther-Universität Halle-Wittenberg

Claudia Schreiner, mdr-Programmchefin Kultur/Wissenschaft

Sabine Schulz, Halle

Stadtarchiv Halle

Prof. Dr. Manfred Straube, Leipzig

Oberstudiendirektorin Marianne Strenge, Halle

Universitäts- und Landesbibliothek Halle

Christian Wriedt, Vorstandsvorsitzender der Körber-Stiftung Hamburg

Einführung

Die Buch-Idee geht auf den Geschichtswettbewerb des Bundespräsidenten zurück, bei dem Forschungsarbeiten zur Waggonbau-Ammendorf-Geschichte den zweiten Preis gewannen. In der Folge gab es weitere Preise, so dass es sinnvoll erschien, das Projekt zu einem Buch zu verarbeiten. Erfreulicherweise hat der Geschäftsführer der MSG/Waggonbau Ammendorf dieses Projekt unterstützt.

Es gibt wenige größere Unternehmen in Deutschland, über die eine so detaillierte Geschichte vorliegt, die fast 200 Jahre seit 1823 abdeckt. Dies danken wir der guten Archivlage mit über 80 Aktenmetern in Merseburg und auch zweistelligen Aktenmetern in Halle sowie in Berlin und Leipzig. Es ist auch selten, dass die veröffentlichten Bücher der Manager so erfolgreich in ganz Deutschland waren (mehrere Auflagen).

Insgesamt erforschen wir diese Geschichte seit 2004, es sind also 10 Jahre ins Land gegangen bis zum ersten Band.
Der Inhalt des Buches folgt einem chronologischen Raster in drei Erzählsträngen:
1. Geschichte des Betriebes, seiner Produkte und der Menschen, die diese Produkte herstellten.
2. Geschichte der Konkurrenz, der Branche, der Verbünde (Syndikate) und der Politik.
3. Geschichte der technologischen Entwicklung im Waggonbau.
Nicht immer konnte vollchronologisch vorgegangen werden. Dies liegt an dem Ziel, ein umfassendes authentisches Sittengemälde im Zeitverlauf zu zeichnen. In den 1940ern gibt es chronologische Sprünge, um die Kausalfolge (Produktionsvorbereitung, Produktion, Marketing, soziale Erholung) zu gewährleisten. Genaue Quellenangaben und Daten ermöglichen es jedoch, die Chronologie zu erkennen.

Die Geschichte ist eingebettet in den politischen Rahmen. Es gibt nur wenige Betriebe, die überhaupt so eine lange Vita haben, was unter anderem an politischen Rahmenbedingungen, aber auch am Strukturwandel liegt. Eine solch lange Vita bedeutete immer eine große Resilienz gegenüber externen Schocks, sei es aus der Politik (Kriege) oder aus dem Markt heraus (Zyklen, Nachfragemonopole).
Es ist erstaunlich, dass auch MSG unter Uwe Albrecht diesen Resilienzpfad des Erfolges gegangen ist. Viele vermuteten 2005 den Tod des Unternehmens und fragten, wie man sich nur auf einen Nachfrager (Sowjetunion) so lange verlassen konnte.
Der Waggonbau Ammendorf lebt. Es war das Jahr 1969, in welchem der Waggonbau Ammendorf die Marktführerschaft im flächengrößten Land der Erde erreicht hatte. Für ein rohstoffarmes Land wie die DDR war technologische Macht existenziell. Man kann sagen, dass der Schlüssel zur russischen Öl-/Gas-Tür ein Waggon aus Ammendorf war. Die Russen konnten gar nicht genug von den Waggons aus Halle bekommen. Mit etwa 700 Wagen p. a. war die Kapazitätsgrenze erreicht. Beide Fakten erzwangen eine Ein-Kunden-Strategie.

Sven Frotscher

Inhaltsverzeichnis

Industrialisierung in Mitteldeutschland

Mitteldeutschland ist ein Gebiet, das den traditionellen Wirtschaftsraum mit den Ballungszentren Leipzig, Halle und Dessau bezeichnet.[1] Halle und Ammendorf, der Ort der Untersuchung über die Unternehmensgeschichte, gehörten hier administrativ zur preußischen Provinz Sachsen, die aus alten preußischen und infolge des Wiener Kongresses des Jahres 1815 von Preußen neu erworbenen Gebieten hervorging.

Am Anfang des 19. Jh. gehörte diese Region noch zu den rückständigsten Agrargebieten in Europa. Es war gar nicht daran zu denken, dass hier einmal mehrere große Fabriken mit Tausenden von Arbeitern stehen würden. Hinzu kam die Kleinstaaterei, die die wirtschaftliche Entwicklung hemmte. Der Wirtschaftswissenschaftler FRIEDRICH LIST (1789 – 1846) äußerte sich dazu Anfang des Jahrhunderts pessimistisch:

> *»38 Zolllinien in Deutschland lähmen den Verkehr im Inneren und bringen ungefähr dieselbe Wirkung hervor, wie wenn jedes Glied des menschlichen Körpers unterbunden wird, damit das Blut ja nicht in ein anderes überfließe. Um von Hamburg nach Österreich, von Berlin in die Schweiz zu handeln, hat man zehn Staaten zu durchschneiden, zehn Zollordnungen zu studieren, zehnmal Durchgangszoll zu bezahlen. Wer aber das Unglück hat, auf einer Grenze zu wohnen, wo drei oder vier Staaten zusammenstoßen, der verlebt sein ganzes Leben mittenunter feindlich gesinnten Zöllnern; der hat kes Vaterland. Trostlos ist dieser Zustand für Männer, welche wirken und handeln möchten ...«*[2]

Preußen wird Arbeitsmekka

In Preußen vollzog sich die Industrialisierung schneller als im übrigen Deutschland. Dafür gab es Gründe. Das Gesetz über die Bauernbefreiung von 1807 setzte sehr hohe Summen für den möglichen Freikauf eines Bauern von seinem Herrn fest. Eigentlich hätten sich viele Leibeigene als Kleinbauern selbständig gemacht, denn in der Landwirtschaft kannten sie sich aus. So mussten sie jedoch als Lohnarbeiter arbeiten, um die Ablösesumme zahlen zu können.[3] Hinzu kamen staatliche Subventionen, Industriespionage und verstärkte Bildungsanstrengungen. Wie in anderen Ländern (USA, Frankreich) waren der Dampfmaschinenbau und die Eisenbahn die stärksten Antriebskräfte der Industrialisierung. Der heute Logistik genannte Bereich war deshalb so wichtig, weil v. a. Rohstoffe transportiert werden mussten. Und die waren in Mitteldeutschland reichlich vorhanden: Braunkohle (z. B. um Bitterfeld) und Kupfererze (z. B. nahe Mansfeld).[4] Bereits 1855 war das deutsche Eisenbahnnetz länger als das englische (Abb. 1).

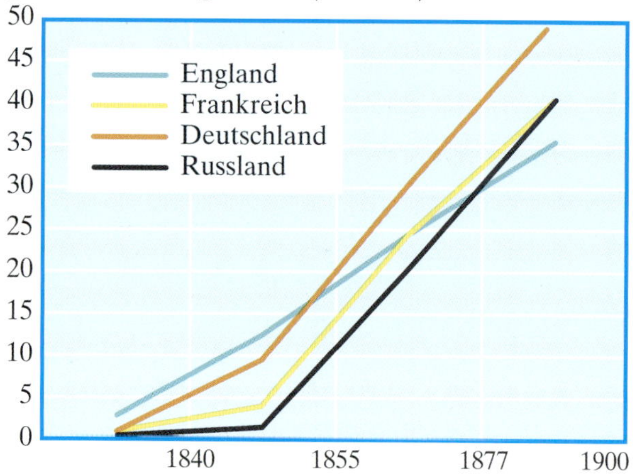

Abb. 1: Eisenbahnnetze (in 1000 km)

Die deutsche Waggonindustrie

Die erste deutsche Eisenbahn von Nürnberg nach Fürth aus dem Jahr 1835 bediente sich noch aus England importiertem Material. Es mussten sogar englische Lokführer angeheuert werden. Die gleiche Situation gab es bei der von der Leipzig-Dresdner Eisenbahn-Compagnie für über 1,5 Millionen Thaler zu bauenden Eisenbahnstrecke Leipzig-Dresden. Nach den jahrelangen Importen wurde die erste deutsche Waggonfabrik (genannt Wagenbauanstalt) von dem Briten THOMAS WORDSELL als »coach factory« (Busfabrik) errichtet. Er arbeitete in Liverpool und wurde von

1. Friese, H. W., W. Kaulfuß, D. Richter und G. Saupe: Wirtschaftsräume und Siedlungen, Berlin 1997, S. 90–92.
2. Görtemaker, M.: Deutschland im 19. Jh., Opladen 1986, S. 142.
3. Koltrowitz, B. (Hrsg.): Geschichte, Berlin 2000, S. 173.
4. ebenda: S. 174.

Sachsen abgeworben. Im Protokoll vom 16. Januar 1837 seines Liverpooler Arbeitgebers ist folgende Bemerkung zu lesen:

> »*The Treasurer informed the Board that Thomas Wordsell, the Company Superintendent of the Coach Building and Repairing Shops, had given notice of his intentions to leave his present employ, as he had had some proposals which he considered advantageous and was desirous to accept. Mr Wordsell expressed himself grateful to the Directors for the encouragement and kindness he had received at their hands.*«[5]
>
> **Übersetzung:**
> Der Finanzcontroller informierte den Aufsichtsrat, dass Thomas Wordsell, der Abteilungsleiter der Busbauer- und Reparaturabteilung, darüber informierte, dass er sich mit dem Gedanken trage, die Firma zu verlassen aufgrund von vorteilhaften Angeboten, die er zu akzeptieren wünsche. Mr Wordsell drückte seine Dankbarkeit gegenüber den Direktoren aus für die Ermutigung und die Freundlichkeit, die er aus ihren Händen erhielt.

Weitere Fabrikgründungen folgten in den nächsten Jahren (Tabelle).

Jahr	Waggonbau-Fabrik
1838	Pouwels & Talbot in Aachen
1839	Linke in Breslau
1839	Gebrüder Hofmann in Breslau
1840	Klett & Co. in Nürnberg
1845	Gebrüder Gastell in Mainz
1845	Van der Zypen & Charlier in Köln-Deutz
1846	Busch in Bautzen
1846	Maschinenfabrik Esslingen

Dies lag vor allem an dem 1847 gegründeten **Verein deutscher Eisenbahnverwaltungen**, der einen zukünftigen Absatz versprach. Zwischen 1850 und 1870 gab es zehn Waggonfabriken, wobei einige jedoch kurz nach Gründung bereits wieder aufgaben. Bis 1872 waren weitere sieben Fabriken in Betrieb im Folgejahr 1873 öffneten erneut drei Waggonbauer ihre Werktore.[6] Wie sehr der Waggonbau die Industrie der damaligen Zeit prägte, wird durch den Fakt belegt, dass z. B. die Maschinenfabrik Esslingen über mehrere Jahre nach ihrer Gründung 1846 als

> »*der größte, modernste und am stärksten mechanisierte Industriebetrieb Württembergs*«[7] galt.

Die ersten Waggonfabriken lehnten sich in der Formgestaltung an die bekannten Straßenfuhrwerke, z. B. die Postkutsche an. Die ältesten Eisenbahnfahrgestelle waren bereits mit zwei Radsätzen, mit kegeligen Radreifen, innenseitigen Spurkränzen und äußeren Achslagern versehen. Aus England wurden konstruktive Eigenheiten bis hin zum direkten Einsatz von englischen Zulieferteilen übernommen.

Ursprünglich gab es vier Klassen an Personenwagen (Tabelle).

Klasse	Ausstattungsmerkmal
1.	verglaste Fenster
2.	lederne Wettervorhänge
3.	ganz offene Fenster
4.	nur Stehplätze

Diese Klassen lehnten sich an die alte Einteilung der Postkutschen in Extra-Post, Eil-Post und gewöhnliche Post an und ergänzten sie entsprechend den Ständen in der Gesellschaft um eine vierte Klasse mit Stehplätzen entsprechend dem Arbeiter- und Bauernstand.

Von der Täschnerei zum Kutschenbau

Man kannte in Deutschland die Arbeitsweisen und Maschinen der englischen Waggonindustrie. Britische Ausfuhrverbote verhinderten jedoch eine auf Maschinenimport gegründete Industrialisierung.[8] So gründeten risikobereite Unternehmer, die sich entweder selbst zuvor in anderen Maschinenfabriken verdingt und gelernt hatten, wie z. B. Hermann Gruson (1821 – 1895), Maschinenfabriken. In Halle war es Sattlermeister Gottfried Lindner, der am 23. 08. 1823 ein Täschnergeschäft eröffnete und es in kurzer Zeit zu einem Wagenbetrieb umbaute (Abb. 2).

Abb. 2: Gottfried Lindner

5. Lace, J.: The Leipzig-Dresden railway line through time, London 1998, passim.
6. Störiko, A.: Geschichte der deutschen Waggonindustrie und ihrer Verbände von 1877 bis 1977, Frankfurt/M. 1977, S. 7.
7. Messerschmidt, W.: Vom Fuhrwerk zum Intercity, Stuttgart 1988, S. 6.
8. Koltrowitz, B. (Hrsg.): Geschichte, Berlin 2000, S. 173.

Er selbst war der letztgeborene Sohn der Handwerkerfamilie ELIAS LINDNER. Zur Familie gehörten Gürtler, Essigbrauer, Drechsler und Schlosser.[9] Als Sattlermeister war ihm jedoch der Wagenbau untersagt. Er stellte deshalb Schmiedemeister und Stellmachermeister ein. Damit erreichte er eine Produktionstiefe bis zum fertigen Großprodukt. Am Anfang bereitete der Absatz der Kutschen Schwierigkeiten. Als Marketingidee ließ LINDNER Kutschen in einer Ausstellung aufstellen und Lose verkaufen. Diese Verkaufsstrategie wurde ihm jedoch wegen des staatlichen Lotteriemonopols seitens der Behörden untersagt. Aus jener Zeit ist ein Werbefoto erhalten (Abb. 3).[10]

Abb. 3: Das erste Geschäft von G. Lindner in der Steinstraße 9 in Halle, um 1830

Ein Kalender aus dem Jahr 1831 berichtet über die deutschlandweit herausragenden Produkte:

> »*Diese Fabrik liefert Kutschwagen, Sattel und imponierende Geschirre dazu, wie man sie wohl schwerlich in den größten Städten Deutschlands geschmackvoller finden dürfte, und ihr Magazin ist jederzeit mit den benannten Gegenständen so angefüllt, dass man nur mit ganz nackten Pferden ankommen darf, um in einigen Minuten mit den modernsten Wagen und den geschmackvollst gezierten Pferden abfahren oder nach Wunsch auch mit gesattelten Pferden wegreiten zu können.*«[11]

1823–1905 fertigte LINDNER über 5000 Kutschen verschiedener Arten (Abb. 4).[12]

Abb. 4: Kutschen von Gottfried Lindner

9. Aussage des Leiters des Stadtarchivs Halle, Herrn Jacob.

10. Koch, H. (Hrsg.): Von der Kutsche zum Weitstreckenwagen, Halle 1986, S. 13.

11. Gemeinnütziger Volkskalender für das Jahr 1831, Halle 1831.

12. Gottfried Lindner A. G., Denkschrift, Berlin 1923, S. 55.

Vom Kutschenbau zur Wagenbaufabrik

Auf dem Kalenderblatt findet sich noch eine Zeichnung des Gebäudes als Aufriss (Abb. 5) und Grundriss. Hervorgehoben

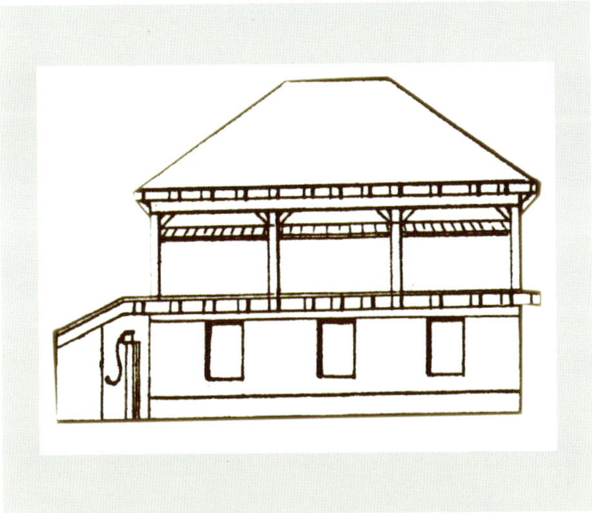

Abb. 5: Aufriss der Fabrik von 1831 mit Wasserpumpe im Vordergrund und offenem oberen Arbeitsgeschoss

wird dabei die Einzigartigkeit einer Etage für die Winterarbeit (Erdgeschoss) und einer Etage für die Arbeit im Sommer (luftiges Obergeschoss).[13] Nach dem Tod von GOTTFRIED LINDNER übernahm dessen Sohn HEINRICH LINDNER (Abb. 6)[14] die Geschäfte. Sein Vater ließ ihn den Beruf des Wagenbauers erlernen. HEINRICH baute den Kutschenbau zum Wagenbau um und eröffnete am 14. August 1865 eine neue Fabrik unter dem Motto (Abb. 7):

> *»Des Vaters Segen baut den Kindern Häuser«*[15]

Abb. 6: Heinrich Lindner

Abb. 7: Die Fabrik des Jahres 1865

13. Gemeinnütziger Volkskalender für das Jahr 1831, Halle 1831.
14. Gottfried Lindner A. G., Denkschrift, Berlin 1923, S. 51.
15. Stadtarchiv Halle.

Im gleichen Jahr (1865) war bereits die 1000. Kutsche ausgeliefert worden. Es war eine Doppelkalesche für den PRINZ ADOLF VON SCHWARZBURG, die in einer Halleschen Zeitung folgendermaßen beschrieben wurde:

> *»eine in ihrer schönen Einfachheit höchste elegante, vorzüglich gearbeitete Doppelkalesche«*[16]

HEINRICH LINDNER verfolgte mehrere Ziele. Den Vertrieb erweiterte er durch eine Filiale in Frankfurt am Main, von der aus auch exportiert wurde. Gleichzeitig bemühte er sich bei den Oberpostdirektionen der deutschen Länder um staatliche Aufträge. So gelang es ihm, ständiger Lieferant der Oberpostdirektion Preußen zu werden. In dem Bereich, den man heute Forschung und Entwicklung nennen würde, ließ er eine Patentachsenfertigung einrichten, um Teileverkauf über den Eigenbedarf hinaus zu betreiben.

Um gut ausgebildete Mitarbeiter zu binden, gründete er in den 1860er Jahren eine Betriebskrankenkasse, also weit vor den BISMARCKSCHEN Sozialgesetzen.

HEINRICH LINDNER starb am 27. Januar 1875 und hinterließ seine Frau mit sieben minderjährigen Kindern.[17]

Die Erbin, HENRIETTE LINDNER, geb. STECHMESSER, betraute ihren Schwiegersohn JUSTUS RUDOLPH mit der Leitung der Fabrik (Abb. 8).[18]

Abb. 8: Justus Rudolph

Wirtschaftskrise

Nach dem deutsch-französischen Krieg kam es zu einer großen Wirtschaftskrise. Hatte der Krieg wegen der militärischen Waggonnachfrage noch zu Neugründungen von Wagenbaufirmen geführt, kam es nun zum Gründerkrach und im Waggonbau zu Preiskriegen, die in Insolvenzen sowie der Gründung des

»Deutschen Wagenbau-Verein«

mündeten.

16. Gottfried Lindner A. G., Denkschrift, Berlin 1923, S. 25.
17. a. a. O.
18. a. a. O.

Der Deutsche Wagenbau-Verein

Eine Reaktion auf die Wirtschaftskrise war die Verbündung mit anderen Firmen der gleichen Branche, um die Konkurrenzkosten zu minimieren. Aus diesem Grunde wurde am 21. September 1877 der Deutsche Wagenbau-Verein gegründet. Zu den 18 Gründungsfirmen gehören bedeutende Namen (Tabelle).[19]

Firma	Firmensitz
de Dietrich	Reichshoffen (Elsaß)
Gebrüder Gastell	Mainz-Mombach
H. Fuchs	Heidelberg
Herbrand & Co.	Köln-Ehrenfeld
Waggon- und Maschinenbau AG	Görlitz
Waggonfabrik Steinfurt	Königsberg
Carl Weyer & Co.	Düsseldorf
Van der Zypen & Charlier	Köln-Deutz

Bereits kurze Zeit später folgten weitere Firmen (Tabelle).[20]

Firma	Firmensitz
J. Goossens	Eschweiler
Gebrüder Lüttgens	Saarbrücken
Maschinenfabrik Esslingen	Esslingen
Killing & Sohn	Hagen
Talbot & Cie.	Aachen

Dieser erste Waggonbauer-Verband war noch sehr lose organisiert. Die Verteilung der Aufträge war den Mitgliedern überlassen. Letztlich sollte der Verband dem Ländernationalismus bei der Auftragvergabe entgegen wirken. Daran scheiterte er 1889, als die bayerische Regierung ankündigte, ihre Aufträge nur noch an bayerische Firmen vergeben zu wollen. Der Verband wurde aufgelöst. Gottfried Lindner war diesem Verein nie begetreten. In Halle ging man andere Wege.

Justus Rudolph reagiert auf die Krise

Bei Gottfried Lindner in Ammendorf reagierte Rudolph auf die Krise durch Diversifikation des Risikos auf neue Geschäftszweige. 1880 begann die Produktion von Federn und 1889 die Einführung des Baus von Straßenbahnen. Nach dem Bau von Eisenbahnlinien ergaben sich häufig lange Wege von einem Bahnhof bis in das Stadtzentrum. Deshalb planten die Stadtverwaltungen sogenannte Straßenbahnen, entweder als Pferdefuhrwerke oder elektrisch. Lindner gehörte zu den Erstlieferanten (Abb. 9).[21]

19. Störiko, A.: Geschichte der deutschen Waggonindustrie und ihrer Verbände von 1877 bis 1977, Frankfurt am Main 1977, S. 9.
20. a. a. O.
21. Gottfried Lindner A. G., Denkschrift, Berlin 1923, S. 56.

Pferdebahnwagen, Straßenbahn Jüterbog

Pferdebahnwagen, Straßenbahn Werder (Havel)

Anhängewagen, Straßenbahn Berlin

Anhängewagen, Straßenbahn Dresden

Anhängewagen, Straßenbahn Schwetzingen

Abb. 9: Straßenbahnen von Gottfried Lindner

Norddeutsche Wagenbau-Vereinigung

Als Reaktion auf die Entscheidung der bayerischen Regierung folgte die Umwandlung des Deutschen Wagenbau-Vereins in die Norddeutsche Wagenbau-Vereinigung unter maßgeblichem Einfluss der Preußischen Eisenbahnverwaltung.[22] Diese verpflichtete sich in einem Vertrag mit der Vereinigung, einen festgelegten Prozentsatz ihrer Waggonaufträge der Vereinigung zu geben. Die Vereinigung sollte sodann die Aufträge im Zuge ihrer Konferenzen auf die Mitglieder verteilen, die Preise vereinigungsweit festzulegen und sogar jährlich einen Auftragsausgleich vorzunehmen. Eine derartige Konferenz fand bspw. in Kassel-Wilhelmshöhe am 21. September 1907 statt (Abb. 10).[23] Bei den Aufträgen war die Eisenbahnverwaltung an die Verteilungsvorschläge der Vereinigung gebunden. Die Vereinigung fungierte ebenso als Informationsstelle für die Stadtverwaltungen und ihren Straßenbahnbedarf sowie die Kolonialverwaltungen deutscher Kolonien. Die sogenannten Anteilsziffern (Quoten) wurden während der Konferenzen frei verhandelt, wobei besondere Lieferantenbeziehungen und geografische Lage berücksichtigt wurden. Am Ende eines Geschäftsjahres fand ein Sollausgleich statt wegen der unterjährig auftretenden Über- und Unterschreitungen der Quoten. Die Abwicklung der Aufträge der Preußischen Staatsbahn erfolgte direkt über die Vereinigung, alle anderen Aufträge direkt zwischen Auftraggeber und Auftragnehmer. Ein Sonderfall war die aus politischen Gründen in Danzig zur Stärkung der Ostgebiete errichtete Waggonfabrik Danzig, die 1898 von der Vereinigung übernommen und direkt von ihr verwaltet wurde. So arbeitete die Vereinigung also als eines der ersten Syndikate und Quotenkartelle im deutschsprachigen Raum. Schließlich begünstigte der Aufbau einer Informationsbibliothek die Entwicklung von Standards und Normen, die am Ende zu einer kostengünstigeren Fertigung und damit eine international höhere Wettbewerbsfähigkeit führte. Die Gottfried Lindner oHG trat der Vereinigung aufgrund ihrer Produktvielfalt nicht bei; erst später erwies sich der Waggonbau als so wichtiges Geschäftsfeld, dass man den Folgevereinigungen beitrat. Mit Beginn des ersten Weltkrieges beendete die Vereinigung ihre Tätigkeit.

Abb. 10: Norddeutsche Wagenbau-Vereinigung, Kassel-Wilhelmshöhe, 21. September 1907

22. Störiko, A.: Geschichte der deutschen Waggonindustrie und ihrer Verbände von 1877 bis 1977, Frankfurt am Main 1977, S. 11.
23. a. a. O.

Der verheerende Brand

Am 27. Januar 1899 entstand abends 23.00 Uhr ein Brand, der die gesamte Fabrik in Schutt und Asche legte (Abb. 11).[24]

Abb. 11: Die abgebrannte Fabrik, Halle, 1899

Die Brandursache konnte nie festgestellt werden. Zunächst wurden in auf die Schnelle errichteten Schuppen die Arbeiten, vor allem für die lange Straßenbahnbestellliste, fortgesetzt.

Fabrikneubau in Ammendorf bei Halle

Die Unternehmensleitung suchte nun ein neues Grundstück: die Waggonbaufabrik in Ammendorf (Abb. 12). Dort gab es um 1900 nur noch ein Gut mit einem großen Ackcr (94 Morgen). Die Gründe für die Ansiedelung in Ammendorf und nicht weiterhin in Halle waren verschieden. Sicher sind die Grundstückspreise ein Argument für Ammendorf gewesen (Tabelle 3).[25]

Ort	Preis für einen Quadratmeter Land
Halle	18,00 Mark
Ammendorf	0,40 Mark

Hinzu kam die Frage des Gleisanschlusses. In Halle gab es damals westlich der Eisenbahn keine Möglichkeiten für einen Gleisanschluss. Nach der Umsiedlung und Umwandlung in die »Gottfried Lindner AG« wurde deshalb ein Gleisanschluss zwischen der Fabrik und dem Hauptgleis gelegt.[26]

Niedrige Löhne und niedrige Kosten

Weitere Gründe für den Umzug waren möglicherweise:

1. niedrigere Löhne für Unqualifizierte als in Halle,

2. bei großem Wasserverbrauch durfte man in Ammendorf einen Brunnen bauen, was in Halle wegen dem für die Kanalisation gesenkten Grundspiegel des Wassers nicht möglich war,

3. reichlich vorhandene Braunkohle konnte vor Ort gewonnen werden,

4. Ammendorf bezog sein Wasser aus der Elsteraue (15–16° deutscher Härte), Halle dagegen aus der Saaleaue (40–42° deutscher Härte). Weicheres Wasser konnte sparsamer benutzt werden,[27]

5. ausgedehnte Rohstofflager von Ton (Ziegel) sowie Sand und Kies.

Abb. 12: Die neue Fabrik, Halle, 1899–1903

24. Hauske, K.: VEB Waggonbau Ammendorf, Halle 1969, S. 8.

25. Engel, K.: Industrialisierung Ammendorfs, Halle 1935, S. 57.

26. Dies geschah 1905 in der Gottfried Linder AG.

27. Gottfried Lindner AG, Werksbroschüre, Halle 1933, S. 10.

Technologische Entwicklungen

Eine Geschichte des Waggonbaus in Ammendorf ist nicht ohne Einbettung in die technologischen Entwicklungen der Branche und ihrer Forscher und Erfinder möglich. Deutsche Ingenieure waren dabei sehr erfolgreich und machten Erfindungen, die sich international durchsetzten, z. B. den D-Zug, den Rollbock und den Trend zum Leichtbau.

D-Zug

Edmund Heusinger von Waldegg (1817–1886) entwarf die ersten sog. »Intercommunikationswagen« mit Seitengang-Anordnung (Abb.).[28] Sie lösten das Problem der Verzögerungen beim Ein- und Aussteigen. Zuvor sahen die Personenwaggons aus wie zusammengeschraubte Kutschen, wobei man in jede einzeln einsteigen musste. Nun gab es nur an den Außenseiten des gesamten Waggons Türen und im Inneren dafür einen Durchgang. Dabei ging es nicht nur um das nun ermöglichte Laufen bei Ermüdungserscheinungen. Man konnte auch leichter die Fahrkarten kontrollieren sowie besser heizen und lüften. Die Erfindung war so bedeutsam, dass sie einer ganzen Generation von Zügen ihren Namen gab:

D-Zug = Durchgangswagenzug.

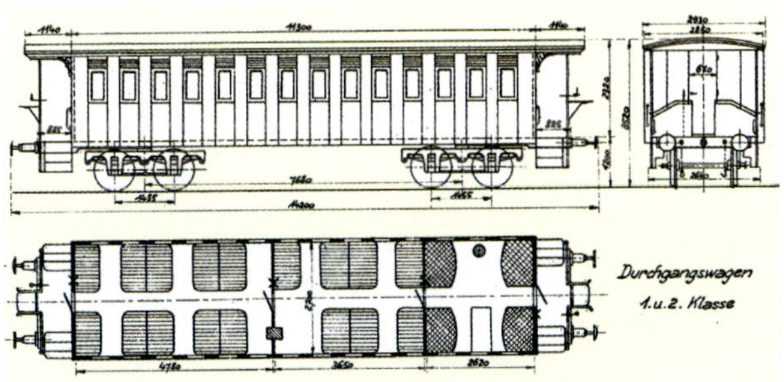

Abb. 13: Intercommunicationswagen 1. und 2. Klasse, Württemberg, 1846–47.

Rollbock

Ein bedeutender deutscher Wagenbauingenieur war Paul Langbein (1842–1908). Er arbeitete in leitender Funktion für die Maschinenfabrik Esslingen und erfand Blechkanten-Fräsmaschinen, die in der Entwicklung der Wagenbautechniken bedeutsam waren. Außerdem fand er eine elegante Lösung für den Wechsel vom Gleis einer Spurweite zum Gleis einer anderen Spurweite: den Rollbock (Abb.).[29]

Abb. 14: Schmalspur-Rollbock nach Paul Langbein, Sachsen, 1885.

Vereins-Lenkachsen

Die Forderung nach längeren Personenwagen führte dazu, sich über die hinteren Lenkachsen Gedanken zu machen, die den Krümmungen der Gleise Folge leisten sollten. Im Jahre 1882 wurde deshalb zum ersten Mal durch einen Vereinsbeschluss festgesetzt, dass Wagen zuzulassen sind, die Lenkachsen verwenden, die vom Verein entwickelt oder genehmigt wurden. 1886 wird zum ersten Mal die Bezeichnung »Vereins-Lenkachsen« gebraucht:

> »*Unter Vereins-Lenkachse sind solche Wagenachsen zu verstehen, deren Verbindung mit dem Wagengestell eine Einstellung nach dem Krümmungsmittelpunkt in allen Bahnkrümmungen bis zu einem bestimmten kleinsten Halbmesser gestattet und deren Konstruktion durch die technische Kommission des Vereins genehmigt ist. Von dem Begriff Vereins-Lenkachsen sind ausgeschlossen: Drehgestelle mit mehr als einer Achse; Einzelachsen, deren Schenkel bei der Einstellung in Bahnkrümmungen kein größerer Ausschlag als 5 mm aus der Mittelstellung nach jeder Seite möglich ist.*«[30]

Weitere Erfinder waren E. Kreissig, A. Mielich und K. Mümmler.

28. Messerschmidt, W.: Vom Fuhrwerk zum Intercity, Stuttgart 1988, S. 36.

29. Messerschmidt, W.: Vom Fuhrwerk zum Intercity, Stuttgart 1988, S. 50.

30. http://www.zeno.org/Roell-1912/A/Lenkachsen, 11. Juni 1008, 22.35 Uhr.

Vom Inhaberbetrieb zur GmbH

GOTTFRIED LINDNER begründete als Sohn eines Handwerkers[31] einen Inhaberbetrieb. Dieser wurde am 1. Januar 1900 in eine Offene Handelsgesellschaft (oHG) umgewandelt, da nun aufgrund des Kapitalbedarfs für den Bau der neuen Fabrik mehrere Partner beteiligt waren. Der Nachteil einer offenen Handelsgesellschaft ist der Mangel an jeglichen Beschränkungen der Haftung der Partner. Es haften diese auch Gesellschafter genannten Personen mit voller Einlage und mit ihrem Privatvermögen. Dies war den Beteiligten offenbar zu riskant, weshalb sie sich auf eine Haftungsbeschränkung mittels GmbH einigten. Am 16. März 1903 wurde die oHG Gottfried Lindner deshalb in eine Gesellschaft mit beschränkter Haftung umgewandelt. Das damalige Stammkapital, also die Einlage, betrug 300 000 Mark.

Von der GmbH zur Aktiengesellschaft

Während die Haftungsrisiken damit auf ein erträgliches Maß beschränkt wurden, fehlte es aufgrund großer Aufträge an Kapital für die Rohstoffe, Vorprodukte und Lohnvorschüsse. Probelieferungen an die Preußische Staatsbahn sowie ein für die damalige Zeit beeindruckender Exportauftrag für die Königliche Siamesische Eisenbahn R. S. R. wollten vorfinanziert sein. Aus diesem Grunde wurde bereits zwei Jahre nach GmbH-Gründung eine Aktiengesellschaft gegründet, um frisches Kapital aufzunehmen (Abb. 15)[32]. Das Stammkapital der GOTTFRIED LINDNER AG betrug in den Anfangsjahren 600 000 Mark. Die Bedeutung dieses Schrittes lässt sich auch an der Aufstockung der Mitarbeiterzahl ablesen (Tabelle).

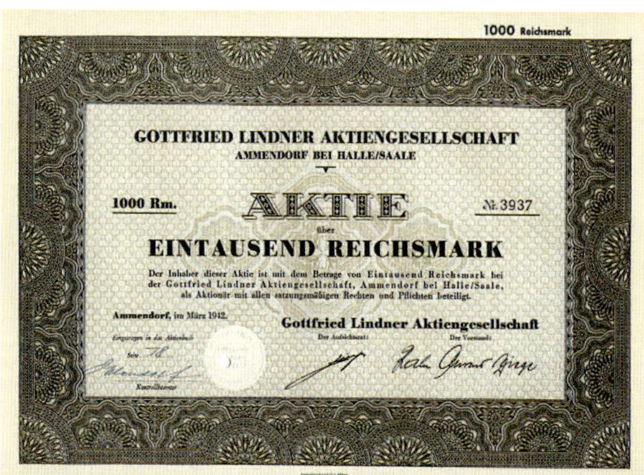

Abb. 15: Aktie über 1000 RM der Gottfried Lindner AG, 1942

Jahr	Mitarbeiterzahl
1900	80
1906	fast 400

Löhne bei Lindner

Die Änderungen der Rechtsformen spielen hinsichtlich der Unternehmensgeschichte mglw. nur eine untergeordnete Rolle. Die stärkere Anonymisierung der Inhaberschaft durch die nun vielen Eigentümer führte jedoch zu einer viel größeren Beachtung des Profits. Es kam 1903, 1906 und 1910 zu Streiks, wobei während des Streiks 1906 der ganze Betrieb vier Wochen nichts produzierte.[33] Meist arbeiteten auch die Kinder mit und der Lohn war karg (Tabelle).[34]

Person	Monatslohndurchschnitt bis 1907	
Mann, verheiratet	24	Mark
Mann, ledig	21	Mark
Frau	11,5	Mark
Kind	8,25	Mark

Verständlich werden diese Zahlen erst, wenn man die Durchnittsmiete einer Familie von damals kennt: 25,25 Mark.[35] Das bedeutet, dass ein verheirateter Mann allein für die Miete arbeitete. Aus dem Jahr 1913 stammen Bilder der Belegschaft des Oberbaus (Abb. 16)[36]. Darauf erkennt man, dass auch Kinderarbeit offen gezeigt wurde.

Abb. 16: Mitarbeiter des Oberbau, Halle, 1913

31. Es war interessant, dass uns der Leiter des Stadtarchives, Herr Jacob als erstes bei der Einführung in die Archivarbeit mitteilte, dass der Vorgängerbau des jetzigen Archivhauses von einem Herrn Christoph Zahn 1695 erbaut und an Elias Lindner verkauft wurde.

32. Frotscher-Archiv, Halle.

33. Werksarchiv.

34. Hauske, K.: VEB Waggonbau Ammendorf, Halle 1969, S. 10.

35. ebenda.

36. Koltrowitz, B. (Hrsg.): Geschichte, Berlin 2000, S. 177.

Aufsichtsrat der Aktiengesellschaft

Die Aufnahme von Kapital durch Gründung einer Aktiengesellschaft bedeutete auch die Abgabe von Macht und Gewinnanteilen (Dividenden).
Während die operativen Geschäfte weiterhin von den ehemaligen Inhabern und jetzigen Vorstandsmitgliedern HEINRICH LINDNER und JUSTUS RUDOLPH geführt wurden, war die Bildung eines Aufsichtsrats nun zwingend. Dazu gehörten zuerst ein Bankier, ein Ingenieur, Zwei Kaufleute, ein Jurist und ein Kommerzienrat (KURT STECKNER, REINHARDT LINDNER, GUSTAV KREYENBERG, PAUL HOFMEISTER und HUGO EICHHORN). Sie vertraten die Kapitalseite, die die neu ausgegebenen Aktien besaß. Kurze Zeit nach der Aufsichtsratsbildung von 1905 starben HUGO EICHHORN und auch PAUL HOFMEISTER. Außerdem schied REINHARDT LINDNER aus, der ein eigenes Unternehmen gründete. Der Aufsichtsrat bestand dann über viele Jahre aus folgenden Mitgliedern:

1. Aufsichtsratsvorsitzender:
Bankier KURT STECKNER (Abb. 17)[37].
2. Stellvertretender Aufsichtsratsvorsitzender:
Justizrat ALBERT HERZFELD (Abb. 18).
3. Generaldirektor
HEINRICH LINDNER (Abb. 6)
4. Fabrikbesitzer
GEORG EICHHORN (Abb. 119).
5. Kaufmann
GUSTAV KREYENBERG (Abb. 20).

Abb. 17: Kurt Steckner

Abb. 18: Albert Herzfeld

Abb. 19: Georg Eichhorn

Abb. 20: Gustav Kreyenberg

Die Wortbildmarke der AG

Mit der Umwandlung in eine Aktiengesellschaft wurde auch das Erscheinungsbild in der Öffentlichkeit geändert. Sichtbarstes Zeichen war die Verwendung einer Wortbildmarke GOTTFRIED LINDNER AG. Sie bestand aus einem Wappenschild, auf dem ein Spruchband mit dem Firmennamen sowie das Bild einer Linde und der Ortsname Ammendorf bei Halle an der Saale erscheint (Abb. 21)[38].

Abb. 21: Wortbildmarke der Gottfried Lindner AG

Expansion durch Exporte

Die Änderungen der Rechtsform und das frische Kapital ermöglichten eine Erweiterung der Produktion und den Export in zum Teil weit entfernte Länder (Karte).

Abb. 22: Exporte Lindners

Insbesondere der Export von 40 Wagen nach Siam (Thailand) kurbelte die Produktion an (Abb. 23 – 24)[39, 40].

Abb. 23: D-Zugwagen mit 1. und 2. Klasse

Abb. 24: Eiserner Güterwagen

37. Gottfried Lindnder A. G., Denkschrift, Berlin 1923, S. 50.

38. Hier aus: Werbeblatt für Langmaterial-Anhänger, Ammendorf 1936.

39. Gottfried Lindnder A. G., Denkschrift, Berlin 1923, S. 24.

40. Gottfried Lindnder A. G., Denkschrift, Berlin 1923, S. 27.

Exporte nach Bulgarien und in die Türkei

Die Idee vom D-Zug verbreitete sich schnell in Europa und Asien. Auf einmal konnten viel mehr Menschen über weite Entfernungen kostengünstig transportiert werden. Dies war sowohl für die wirtschaftliche Entwicklung vorteilhaft als auch unter militärischen Gesichtspunkten (Truppentransport). Die Türkei bestellte solche D-Zugwagen für die Hedschas-Bahn (Abb. 25).[41]

Abb. 25: Personenwagen 1./2. Klasse

Die Gottfried Lindner AG war zu jener Zeit noch nicht Mitglied in einem Wagenbauverein. Deshalb mussten Nischen gesucht werden, die andere Waggonbauer wegen zu hoher Kosten mieden. Aus diesem Grund sind die Exportprodukte oft Einzelanfertigungen aufgrund von Kundenwünschen. Dazu gehört zum Beispiel ein Postgepäckwagen für die Türkei (Abb. 26).[42]

Abb. 26: Postgepäckwagen

Lindner beherrschte jedoch auch den einfachen Güterwagenbau aus einem Eisengerüst mit Holzbeplankung (Abb. 27, Anfertigung für die türkische Hedschas-Bahn).[43]

Abb. 27: Güterwagen

41. Gottfried Lindner AG, Denkschrift, Berlin 1923, S. 61.
42. Gottfried Lindner AG, Denkschrift, Berlin 1923, S. 64.
43. Gottfried Lindner AG, Denkschrift, Berlin 1923, S. 64.

Bei den Wagen für die Bulgarische Staatsbahn (Abb. 28 und 29)[44] erkennt man ebenso, dass es sich eher um Sonderanfertigungen handelt als um typisierte Massenware. Der hohe Qualitätsanspruch war immer eine Tradition in Ammendorf und reicht bis in die frühe Kutschenherstellung zurück: die damaligen Auftraggeber waren reich und konnten sich eine strenge Auswahl leisten.

Abb. 28: Personenzug-Gepäckwagen

Abb. 29: Postwagen

In Ammendorf wurden nie Lokomotiven gebaut. Für die russische AEG in Riga führte man jedoch die Aufbauten auf den fremdgefertigten Loks aus (Abb. 30)[45].

Abb. 30: Elektrische Lokomotive

Offenbar wollte man Erfahrungen in der Systemzusammenarbeit machen. Später wurden diese Erfahrungen genutzt, um Motorwagen (Straßenbahnen mit eigenem Triebwerk) zu bauen und sogar zu exportieren (Schweizer Birseckbahn und Bergbahn Martigny-Chaterlard)[46].

44. Gottfried Lindner AG, Denkschrift, Berlin 1923, S. 63.
45. Gottfried Lindner AG, Denkschrift, Berlin 1923, S. 59.
46. Gottfried Lindner AG, Denkschrift, Berlin 1923, S. 59.

Gebietschutzvereinbarung

Wie bereits bei LINDNER gesehen, gab es für die gesamte deutsche Waggonbauindustrie im Vorfeld des ersten Weltkrieges aufgrund der deutschen Ingenieurleistungen wie dem D-Zug ein bedeutendes Exportauftragsvolumen.[47] Einzelne Firmen lagen mit ihren Waggons sogar an der Weltspitze bei den Export-Rankinglisten. Um diese Positionen zu festigen und zu stärken, vereinbarten 31 deutsche Waggonbauer am 25. Juni 1912 eine Gebietsschutzvereinbarung mit den ebenfalls starken österreichischen und ungarischen Wagenbauern. Das Abkommen sollte den Konkurrenzkampf auf den jeweiligen Inlandsmärkten ausschalten. Es wurden drei Meldestellen aufgebaut, bei denen sämtliche Anfragen und Aufträge gemeldet werden mussten. Eine Angebotserstellung einer Firma bedurfte demzufolge einer Genehmigung der Meldestellen. Hinzu kam eine Vereinbarung der Erforschung und Meldung von Angeboten außerhalb des Kartells, um detaillierte Preisinformationen von Konkurrenten zu erhalten. Die Kartellvereinbarung wurde mit dem Zerfall des österreichisch-ungarischen Kaiserreiches 1918 ohne formelle Auflösung nicht mehr praktiziert.

Eisenbahnwagen-Ausfuhr-Verband EWAV

Mit dem Ausbruch des ersten Weltkrieges war der Export eingebrochen. Nach Übersee wurde gar nicht mehr geliefert. Dagegen lag der innereuropäische Export sowohl im Interesse des Deutschen Reiches (Devisenknappheit) als auch der Unternehmen. Am 1. September 1916 wurde deshalb infolge des Kartells der Eisenbahnwagen-Ausfuhr-Verband offiziell auf der Basis § 705 BGB von 42 deutschen Waggonbauern gegründet mit dem Ziel der:

> *»Förderung vaterländischer Interessen und der deutschen Eisenbahnwagenbau-Industrie bei der Erlangung und Erledigung von Auslandsaufträgen«*[48].

Der Sitz des Verbandes war Berlin-Charlottenburg. Eine Hauptaufgabe dieses Verbandes war die Überwachung der Vorschriften des Reichswirtschaftsministeriums bezüglich des Exports von Eisenbahnwagen, die ja kriegswichtiges Gut waren. Wegen des Ausfuhrverbotes von Eisenbahnwagen mussten für jeden Einzelfall Ausnahmegenehmigungen eingeholt werden. Dies übernahm der Verband. Das ging soweit, dass der Verband Preissetzungsvollmacht besaß und sogar die Rechnungswährung entsprechend den Bedürfnissen des Deutschen Reiches festlegen durfte. Um ein solches Verhalten zu erzwingen, wurden die Satzungen notariell beglaubigt und Treuhänderkonten für zu leistende Sicherheiten eingerichtet. Die GOTTFRIED LINDNER AG war von 1916 bis 1921 Mitglied im EWAV und einige Exportaufträge gingen wohl nicht zuletzt auf diese Mitgliedschaft zurück. 1921 wurde der EWAV aufgelöst.

Verband Deutscher Waggonfabriken

Nach der Auflösung der Norddeutschen Wagenbau-Vereinigung waren neue Waggonbaufirmen entstanden. Andere Unternehmen erweiterten ihre Produktion auf den Waggonbau, der in der Vorkriegs- und Kriegszeit Aufträge und Profite versprach (Tabelle). Trotz dieser günstigen Marktlage gab es starken Wettbewerb. Deshalb verhandelten zahlreiche Waggonbauer von 1912 bis 1914, um einen neuen Verein zu gründen. Dieser entstand am 28. Februar 1914 und nannte sich **Verband Deutscher Waggonfabriken**. Der Verband hatte nun kein Vorschlagsrecht mehr für die Auftragsverteilung und es gab keinen Auftragsausgleich mehr. Außerhalb dieses Verbandes blieben dauerhaft nur sieben Firmen. Die GOTTFRIED LINDNER AG war von 1919 bis 1921 Mitglied dieses Verbandes.

Firma
Aktiengesellschaft für Eisenbahnbedarf
Bochumer Verein
Dessauer Waggonfabrik AG
Gothaer Waggonfabrik AG
Hannoversche Waggonfabrik AG
Sächsische Waggonfabrik Werdau
Siegener Eisenbahnbedarf

47. Störiko, A.: Geschichte der deutschen Waggonindustrie und ihrer Verbände von 1877 bis 1977, Frankfurt/M. 1977, S. 19.
48. Störiko, A.: Geschichte der deutschen Waggonindustrie und ihrer Verbände von 1877 bis 1977, Frankfurt/M. 1977, S. 19.

Neue Struktur nach 75-Jahr-Feier

Seit der 75-Jahr-Feier von 1898 (Abb. 31)[49] änderten sich nicht nur der Standort und die Rechtsstrukturen.

Abb. 31: Plakat für die 75-Jahr-Feier, Halle, 1898.

Mit der neuen Struktur der Aktiengesellschaft wurde auch eine neues Produktionssystem eingeführt.
Es gab nun nur noch zwei große Bereiche: die Teile-Fertigung und die Montage.

Teile-Fertigung

Voraussetzung für eine effiziente Teile-Fertigung waren die fünf Material-Lager:

1. Hauptlager
2. Holzlager
3. Eisenlager
4. Lederlager
5. Farbenlager.

Das größte war das Holzlager, das ständig über 15 000 m³ in- und ausländische Hölzer auf einer Fläche von 8 740 m² bereit hielt (Abb. 32–34)[50]. Um die Rohstoffpreise niedrig zu halten, kaufte man ganze Stämme ein, sägte sie in eigenen Gatterhäusern und trocknete sie mittels Dampf in den sechs Trockenkammern der LINDNER AG.

Abb. 32: Sägegatter, Ammendorf, um 1910.

Abb. 33: Holzlager, Ammendorf, um 1910.

Abb. 34: Hartholzlager, Ammendorf, um 1910.

49. Gottfried Lindner A. G., Denkschrift, Berlin 1923, S. 22.

50. Gottfried Lindner A. G., Denkschrift, Berlin 1923, S. 32, 36 und 37.

Eisenlager, Lederlager und Farbenlager
Hier wurden die verschiedenen Eisensorten und Halbfabrikate aus Eisen gelagert. Der Bahnanschluss ermöglichte auch eine günstige Zulieferung. Die Entladung von den eingehenden Waggons erfolgte mittels Dampf- oder Elektrokran (Abb. 35–39)[51].

Abb. 35: Eisenlager, Ammendorf, um 1910.

Wesentlich kleiner, jedoch massiv ausgebaut war das Lederlager, das große Mengen Polsterleder für die Karosserieabteilung bereit hielt. Eine »just-in-time«-Lieferung kannte man damals nicht. Zu unsicher waren die wirtschaftlichen und die politischen Verhältnisse. Gleiches gilt für das Farbenlager, das Überzieh- und Schleiflacke für die Karosserieabteilung lagerte.

Teile-Fertigung
Aus den Roh- und Halbfabrikaten der LINDNER-Lager stellten die Arbeiter der Teile-Fertigung die zu montierenden Teile her. So gelangte zum Beispiel Holz aus dem Holzlager in die Teile-Fertigung Holz, wo es gesägt, ausgeschnitten, gehobelt, gefräst, geschlitzt usw. wurde. Hatte das Einzelteil die durch Zeichnung vorgegebene Form, gelangte es in das Zwischenlager, wo alle Teile für ein Produkt eintrafen.

Abb. 36: Beschlagteil-Schlosserei, Ammendorf, um 1910.

51. Gottfried Lindner A. G., Denkschrift, Berlin 1923, S. 29, 46, 27, 28, 28, 33.

Abb. 37: Eisenbearbeitung grob, Ammendorf, um 1910.

Abb. 38: Schmiede fein, Ammendorf, um 1910.

Abb. 39: Schmiede grob, Ammendorf, um 1910.

Abb. 40: Holzverarbeitung, Ammendorf, um 1910.

Die Teile aus dem Zwischenlager wurden sodann an die drei Montagebahnen geliefert.

Der Maschinenpark

Um sich ein Bild von der Größe der LINDNER AG jener Jahre vor dem ersten Weltkrieg zu machen, ist ein Blick auf den Maschinenpark anschaulich (Tabelle).

Maschine	Anzahl
Kraftwerk	1
Turbine	1
Dampfmaschine	1 (1525 PS)
elektrische Aufzüge	3
elektrische Kräne	10
Dampfkran	1
elektrische Schiebebühnen	2
Pressluftanlage	1
E-Lok	1
Fabrikations-Gleise	2500 m
Rangier-Gleise	6500 m
Holztrockenkammern	6
Werkzeugmaschinen (Eisen)	300
Werkzeugmaschinen (Holz)	120
Werkzeugmaschinen (variabel)	40
Elektromotoren	350 (1600 kW)
Schweißgasanlage	1
Fabrikfeuerwehr	1 (50 Mann stark)

Montage

Nach einer Stückliste gelangten nun die Halbfabrikate größerer Produktionstiefe in die Montagehallen. So kamen zum Beispiel die Holzteile in die Stellmacherei, wo sie zu einem Kastengerippe verleimt wurden (Abb. 40)[52].

Abb. 41: Stellmacherei (Gestell-Fertigung, Ammendorf, um 1910.

Dann wurden die Gerippe nachgeputzt, von Kontrollbeamten auf Qualität geprüft und die Beschläge aus der Beschlagfertigung angesetzt. Außerdem bekam die Karosse eine Stahlblechummantelung, ein Verdeck, Notsitze sowie Türen. Dies geschah in den drei Montagebahnen (Abb. 41–43)[53].

52. Gottfried Lindner A. G., Denkschrift, Berlin 1923, S. 35.
53. Gottfried Lindner A. G., Denkschrift, Berlin 1923, S. 44–45.

Abb. 42: Montagebahn I, Ammendorf, um 1910.

Abb. 43: Montagebahn II, Ammendorf, um 1910.

Abb. 44: Montagebahn III, Ammendorf, um 1910.

Die Kontrollbeamten waren bedeutende Verantwortungsträger, weshalb sie eigene, sogenannte Beamtenhäuser von der LINDNER AG gestellt bekamen (Abb. 44)[54].

Abb. 45: Beamtenhäuser für die Kontrollbeamten, Ammendorf, um 1910.

54. Gottfried Lindner A. G., Denkschrift, Berlin 1923, S. 47.

Dagegen wohnten die Angestellten in einfacheren Häusern der sogenannten LINDNER-Kolonie (Abb. 45)[55].

Abb. 46: Wohnungen der Lindner-Kolonie, Ammendorf, um 1910.

Schließlich durchliefen die Karossen noch die Lackiererei und die Sattlerei, wobei die Sattler die Halbfabrikate zuvor bereits aus dem Zwischenlager und der Polsterei erhalten hatten. Es folgten Endkontrolle und Versand (Abb. 46)[56].

Abb. 47: Qualitätskontrolle und Auslieferung, Ammendorf, um 1910.

Vier Produktlinien

Nach der Umstrukturierung gab es vier Produktlinien:

1. Eisenbahnwagenbau
2. Straßenbahnwagen- und Omnibusbau
3. Lastauto-Aufbauten und Anhänger
4. Karosseriebau

Der Karosseriebau war 1908 aufgenommen worden und er erwies sich als profitabelster Geschäftszweig. Lindner gelang es immer wieder, auf wachsende Trends aufzuspringen und schrumpfende Geschäftszweige zu schließen. So wechselte man rechtzeitig von der Kutsche zum Waggonbau, als die Kutschennachfrage sank. Danach, als die Verbindung Fernzug-Innenstadt ausgebaut wurde und der Personennahverkehr entstand, war man Straßenbahnpionier. 1908 schließlich erkannte man rechtzeitig die Entwicklung des Individualmotorverkehrs und passte sich an. Dieser Anpassungsprozess besteht bis heute fort. Oft waren neue Geschäftszweige die gewinnträchtigsten. Mit den Gewinnen aus dem Karosseriebau wurden neue Kräne angeschafft, die Kraftwerksanlage gebaut und die Karosse erhielt ein neues großes Gebäude (Abb. 47–48)[57].

Abb. 48: Das neue Gebäude für den Karosseriebau, Ammendorf, um 1910.

Abb. 49: Die Krananlage des Holzlagers, Ammendorf, um 1910.

Arbeitsproduktivität

Die Arbeitsproduktivität war für die damalige Zeit enorm und das ausdrückliche Ziel des Managments war es, jegliche unnütze, nicht dem Material- und Arbeitsfluss zugehörige Tätigkeiten zu vermeiden (Tabelle).

Produkt	Gefertigte Anzahl pro Tag
Waggons	10
Straßenbahnen	2
Aufbauten	5
Karosserien	15

55. Gottfried Lindner A. G., Denkschrift, Berlin 1923, S. 48.
56. Gottfried Lindner A. G., Denkschrift, Berlin 1923, S. 47.
57. Gottfried Lindner A. G., Denkschrift, Berlin 1923, S. 43, 31.

Die Karossen im Wandel der Zeit

Die Karossenproduktion unterlag dem Nachfragewandel (Mode) und dem produktionsseitigen Strukturwandel (von holzbasierten zu metallbasierten Verkleidungskombinationen). Die ersten Karossen aus Halle-Ammendorf ähnelten noch sehr den alten Kutschen LINDNERS (Abb. 50)[58].

Abb. 50: Offene Karosserie mit Verdeck, Ammendorf, 1908.

Von 1909 an wurden die Karossen immer geschlossener, was auch daran lag, dass immer größere Teile durch Metall ersetzt wurden, das schließlich auch tragende Funktion erlangte. Die alte Holzgerippe-Gestell-Produktion war damit immer weniger brauchbar. Die LINDNER AG kaufte eine Blisspresse und presste nach 1913 ganze Seitenwände (Abb. 50–55)[59].

Abb. 51: Offene Karosserie mit Verdeck, Ammendorf, 1908.

Abb. 52: Geschlossene Karosserie, Ammendorf, 1908.

58. Gottfried Lindner A. G., Denkschrift, Berlin 1923, S. 66.
59. Gottfried Lindner A. G., Denkschrift, Berlin 1923, S. 66–67.

Abb. 53: Limousine, Ammendorf, 1911–12.

Als im April 2007 Volkswagen mit der Produktion des Phaeton begann, konnten nur wenige mit diesem Namen etwas anfangen. In der alten Kutschenzeit wurde damit die selbstfahrende Kutsche des Herren, also die Luxuskutsche bezeichnet. Diese Bezeichnung wurde auch auf die Motorfahrzeuge übernommen. So bezeichnete auch GOTTLIEB DAIMLER seinen ersten Motorwagen von 1886 Phaeton Americaine. Phaeton bedeutete bis etwa 1914 also allgemein: Luxusauto.

Abb. 54: Sportphaeton, 1913.

Abb. 55: Limousine, 1919.

Abb. 56: »Aga« Phaeton mit eingebautem Verdeck (Cabriolet), 1921–22.

»Blühende Landschaften« anno 1911

Die 1908 begonnene Karossenproduktion wuchs sehr schnell und bescherte der GOTTFRIED LINDNER AG zunehmend gute Umsätze (Tabelle)[60].

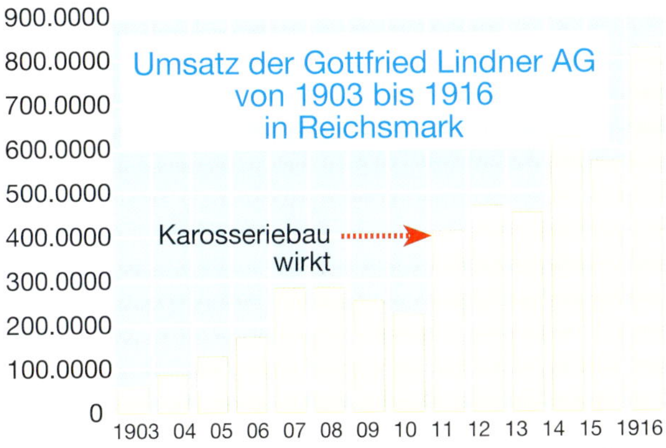

Abb. 57: Umsatz der Gottfried Lindner AG, 1903–1916.

Dies war vor allem dem Karosseriebau zu verdanken. Die GOTTFRIED LINDNER AG entwickelte sich zwischen 1910 und 1920 zum größten Karosseriebauer Europas (Abb. 57)[61]. Da war es kein Wunder, dass auch der führende Automobilbauer FORD auf LINDNER aufmerksam wurde.

Die deutsche Automobilindustrie und Ford

Am 22. Mai 1924 erschien im Berliner Lokal-Anzeiger ein Artikel mit dem Titel »Die deutsche Automobilindustrie und Ford«. Darauf antwortete Betriebsdirektor WESTERMANN in einem Leserbrief:

> »... *Wenn man die Äußerungen der verschiedenen deutschen Firmen durchliest, dann müsste man eigentlich zu der Überzeugung kommen, dass die amerikanische Gefahr überhaupt nicht besteht und dass besonders der Fordwagen ... zu hässlich, ... zu teuer, zu langsam ... sei. ... Wollte Gott, die Schreiber dieser Artikel hätten recht. Ich sehe leider nicht so optimistisch in die Zukunft.*«[62]

Die Prophezeiung WESTERMANNS sollte sich leider später bewahrheiten ...

Ford in Ammendorf!

FORD war es in Amerika zu klein und suchte Wachstum in Übersee. Zunächst wurde in Kopenhagen in Dänemark eine Montagefabrik errichtet. In Deutschland gab es zuerst nur eine Vertriebsgesellschaft. Der Vorstandsvorsitzende der GOTTFRIED LINDNER AG, DR. TRAUS, versuchte, FORD nach Halle zu bewegen (Abb. 58)[63].

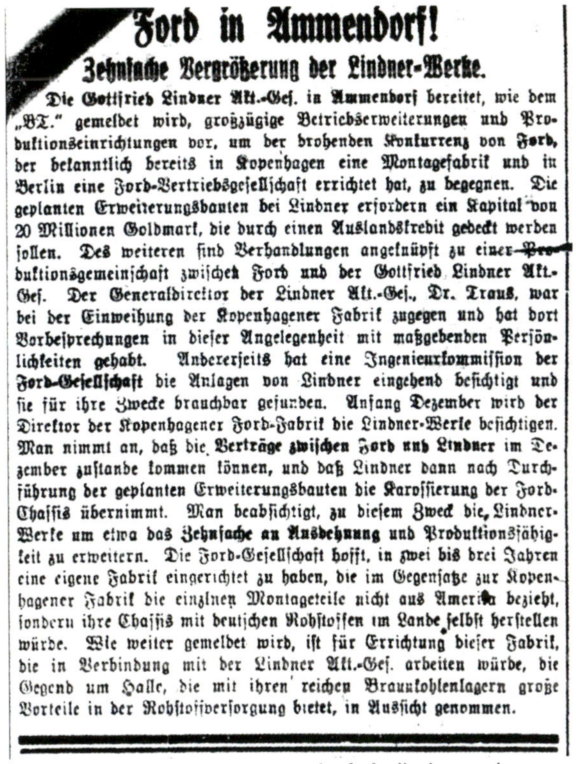

Ford in Ammendorf!

Zehnfache Vergrößerung der Lindner-Werke.

Die Gottfried Lindner Akt.-Ges. in Ammendorf bereitet, wie dem „BT." gemeldet wird, großzügige Betriebserweiterungen und Produktionseinrichtungen vor, um der drohenden **Konkurrenz von Ford,** der bekanntlich bereits in Kopenhagen eine Montagefabrik und in Berlin eine Ford-Vertriebsgesellschaft errichtet hat, zu begegnen. Die geplanten Erweiterungsbauten bei Lindner erfordern ein Kapital von 20 Millionen Goldmark, die durch einen Auslandskredit gedeckt werden sollen. Des weiteren sind Verhandlungen angeknüpft zu einer Produktionsgemeinschaft zwischen Ford und der Gottfried Lindner Akt.-Ges. Der Generaldirektor der Lindner Akt.-Ges., Dr. Traus, war bei der Einweihung der Kopenhagener Fabrik zugegen und hat dort Vorbesprechungen in dieser Angelegenheit mit maßgebenden Persönlichkeiten gehabt. Andererseits hat eine Ingenieurkommission der **Ford-Gesellschaft** die Anlagen von Lindner eingehend besichtigt und sie für ihre Zwecke brauchbar gefunden. Anfang Dezember wird der Direktor der Kopenhagener Ford-Fabrik die Lindner-Werke besichtigen. Man nimmt an, daß die **Verträge zwischen Ford und Lindner** im Dezember zustande kommen können, und daß Lindner dann nach Durchführung der geplanten Erweiterungsbauten die Karossierung der Ford-Chassis übernimmt. Man beabsichtigt, zu diesem Zweck die Lindner-Werke um etwa das **Zehnfache an Ausdehnung** und Produktionsfähigkeit zu erweitern. Die Ford-Gesellschaft hofft, in zwei bis drei Jahren eine eigene Fabrik eingerichtet zu haben, die im Gegensatze zur Kopenhagener Fabrik die einzlnen Montageteile nicht aus Amerika bezieht, sondern ihre Chassis mit deutschen Rohstoffen im Lande selbst herstellen würde. Wie weiter gemeldet wird, ist für Errichtung dieser Fabrik, die in Verbindung mit der Lindner Akt.-Ges. arbeiten würde, die Gegend um Halle, die mit ihren reichen Braunkohlenlagern große Vorteile in der Rohstoffversorgung bietet, in Aussicht genommen.

Abb. 59: Ford in Ammendorf, Artikel aus dem Merseburger Korrespondent, 26.11.1924.

Abb. 58: Die Gottfried Lindner AG, Panoramabild 1923.

60. LHASA, MER, Gottfried Lindner AG Ammendorf, Nr. 15.
61. Gottfried Lindner A. G., Denkschrift, Berlin 1923, S. 78–80.
62. LHASA, MER, Gottfried Lindner AG Ammendorf, Nr. 200.
63. LHASA, MER, Gottfried Lindner AG Ammendorf, Nr. 200, S. 3.

Der Entwicklung im Karosseriebau

Der stürmisch begonnene Bereich Karosseriebau enwickelte sich durchwachsen. Am 27. Januar 1923 berichtete der Direktor Dr. TRAUS dem Aufsichtsrat:

> »......*Bei Karosserien hat der stürmische Drang der Aufträge nachgelassen. Immerhin ist gegenwärtig noch zu tun.*«[64]

Knapp einen Monat später wurde am 22. März 1923 über das gleiche Thema Bericht erstattet durch DR. TRAUS:

> »...*Namentlich die Automobil-Fabrikation leidet unter der Unlust der Kundschaft, die auf billigere Preise wartet. Die Händler sind noch mit Waren versehen, die sie in erster Linie abzustossen versuchen. Unsere Abnehmer bitten um für sie günstigere Zahlungsbedingungen. Die Verhältnisse wurden eingehend besprochen.*
> *Der Vorstand wird die größte Vorsicht bei Einkauf und Festsetzung der Zahlungsbedingungen walten lassen.*«[65]

Der inzwischen zum Generaldirektor beförderte Dr. TRAUS musste in der Aufsichtsratssitzung am 5. Dezember 1923 über den Karosseriebau schlechte Nachrichten überbringen:

> »...*Trotz reichlicher Aufträge musste vorübergehend die Fabrikation gedrosselt werden, da die Abnehmer aus Mangel an Geld nicht prompt abnehmen konnten.–*
> *Die Automobilabteilung hat sich neuerdings vollständig geändert.*
> *Der Bestellungseingang und Abruf sind äusserst lebhaft.*«[66]

Die weiteren Informationen über den Karosseriebaus stammen aus der Aufsichtsratssitzung vom 20. April 1925:

> »...*Das verflossene Geschäftsjahr brachte uns Erfreuliches, aber auch manches Unerfreuliche. Erfreuliches insofern, als in unserer Karosserie-Abteilung die Beschäftigung, abgesehen von kleinen Stockungen im Sommer vergangenen Jahres, durchweg eine gute war.*«[67]

Verluste gab es wegen der Verbindungen zur AGA (140 000 Mark) und zu den Ehrhardt-Automobilwerken (70 000 Mark), die beide in Konkurs gingen. Hinzu kamen noch mehrere hundert Halbfabrikate für diese Firmen, deren Auslieferung nun ungewiss war. Aus diesen nicht abgeschlossenen Aufträgen ergab sich ein Verlust von 350 000 Mark. Um diese zu retten versuchte man:

> »... *dass wenigstens die am weitesten fortgeschrittenen Karosserien jetzt, nachdem endlich nach einem halben Jahre Geschäftsaufsicht die Ehrhardt-Werke den Konkurs beantragt haben, die Materialien dort weiter verwertet und verarbeitet und dann auch die Karosserien ihrer Bestimmung zugeführt werden können.*«[68]

Die Karosserie-Abteilung sollte auch weiter modernisiert werden, um durch die Massenherstellung höhere Margen zu erwirtschaften:

> »...*An Stelle der abgebrannten Montagehalle (Siam) ist neuerdings eine allerdings kleinere Halle als Blechzuschneiderei für den Karosseriebau erbaut. Ausserdem sind in der Karosserie-Abteilung einige Fachwerkschuppen errichtet sowie ein älterer Holzschuppen zur Sattlerei umgebaut. Dies alles ist jedoch mehr oder weniger als Notbehelf anzusehen. Die geplante grosse Erweiterung der Karosserieabteilung wird dadurch höchstens etwas aufgeschoben, nicht aber aufgehoben. Die maschinellen Einrichtungen sind entsprechend den Erfahrungen der Technik vervollkommnet und ergänzt, insbesondere gilt dies von der Schmiede und Eisenbearbeitung. Die Arbeitsmethode, insbesondere der Karosserie-Abteilung ist weiter nach dem Grundsatz der Typisierung ausgebaut. Heute sind wir soweit, dass wir Aufträge unter 500 Stück einer Karosserie-Sorte nicht mehr annehmen, weil dies das Prinzip der Massenherstellung nicht mehr zulässt.*«[69]

64. LHASA, MER, Gottfried Lindner AG Ammendorf, Nr. 209, D 21/117, S. 1.
65. LHASA, MER, Gottfried Lindner AG Ammendorf, Nr. 209, D 21/119, S. 1.
66. LHASA, MER, Gottfried Lindner AG Ammendorf, Nr. 209, D 21/130, S. 1.
67. LHASA, MER, Gottfried Lindner AG Ammendorf, Nr. 209, D 21/136, S. 1.
68. LHASA, MER, Gottfried Lindner AG Ammendorf, Nr. 209, D 21/136, S. 2.
69. LHASA, MER, Gottfried Lindner AG Ammendorf, Nr. 209, D 21/136, S. 3.

Schleichendes Ende des Karosseriebaus

Die Lage im Karosseriebau wurde zusehends schlechter. Am 18. September 1925 heißt es über den Absatz der Karosserie-Fabrik im Aufsichtsratsbericht:

> *»In der Karosserie-Abteilung sind insofern erschwerende Momente hinzugekommen, als die AGA als Hauptabnehmer wieder unter Geschäftsaufsicht gestellt worden ist und der Absatz seit einigen Monaten restlos stockt. Finanziell (buchmässig) sind wir mit 80 000 Mark beteiligt. Die Summe ist deshalb so gering, weil wir seit dem 27. Juni ds. Js. bereits unsere Karosserien in Konsignation lieferten. Die Zahlungsunfähigkeit der AGA trifft uns aber insofern, als wir seit zwei Monaten die Fabrikation ganz eingestellt haben, wodurch natürlich nicht nur die Generalunkosten wesentlich beeinflusst sind, sondern auch die festgelegten Kapitalien nicht flüssig gemacht werden können. Hinzu kommt ein zehnwöchiger Streik bei den Brennabor-Werken (ebenfalls ein Großabnehmer), welcher jedoch in diesen Tagen beigelegt ist. Auch hier sind erhebliche Summen festgelegt, weil wir natürlich nicht auch diese Fabrikation gleich abstellen wollten. Als Hauptabnehmer bleiben deshalb nur die Presto-Werke übrig, welche bis jetzt auch das vereinbarte Quantum restlos abgenommen haben. Inwieweit dies weiterhin der Fall sein wird, muss abgewartet werden und hängt von der allgemeinen Lage ab. Wir liefern an Presto täglich 7 Phaetons und vom 1. 11. 25 täglich zunächst 3, später 5 Limousinen, immer unter der Voraussetzung, dass Presto durchhält. Brennabor erhält täglich 3 Limousinen. Diese Stückzahl wird ab Dezember wieder auf 6 gesteigert, auch hier unter dem vorerwähnten Vorbehalt. An und für sich bietet der Auftragsbestand zusammen mit einem Auftrag auf 2000 Pullmann-Limousinen für die Firma Klein uns noch genügend Beschäftigung in der Karosseriefabrik.«*[70]

70. LHASA, MER, Gottfried Lindner AG Ammendorf, Nr. 209, D 21/139, S. 1–2.

Klagen über die Arbeitsproduktivität

Offenbar gab es auch mit der Arbeitsproduktivität und dem heute Supplychain-Management genannten Organisationsfluss Probleme, denn es heißt im Beschluss des Aufsichtsrates vom 15. November 1927:

> *»...Herr Direktor Westermann wird hinsichtlich des Karosseriebaues entlastet und hat dafür zu sorgen, dass die Durchführung der Aufträge, die das Werk empfängt, ordnungsgemäss sowohl zeitlich als auch qualitativ durchgeführt werden. Wenn die Termine, wie sie der Verkauf vorschreibt, nicht eingehalten werden können, so muss dem Verkauf rechtzeitig Mitteilung gemacht werden. Nicht aber, wenn die Termine längst überschritten sind, sondern rechtzeitig vorher, damit noch entsprechende Maßnahmen getroffen werden können. ... Herrn Grün wird die Gesamtleitung des Karosseriebaues, also einschliesslich des technischen Büros übertragen, insofern, als Herr Grün neben dem Abteilungsleiter (Herrn Bilzöcker) des Vorrichtungsbaues auch die Termine im Konstruktionsbüro disponiert und mit den Herren vom Konstruktionsbüro dafür Sorge trägt, dass die einzelnen Termine eingehalten werden. Die Kalkulation, insbesondere die angegebene Akkordzeit der Voranschläge ist unbedingt einzuhalten. Es ist mit allen Mitteln darauf hin zu arbeiten, dass dies auf das erträgliche Maß zurückgeführt wird, damit endlich die Karosserieabteilung lebensfähig wird«*[71]

Es fällt beim Lesen dieses Zitats bereits die gereizte Stimmung auf. Offenbar gab es zwar ausreichend Aufträge. Diese wurden jedoch mit Verlust bearbeitet. So versuchte man also, durch Straffung der Arbeitskette, durch mehr Kontrolle der Abläufe und durch die Personalentscheidung für Herrn GRÜN Einfluss auf die Kosten zu nehmen. Mehr Arbeit sollte von nun an in weniger Zeit erledigt werden. Ob dies reichte, um den Karosseriebau in der Gottfried-Lindner AG zu halten?

71. LHASA, MER, Gottfried Lindner AG Ammendorf, Nr. 209, D 21/141, S. 1–2.

Das REFA-System wird eingeführt

1924 entstand in Deutschland das »REFA-System« des '**Re**ichsausschuss **f**ür **A**rbeitszeitermittlung'[72]. Es legte Arbeitszeiten für bestimmte Tätigkeiten fest. Obwohl als TAN-System in die DDR weitgehend übernommen wurde, kritisierte man es in einer Geschichtsdarstellung über den Waggonbau Ammendorf scharf:

> *»Die Lindner-Arbeiter lehnten sich gegen die Akkordzeiten des Refa-Systems auf. Diese ausgeklügelten Praktiken monopolistischer Ausbeutung zur Erzielung von Maximalprofit - aus den USA importiert - waren Ursache und Ausdruck forcierter Arbeitshetze unter den Bedingungen kapitalistischer Rationalisierung.«*[73]

Der Umsatz stieg an, was vielleicht auch am Produktivitätsgewinn des REFA-Systems lag (Abb. 59)[74]. Gleichzeitig erkennt man

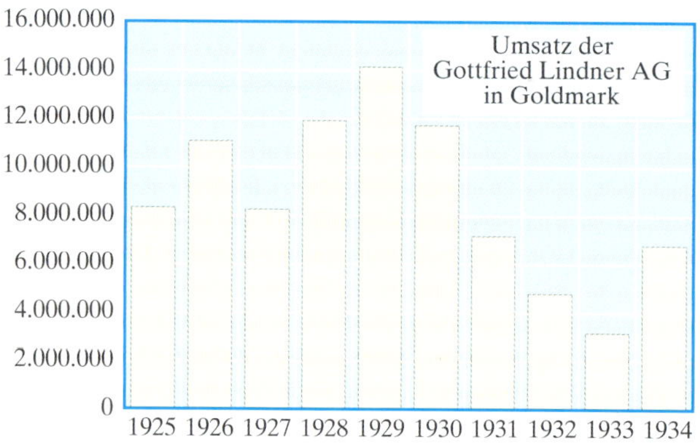

Abb. 59: Umsatz der Gottfried Lindner AG

an dieser Grafik den Umsatzabsturz in der Zeit der großen Depression von 1929 bis 1933. Erst die Steigerung der Rüstungsproduktion für die Nazis führte zu einem Sprung 1934. Um die Produktivität zu gewährleisten, wurden sogenannte Kontrollbeamte eingesetzt. Ihre Aufgabe war es, die Arbeitsgeschwindigkeit zu kontrollieren und Meldung zu machen. Wer fünf Minuten nach dem Arbeitsläuten, also zu spät erschien, verlor ein Viertel seines Tageslohnes.[75]

72. Der REFA wurde 1951 in der BRD in Verband für Arbeitsstudien e.V. (unverfänglicherer Titel!) und 1974 schließlich in REFA-Verband für Arbeitsstudien und Betriebsorganisation e.V. umbenannt. Der Verband hat seinen Hauptsitz in Darmstadt.

73. In der DDR wurde das REFA-System in das TAN-System (= Technische Arbeits-Normen-System) umgewandelt.

74. Koch, H. (Hrsg.): Von der Kutsche zum Weitstreckenwagen, Halle 1986, S. 27.

75. ebenda, S. 27.

Es hat sich ein Foto erhalten, auf dem man einen solchen Kontrollbeamten sehen kann (Abb. 60)[76]. Diese Beamten wurden von der

Abb. 60: Dreherei, links Kontrollbeamter

Unternehmensleitung mit werkseigenen Wohnhäusern versorgt (Abb. 61)[77].

Abb. 61: Beamtenhäuser in der Steinstraße

Erwartungsgemäß waren sie bei den Arbeitern sehr unbeliebt, wie die Schilderung »Es hat sich ausgegrünt« belegt:

> *»Also, Herr Grün, der Oberantreiber der Firma Lindner in Ammendorf, ist gegangen worden. Ein Schicksal, welches er selbst schon Proleten bereitet hat. Grün galt bei der Arbeiterschaft als ziemlich dummdreister Mensch. Es sei nur der Fall angeführt, wie Grün Akkordpreise festsetzte. Er bestellte einen Stellmachermeister im Autobau des Sonntags in die Bude und beauftragte denselben, diese oder jene Arbeit zu machen. Der betreffende Meister beeilte sich natürlich in der Arbeit, und so kam dann ein Akkordpreis zustande, bei welchem der Prolet nicht einmal auf seinen Tariflohn kommt.«*[78]

Interessant ist, dass die Familie Lindner seit 1923 nicht mehr am Geschäft beteiligt war.[79]

76. Werkarchiv.

77. Werkarchiv.

78. Zeitung »Klassenkampf«, Halle, 14. Dezember 1927.

79. Dies mag ebenso ein Indiz dafür sein, dass sich die Arbeitsbedingungen durch die Rechtsform AG und ihre rein finanzielle Sicht der Dinge verschlechterten.

Dramatischer Brief des Generaldirektors

Im November 1927 spitzte sich die Lage im Karosseriebau zu, so dass sich der Generaldirektor Dr. h. c. Traus genötigt sah, einen dramatischen Brief an den Präsidenten des Aufsichtsrats, Herrn Bankherrn Curt Steckner, zu richten, der hier in Auszügen zitiert werden soll:

> »*Sehr geehrter Herr Steckner,*
> *Die gestrige Sitzung hat sich naturgemäß bei mir sehr stark weiter ausgewirkt. Ich habe mich bis heute früh halb zwei Uhr herumgewälzt über all die Gedanken, die mir gekommen sind ...Wenn ich das augenblickliche schlechte Resultat betrachte, so kann ich nur sagen, dass es effektiv unmöglich ist, in aller Kürze auf die kalkulierte Stundenzahl zu kommen, obwohl die Stundenzahl nach Ansicht aller Mitarbeiter erniedrigt werden muss.* ... «

Es gab also auch, nachdem es sich »ausgegrünt« hatte, Probleme mit der Arbeitsproduktivität. Aber das war noch nicht alles, wie man lesen kann:

> »*Etwas viel Wichtigeres ist mir fortgesetzt durch den Kopf gegangen, das sind die ständigen Fusionsbestrebungen, wie jetzt wieder Presto/H.A.G. ... Ich kann mir nun sehr gut vorstellen, dass angesichts der drohenden amerikanischen Gefahr in dem Sinne, wie ich sie gestern kurz schilderte, noch weitere Fusionsbestrebungen zu erwarten sind und werde die Frage nicht los: Was geschieht dann mit den Karosseriefabriken, wenn sich die Automobilindustrie immer mehr und mehr zusammenballt?*«

Es wurde also ein Nachfragekartell befürchtet, gegen das man keine höheren Preise durchsetzen kann und von dem man womöglich abhängig wäre im gesamten Absatz von Karosserien. Was schlägt der Generaldirektor als Lösung vor?

> »*Einen Weg, der aber auch nur dann möglich ist, wenn uns die Staatsbahn jahrelang leidlich oder gut beschäftigt, haben wir ja gestern genügend besprochen.* «[80]

80. LHASA, MER, Gottfried Lindner AG Ammendorf, Nr. 209, D 21/142, S. 1–2.

Warum nicht selbst fusionieren?

Wenn die anderen fusionieren und Marktmacht aufbauen, warum sollte Lindner das nicht auch können, fragt der Generaldirektor weiter:

> »*...Dann gibt es noch einen anderen Weg, auf den ich hiermit aufmerksam machen möchte. Ist denn nicht eine Konzentration möglich zwischen einer Automobilfabrik und einer Karosseriefabrik?*
> *Ist es nicht möglich, wenn wir mit Wanderer wieder in Ordnung kommen und wenn wir die Geschäftsverbindung mit Adler weiter ausbauen, mit diesen beiden Firmen in einen engeren Kontakt zu kommen, vielleicht derart, dass die Firmen hier am Kapital entsprechend beteiligt werden und vielleicht in der Verwaltung einen gewissen Einfluss gewinnen durch einen Sitz im Aufsichtsrat?*«[81]

Soweit Auszüge aus dem dramatischen Brief des Generaldirektors an den Aufsichtsratsvorsitzenden. Im Geschäftsbericht für das Geschäftsjahr 1927/1928 musste eingeräumt werden:

> »*Dagegen hat die Karosserie-Abteilung, obwohl bei Beginn des Geschäftsjahres hier reichlich Aufträge vorlagen, leider versagt und auch das Ergebnis der Waggon-Abteilung mit aufgezehrt.*«[82]

Im Juni 1928 war dann der Verkauf bereits beschlossene Sache. Im Aufsichtsratsbericht vom 19. Juni 1928 heißt es dazu:

> »*Der Herr Vorsitzende berichtete eingehend über den Seitens des Vorstandes mit der Ambi-Budd Gesellschaft abgeschlossenen Vertrag, über Aufgabe unserer Karosserie-Abteilung gegen eine den Umständen nach angemessene Entschädigung auf die Zeit von 30 Jahren. Die Aufgabe der Fabrikation bezieht sich nur auf Personenkraftwagen.*«[83]

Es handelte sich offenbar um einen Notverkauf, denn später stellte sich heraus, dass von den geforderten 820 000 RM für die Karosseriefabrik noch 460 000 RM nachgelassen wurden, weil Ambi-Budd nicht zahlen konnte.[84]

81. LHASA, MER, Gottfried Lindner AG Ammendorf, Nr. 209, D 21/142, S. 2.
82. LHASA, MER, Gottfried Lindner AG Ammendorf, Nr. 170, S. 15.
83. LHASA, MER, Gottfried Lindner AG Ammendorf, Nr. 210, D 22/7, S. 1.
84. LHASA, MER, Gottfried Lindner AG Ammendorf, Nr. 210, D 22/10, S. 3.

Eisenbahnwagenbau

Im Eisenbahnwagenbau ergab sich seit der AG-Gründung eine Schritt-für-Schritt-Entwicklung. So wurden im Aufsichtsrat Anfragen besprochen und beschlossen (Aufsichtsratsbericht August 1905):

> »*4. Der Abschluss mit der Hedjasbahn, Object ca. 600 000 Fr. wird genehmigt. Wegen der Versicherung soll sorgfältig gesorgt werden.*«[85]

Auch die Frage, ob Angebote überhaupt gemacht werden sollen, wurde im Aufsichtsrat entschieden (a. a. O.):

> »*Die angefragten 6 Postambulanzwagen für Bulgarien sollen angeboten werden.*«[86]

Da die Aufträge im Jahr 1905 kaum noch fristgerecht erledigt werden konnten, mussten Neubauten beschlossen werden (Aufsichtsratssitzung vom 7. November 1905):

> »*...wird einstimmig beschlossen, der Direktion eine Summe bis zu 150 000 Mark zur Verfügung zu stellen, für folgendes: 1 Montage- und Stellmachergebäude nach der vorgelegten Zeichnung, einschliesslich Dampfheizung und Beleuchtung, der maschinellen Einrichtung nach der vorgelegten Aufstellung.*«[87]

Notwendig geworden war auch die Anschaffung einer Gleiswaage (Aufsichtsratssitzung vom 28. Dezember 1906):

> »*...Die Gleiswaage wird bewilligt.*«[88]

Um sich an einer Submission zu beteiligen, wurden dem Aufsichtsrat verschiedene Kalkulationen vorgelegt, der dann bestimmte, welche zum Angebot kommen soll (Aufsichtsratssitzung vom 28. Februar 1907):

> »*In der Versammlung haben verschiedene Kalkulationen vorgelegen.*
> *Es kommen von der ganzen Summe für die Firma 29 Wggons III. Klasse zu je 17 400 Franken gegebenenfalls in Frage. Zu diesem Preise wird die Direktion ermächtigt anzubieten*«[89]

85. LHASA, MER, Gottfried Lindner AG Ammendorf, Nr. 206, D 21/2, S. 2.
86. LHASA, MER, Gottfried Lindner AG Ammendorf, Nr. 206, D 21/2, S. 2.
87. LHASA, MER, Gottfried Lindner AG Ammendorf, Nr. 206, D 21/4, S. 1.
88. LHASA, MER, Gottfried Lindner AG Ammendorf, Nr. 206, D 21/7, S. 1.
89. LHASA, MER, Gottfried Lindner AG Ammendorf, Nr. 206, D 21/8, S. 1.

Die strikte Ausübung der Aufsicht durch den Aufsichtsratsvorsitzenden Curt Steckner erscheint angesichts heutigen Versagens von Aufsichtsräten und der extra aus Compliance-Gründen berufenen Cromme-Kommission erstaunlich, wie ein vertraulicher Brief des Vorsitzenden an die Direktion vom 25. März 1907 belegt:

> »*In der Aufsichtsratssitzung vom 28. Februar wurde beschlossen, für den ausländischen Auftrag eine Nachkalkulation zu machen und dieselbe dem Aufsichtsrat einzureichen. Zu meinem lebhaften Bedauern bin ich, nachdem beinahe 4 Wochen ins Land gegangen sind, heute noch ohne diese Nachkalkulation. Ebenso haben Sie mir für den mit Gotha abzuschließenden Vertrag eine Kalkulation in Aussicht gestellt, die ich ebenfalls nicht erhalten habe. Ich bin ferner ohne jede Nachricht darüber, wie sich dieses Geschäft entwickelt hat und bedaure wiederholt, von Ihnen ohne jede Information hierüber gelassen zu sein. Ich muss Sie dringend ersuchen, die Beschlüsse des Aufsichtsrats zu respektieren, da mir derartige Behandlung nicht zusagt. ...*«[90]

Gab es Kassendifferenzen, wurde ohne lange juristische Überlegung der Direktor in Regress genommen (Aufsichtsratssitzung vom 26. April 1907):

> »*Die nicht ermittelte Kassendifferenz muss von Herrn Traus bezahlt werden.*«[91]

Strikt missbilligt wurden Geschäfte, die am Aufsichtsrat vorbei, sozusagen freihändig durchgeführt wurden:

> »*Es wurde allgemein verurteilt, dass dieses Geschäft zum Abschluss gebracht worden ist, ohne dass der Aufsichtsrat befragt wurde. ... Im Wiederholungsfalle solcher gegen die Geschäftsordnung verstossende Verhalten, soll die Einzelprokura der Direktoren aufgehoben werden, so dass in Zukunft beide Unterschriften für die Gesellschaft verbindlich sein würden.*«[92]

90. LHASA, MER, Gottfried Lindner AG Ammendorf, Nr. 206, D 21/9, S. 1.
91. LHASA, MER, Gottfried Lindner AG Ammendorf, Nr. 206, D 21/10, S. 2.
92. LHASA, MER, Gottfried Lindner AG Ammendorf, Nr. 206, D 21/17, S. 2.

Kritischer Holzeinkauf und Export

In der Aufsichtsratssitzung vom 24. Februar 1908 beklagte sich der Aufsichtsrat über gezahlte Liebhaberpreise für Eisenbahnwagenholz und zog personelle Konsequenzen:

»*Es wird sodann der Holzeinkauf erwähnt und hierbei die Erwartung ausgesprochen, dass der Einkauf unter Wahrung der Interessen der Gesellschaft erfolgt, insbesondere, dass nicht zu Preisen gekauft wird, die Liebhaberpreise bedeuten. Zum Einkauf von Holz bedarf es vollständig ruhiger Abwägungen über die Marktlage und Qualitäten der vorliegenden Vorräte und eignet sich hierzu voraussichtlich Herr Knust besser als die Direktoren ...*«[93]

Da die Geschäfte mit der Bulgarischen Staatsbahn erfolgreich fortgeführt werden sollten, unterbreitete die Direktion dem Aufsichtsrat die Anstellung eines Vertreters in Sofia (Aufsichtsratssitzung vom 8. Dezember 1908):

»*Der Anstellung eines Vertreters in Sofia gegen ein monatliches Fixum von 100 Fr. und mässiger Umsatzprovision bei dreimonatiger Kündigung, voräufig für das Jahr 1909, wird zugestimmt.*«[94]

Osteuropageschäfte sollten weiter ausgebaut werden, wie in der Aufsichtsratssitzung vom 17. Dezember 1908 beschlossen:

»*... wird beschlossen, Angebot auf das eine Loos der ausgeschriebenen Rumänischen Wagen einzureichen mit geringem Verdienst, aufgrund einer sorgfältigen die vorliegenden Verhältnisse berücksichtigenden Kalkulation. Auf die gute Ausführung ist bei der bekannten strengen Prüfung das Hauptaugemerk zu legen. ... Zu Punkt 2 wird beschlossen, für den serbischen Staat die Fleischwagen anzubieten unter der Bedingung, dass bei Bestellung 75% bezahlt, der Rest nach Abnahme bezahlt werden*«[95]

93. LHASA, MER, Gottfried Lindner AG Ammendorf, Nr. 206, D 21/17, S. 4.
94. LHASA, MER, Gottfried Lindner AG Ammendorf, Nr. 206, D 21/21, S. 1.
95. LHASA, MER, Gottfried Lindner AG Ammendorf, Nr. 206, D 21/22, S. 1.

Qualitätsmängel und Lieferschwierigkeiten

Die erwartete strenge Übernahme durch die Serben hatte Folgen (Aufsichtsratssitzung vom 7. Juni 1909:

»*... Bei der endgültigen Uebernahme der für Serbien gelieferten Wagen sind Mängel festgestellt, deren Beseitigung die serbische Bahn selbst vornehmen will. Es wird in Aussicht gestellt, dass pro Wagen diese Kosten nur 20 Fr. betragen werden ...*«[96]

Bei dem Auftrag für die Bulgaren konnte Lindner offenbar die Lieferzeit nicht einhalten, weshalb Konventionalstrafen drohten:

»*... Wegen der Konventionalstrafen in Sofia konnte gelegentlich der Anwesenheit des Direktor Lindner vor Pfingsten nicht verhandelt werden, weil die unterrichteten Beamten nicht frei waren.*«[97]

Diese Probleme ließen den Aufsichtsrat vorsichtig werden bei weiteren Angeboten. Für weitere 20 Personenwagen IV. Klasse für Sachsen hieß es deshalb:

»*Zu der Uebernahme des Auftrages ... ist eine Erweiterung der Werkstätten und der Umbau der Schiebebühne nötig. Es wird beschlossen, das Angebot nur zu machen, wenn die Lieferzeit so bemessen werden kann, dass diese Neuanschaffungen nicht nötig werden; die Erweiterungen werden abgelehnt in Rücksicht auf die Beanspruchung des Credits.*«[98]

Dass das Folgegeschäft als wichtiges Geschäft angesehen wurde, zeigt die erneute Anfrage der Bulgaren im Februar 1910:

»*Im Prinzip ist man sich einig Bedenken wegen der Lieferung an Bulgarien nicht geltend machen zu können. Die jetzt ausgeschriebenen Wagen sind bis auf Kleinigkeiten mit den bereits gelieferten übereinstimmend. Es handelt sich um einen Auftrag von 8–900 000 Fr. Neueinrichtungen in der Fabrik sind für die Erledigung nicht nötig.*«[99]

Auch die Serben erhielten ein Angebot.[100]

96. LHASA, MER, Gottfried Lindner AG Ammendorf, Nr. 206, D 21/25, S. 1.
97. LHASA, MER, Gottfried Lindner AG Ammendorf, Nr. 206, D 21/25, S. 1.
98. LHASA, MER, Gottfried Lindner AG Ammendorf, Nr. 206, D 21/25, S. 1.
99. LHASA, MER, Gottfried Lindner AG Ammendorf, Nr. 206, D 21/26, S. 1.
100. LHASA, MER, Gottfried Lindner AG Ammendorf, Nr. 206, D 21/26, S. 1.

Hedjasbahn kann gebaut werden

In der Aufsichtsratssitzung vom 9. Dezember 1912 beschloss man die baldestmögliche Ablieferung der Hedjasbahn:

> »*Nachdem auf Anfrage beim auswärtigen Amt die Antwort gegeben wurde, dass Fahrzeuge nicht unter Kriegskontrébande fallen, wird beschlossen, die Wagen für die Hedjasbahn sobald als möglich zur Ablieferung zu bringen*«[101]

Außerdem wurden 50 000 Mark für eine Krananlage bewilligt, allerdings unter Bedingungen:

> »*Es wird sodann beschlossen, für einen zu bauenden Kran, Transporteinrichtung bis M. 50 000.- zu bewilligen, falls die vorzulegende Rentabilitätsberechnung einen guten Vorteil für die Kapitalanlage ist ... und Herr Reinhardt Lindner seine Zustimmung zur Ausführung gibt.*«[102]

Wie sah die Rentabilitätsberechnung aus?

Interessant ist die am 10. Dezember 1912 vorgelegte Rentabilitätsberechnung für den Laufkran. Sie zeigt exemplarisch, wie im praktischen Alltag der Produktivitätsfortschritt geplant und erreicht wurde:

> »*... Es sind pro Jahr in den letzten Jahren ca. 2 000 cbm schwere Eichen- etc. Rundhölzer zum Einschnitt gekommen. Ca. 12 cbm enthält ein Waggon, so dass rund gerechnet ca. 160 Waggons zur Entladung kommen. Einen Waggon mit Kran zu entladen wird inkl. Kranführer auf M. 2.- kommen, ein Entladen ohne Kran und Hinschaffen auf den Lagerplatz verursacht mindestens M 30.- Arbeitslohn, bei ganz schweren Stücken jedoch erheblich mehr. Es lässt sich so mit einem Kran eine Ersparnis von ca. M. 28.- pro Waggon erzielen, also pro Jahr 4 480.- M.*
> *Es müssen an Arbeitskräften zum Zuschaffen 6 Mann vorhanden sein, bei 6–7 Tonnen schweren Stücken noch mehr. Beim Krantransport sind erforderlich 2 Mann inkl. Kranführer und so ergibt sich eine Lohn-Ersparnis von 4 x 300 Arbeitstagen (à M 3,50 gerechnet) = M 1 050.-, also insgesamt M 4 200.-, mithin 4 480.- + M 4 200.- = M 8 680.-. Es ist ferner zu berücksichtigen, dass, wenn kein Kran vorhanden ist, mindestens eine 4–5fache Grundfläche zum Lagern der Hölzer erforderlich wird ... Diese Grundflächenersparnis wiegt unseres Erachtens nach den Stromverbrauch des Krans bei Weitem auf ...*«[103]

Schließlich wird der Wortlaut noch in eine verzinste Rentabilitätsrechnung gefasst:

> »*... Für die Anschaffung des Kranes sind M 30 000.- insgesamt erforderlich, 6% Verzinsung = M 1 800.-, laufende Unterhaltung zu M 1 200.- gerechnet, die bei Weitem nicht erreicht wird, 10% Amortisation = M 3 000.-, ergibt insgesamt M 6 000.-, demgegenüber stehen M 8 680.-, so dass ein jährlicher Ueberschuss von M 2 680.- erzielt ist ...*«[104]

Hedjasbahn macht Probleme

1913 gab es Probleme mit der Hedjasbahn:

> »*Von dem unfreundlichen Verlauf der Hedjasbahn-Lieferung wird Kenntnis genommen. Die Direktion wird ersucht, genauen Bericht über die Ursachen und deren Vermeidung zu machen.*«[105]

Weitere Anfragen aus dem Ausland

Anfragen anderer Länder betragen folgende Mengen und Produkte (Tabelle)[106].

Land	Anfragen und Typ
Bulgarien	800 Waggons
Chile	700 Waggons
Dänemark	25 Straßenbahn- und 25 Anhängewagen
Russland	Straßenbahnwagen unbekannter Anzahl
Serbien	Waggons unbekannter Anzahl
Türkei	8 Speisewagen

Angesichts der Nachfragelage beschloss der Aufsichtsrat ein Investitionsprogramm für Kraftstromanlage, Trockenanlage, feuerlose Lokomotive u. a. Gleichzeitig wurden die Verhandlungen für einen Zusammenschlusses von Waggonfabriken forciert.

101. LHASA, MER, Gottfried Lindner AG Ammendorf, Nr. 207, D 21/37, S. 1.
102. LHASA, MER, Gottfried Lindner AG Ammendorf, Nr. 207, D 21/37, S. 1.
103. LHASA, MER, Gottfried Lindner AG Ammendorf, Nr. 207, D 21/38, S. 1.
104. LHASA, MER, Gottfried Lindner AG Ammendorf, Nr. 207, D 21/38, S. 2.
105. LHASA, MER, Gottfried Lindner AG Ammendorf, Nr. 207, D 21/41, S. 2.
106. LHASA, MER, Gottfried Lindner AG Ammendorf, Nr. 207, D 21/45, S. 1.

Ende von VDW und GDW

Der Verein Deutscher Waggonfabriken existierte nur kurze Zeit. Im September 1923 wurde er in die »Gemeinschaft Deutscher Waggonfabriken e. V.« umgewandelt. Aber auch der GDW gelang keine Neuordnung des deutschen Waggonbaumarktes. Immer noch mussten viele Waggonbauer ihre Produkte mit Verlust verkaufen, weil es ein Nachfragemonopol gab (Reichsbahn).

Die EISLIEG

Ungeachtet dessen gab es immer wieder die Zusammenarbeit von Firmengruppen. So gründeten im Mai 1921 acht Firmen eine Interessengemeinschaft mit einem Gründungskapital von nur 30 000 RM. Sie nannten sich »Eisenbahn-Liefergemeinschaft GmbH«, später verkürzt EISLIEG (Tabelle).

Firma	Firmensitz (Ort)
Düsseldorfer Eisenbahnbedarf	Düsseldorf
Gottfried Lindner AG	Halle
Siegener Eisenbahnbedarf AG	Siegen
Waggonfabrik Dessau	Dessau
Waggonfabrik H. Fuchs	Heidelberg
Waggonfabrik Uerdingen	Uerdingen
Waggonfabrik Wegmann & Co.	Kassel
Waggon- und Maschinenbau AG	Görlitz

Im Gründungsprospekt ist zu lesen:

> *»Der Konzern ist die zentrale Verkaufsgemeinschaft der vorgenannten 8 Gesellschafterwerke für den Vertrieb ihrer gesamten Produktionen an Eisenbahn- und Straßenbahnfahrzeugen für In- und Ausland; er umfaßt auch den gemeinsamen Einkauf der Baustoffe, ferner die Arbeitsteilung und Spezialisierung unter den Werken, zwecks Erzielung einer möglichst wirtschaftlichen Fabrikation und Leistungsfähigkeit.«*[107]

Man beschrieb die eigenen Werke so:

> *»Die Werke der gehören zu den ältesten, besteingerichteten und größten deutschen Waggonfabriken. Die Arbeiterzahl beträgt 17 000, die Leistungsfähigkeit mehr als 26 000 Eisenbahnfahrzeuge pro Jahr, darunter Personenwagen, Salonwagen, Schlaf- und Speisewagen ...«*[108]

107. LHASA, MER, Gottfried Lindner AG Ammendorf, Nr. 301, 24/1, S. 1.
108. LHASA, MER, Gottfried Lindner AG Ammendorf, Nr. 301, 24/1, S. 1.

Insbesondere die technischen Konstruktions-Büros der EISLIEG-Werke waren führend in Deutschland und so war es kein Wunder, dass die Reichsbahn mit der EISLIEG einen Vertrag abschloss, der der letzterer 24 % aller Reichsbahnaufträge zusicherte. Kataloge, Einzelentwürfe nach Kundenwunsch und fachkundige Vertreter machten die GmbH zu einer schlagkräftigen Wettbewerber (Abb. 62)[109].

Abb. 62: Blatt aus dem EISLIEG-Katalog

Die EISLIEG residierte in Berlin-Charlottenburg in der Kantstraße 163 im sogenannten EISLIEG-HAUS und es gab sogar ein eigenes Logo (Abb. 63)[110].

Abb. 63: Logo der EISLIEG

109. LHASA, MER, Gottfried Lindner AG Ammendorf, Nr. 301, 24/1, S. 2.
110. LHASA, MER, Gottfried Lindner AG Ammendorf, Nr. 301, 24/1, S. 2.

Investitionen

1914 war für LINDNER ein starkes Investitionsjahr. So heißt es in der Tagesordnung der Aufsichtsratssitzung vom 23. Februar 1914 bereits:

»1) Kostenanschlag der Stromerzeugungsanlage.
2) ... Neubau Karosserie-Gebäude
3) Bewilligung ... Trockenanlage.
4) Bewilligung ... Neubauten der Eisenbearbeitung.
5) Bewilligung ... diverse Maschinen ...«[111]

Ferner wurden bewilligt:

»1) Beschaffung einer Lokomotive.
2) Gewindeschneidemaschinen
3) Spezial-Pufferstangen-Drehbank
4) Knüppelschere ...«[112]

Interessant ist dabei die detaillierte Begründung des Kaufs der Lokomotive:

»Es gehen bei uns jährlich wenigstens 3 600 Wagen ein, teils leer, teils beladen mit Eisen, Holz etc. Zum Rangieren eines leeren Wagens sind 6 Mann, eines vollen Wagens 6–12 diesseits und bis 30 Mann jenseits der Schachtstrasse nötig, da dorthin die Gleise eine grosse Steigung haben. Der durchschnittliche Weg, den ein Wagen in unserer Fabrik zurücklegt, beträgt ca. 500 m. Der Zeitaufwand, um einen leeren Wagen zu rangieren, beträgt nicht unter 13 Minuten ausschliesslich der Zeit, welche gebraucht wird, um die Leute zusammen zu rufen, wofür mindestens durchschnittlich 15 Minuten zu rechnen sind. Es kommen also für einen Wagen zu rangieren ca. 30 Minuten in Frage... In Summa 1 344 Minuten oder 22 400 Stunden à 40 Pfg. = M 8 960.-«[113]

Die Lokomotive wurde dagegen so verrechnet: 10 750 M für die Lokomotive, Wegfall von 8 Hofarbeitern, die im Jahr gesamt 9 600 M kosten und Unterhalt der Lok plus Zins und Amortisation für 300 Arbeitstage 5 100 M, ergeben gesamt ein Nutzen von 4 500 M.[114] Nutzen meinte dabei Gewinn. Ähnlich verfuhr man bei den Rentabilitätsberechnungen für die Maschinen.

111. LHASA, MER, Gottfried Lindner AG Ammendorf, Nr. 207, 21/47, S. 2.
112. LHASA, MER, Gottfried Lindner AG Ammendorf, Nr. 207, 21/47, S. 3.
113. LHASA, MER, Gottfried Lindner AG Ammendorf, Nr. 207, 21/48, S. 3.
114. LHASA, MER, Gottfried Lindner AG Ammendorf, Nr. 207, 21/47, S. 3–4.

Zu geringe Quote

In der Sitzung der Aufsichtsrates vom 24. April 1914 wird Bilanz für den Waggonbau gezogen:

»Im Geschäftsjahr 1913/14 war die Beschäftigung des Werkes nicht einheitlich. In der ersten Hälfte war dasselbe sehr stark beschäftigt, so dass es oft nur unter Hinzuziehung erheblicher Ueberstunden möglich war, die eingegangenen Verpflichtungen zu erledigen. Die allgemeine Krise blieb jedoch auch für unser Werk nicht ohne Einfluss und so flaute die Beschäftigung mit Beginn des zweiten Semesters ganz erheblich ab, so dass wir gezwungen waren, einige hundert Leute zu entlassen. ... Wir führen, wie auch bereits früher bemerkt, die geringe Beschäftigung auf die Mitgliedschaft des Verbandes Deutscher Waggonfabriken zurück, welche wir jedoch Ende Februar lösten. Unser Werk hat durch die geringe Zuteilung bei preussischen Staatsbahnlieferungen eine zu kleine Quote und so glauben wir bestimmt, mit Rücksicht auf die rationellen Arbeitsmethoden, dass wir im freien Wettbewerb weit bessere Erfolge erzielen ...«[115]

In der Konjunkturflaute

Der Konjunkturflaute wurde bei den Kosten durch niedrigere Bestände und Suche nach Sparmöglichkeiten begegnet:

»Im Hinblick auf die allgemein rückläufige Konjunktur sind die Vorräte ... besonders niedrig bewertet ... und auf einer niedrigeren Stufe gehalten ...
Die geringen Bestände ermöglichten es uns, dass die Bankschuld vollständig abgestossen werden konnte... Alle Aufwendungen zur Verbesserung ... der Maschinen sind auf dem Reparaturkonto verbucht ... Wir glauben auch bei diesen Konten in diesem Jahr Ersparnisse zu erzielen.«[116]

Der unsicheren Zukunft begegnete man so durch Niedrigbewertung sowie Niedrighaltung der Vorräte und Schuldtilgung..

115. LHASA, MER, Gottfried Lindner AG Ammendorf, Nr. 207, 21/49, S. 1–2.
116. LHASA, MER, Gottfried Lindner AG Ammendorf, Nr. 207, 21/49, S. 3–4.

Investitionen II

Auch im Dezember 1914 ging es in den Aufsichtsratssitzungen vor allem um Investitionen. Am 29. Dezember wurden bewilligt (Tabelle)[117]:

Titel	Preis in Mark
Schmiedefeuer	25.000
Hofüberdachung	10.000
Unterbauhalle	15.000
Oberbauhalle	100.000
Polierwerkstatt und Farbkeller	26.000
Holzschuppen und Verlängerung Holzkran	15.000
Gleisanlage und Beleuchtung	18.500
Unvorhergesehenes	35.500

Der erste Weltkrieg

Ab 1915 wirken sich die Ereignisse des ersten Weltkrieges auf die Produktion und das Procedere aus. Erst für den Oktober 1915 liegen im Archiv wieder Aufsichtsratsberichte vor. Die im Dezember 1914 bewilligten Investitionen waren bis auf die Poliererei bereits fertiggestellt. Eine Liste mit den bis Ende September 1915 abgelieferten Produkten zeigt den großen Anteil, den die Kriegsaufträge einnehmen (Tabelle)[118].

Produkt	Anzahl
Personenwagen	38
Güterwagen	308
Strassenbahnwagen	6
Automobilkarosserien	189
Geschäftswagen	3
Luxuswagen	2
Kesselwagen	12
Kriegsfahrzeuge	699

Beim Procedere der Protokolle fällt der Stempel »VERTRAULICH.« auf, den es früher nicht auf den Protokollen gab. Außerdem heißt es zu den Kriegsgefangenen:

> *»Wie die meisten Werke, so beschäftigen auch wir Kriegsgefangene, zur Zeit 57 Mann, haben jedoch mit wenigen Ausnahmen keine guten Erfahrungen mit den Leuten gemacht.«*[119]

Wieder Anfragen aus Bulgarien

In der Aufsichtsratssitzung vom 23. März 1915 heißt es zu Punkt 2):

> *»Es liegt eine Anfrage nach Bulgarien vor auf 90 Personenwagen, 40 Gepäckwagen und 1 300 Güterwagen. Die Direktion beabsichtigt, nur Personenwagen anzubieten, nämlich 20 Stück II. Klasse und 50 Stück III. Klasse. Für Güterwagen ist im Inlande genügend Beschäftigung, während die Personenwagen erwünschte Beschäftigung für die Tischlerei bringen würden.«*[120]

Interessant ist bei allen Angeboten der Hinweis:

> *»Angebote für das neutrale Ausland werden vorläufig während der Kriegsdauer in der Geldart des neutralen Staates unter Umrechnung nach dem Friedenskurs angeboten zwecks Hebung der deutschen Valuta.«*[121]

Dies bedeutet einen starken Anteil an Patriotismus, wenn nicht gar Nationalismus im Managerhandeln der damaligen Zeit.

Sorgen um die Feuersicherheit

In der Sitzung der Aufsichtsrates vom 15. Dezember 1916 trägt Direktor Heinrich Lindner Bedenken bezüglich der Feuersicherheit vor:

> *»... dass mit Rücksicht auf die großen Vorräte eine erhöhte Sicherung gegen Feuergefahr geboten sei. Es sind die Versicherungen der Vorräte bereits um 2 000 000.- erhöht worden, die Fabrikfeuerwehr ist um 6 auf 42 Mann verstärkt, die Anzahl der Minimax-Apparate ist entsprechend erhöht. Der sich ansammelnde Staub wird regelmäßig beseitigt. Diese periodenweise Beseitigung gewährt aber keine volle Sicherheit. Herr Direktor Lindner schlägt daher vor, es mit einem kontinuierlich arbeitenden Staubsauger zu versuchen. Es werden hierzu 1 000.- Mark bewilligt.«*[122]

Lobbyarbeit

Lobbyarbeit war wichtig und stärkte das Vertrauen der Gegenpartei. Im Protokoll vom 15. Dezember 1916 heißt es da zum Beispiel lapidar:

> *»Für die Deutsch-Türkische Vereinigung für das 'Deutsche Haus' in Konstantinopel werden M 1 000.- bewilligt«*[123]

117. LHASA, MER, Gottfried Lindner AG Ammendorf, Nr. 207, 21/51, S. 1.
118. LHASA, MER, Gottfried Lindner AG Ammendorf, Nr. 207, 21/52, S. 1.
119. LHASA, MER, Gottfried Lindner AG Ammendorf, Nr. 207, 21/52, S. 1.
120. LHASA, MER, Gottfried Lindner AG Ammendorf, Nr. 207, 21/52, S. 1.
121. LHASA, MER, Gottfried Lindner AG Ammendorf, Nr. 207, 21/54, S. 2.
122. LHASA, MER, Gottfried Lindner AG Ammendorf, Nr. 207, 21/56, S. 1.
123. LHASA, MER, Gottfried Lindner AG Ammendorf, Nr. 207, 21/59, S. 2.
124. LHASA, MER, Gottfried Lindner AG Ammendorf, Nr. 207, 21/59, S. 2.

Wagenring

Die EISLIEG war nicht die einzige Vereinigung der Waggonbauer in den frühen 1920er Jahren. Kurze Zeit nach der EISLIEG schlossen sich fünf weitere Firmen zum »WAGENRING« zusammen (Tabelle)[125].

Firma	Ort
MAN AG	Augsburg-Nürnberg
Maschinenfabrik Esslingen	Esslingen
Waggonfabrik Gebr. Gastell	Mainz
Waggonfabrik Talbot & Co.	Aachen
Waggonfabrik v. d. Zypen & Charlier	Köln

Andere Firmen versuchten es mit Fusionen. So schlossen sich die Waggon- und Maschinenfabrik AG Busch in Bautzen mit der Aktiengesellschaft für Eisenbahnbedarf in Weimar zusammen.[126] Die Auftragslage war aber weiterhin prekär und verschärfte sich durch die hohe Inflation in den Jahren 1922 und 1923. 1924 scheiterte der Versuch, mit der Gründung des »Waggon-Blocks« in eine bessere Position gegenüber der übermächtigen Reichsbahn zu kommen.

Innovationen als Ausweg

Einige Firmen versuchten, durch Innovationen und besondere Nischenprodukte die Lage zu verbessern. So erfand der Ingenieur Eugen Kittel von der Maschinenfabrik Esslingen kurzgekoppelte Durchgangswagen für den Vorortverkehr (Abb. 64).[127] Die Vorortzüge wurden nur in zwei

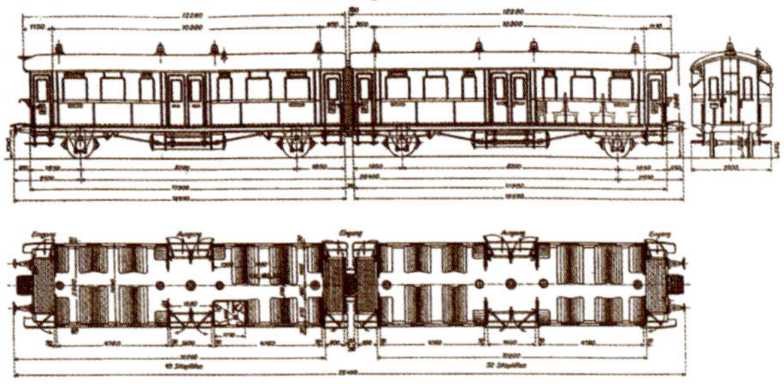

Abb. 64: Kurzgekoppelte Durchgangswagen nach E. Kittel, 1920.

Klassen gebaut: Holz- und Polsterklasse. Die Holzklasse waren Doppelwagen mit Faltenbalg, aber ohne Zwischentür über der Kurzkupplung. Die 101 Sitzplätze wurden zunächst mit Gas, später mit elektrischem Licht beleuchtet. Die Polsterklasse hatte 76 Sitzplätze und eine Zwischentür als Klassentrennung zur Holzklasse. Die

Abb. 65: Kurzgekoppelte Durchgangswagen nach E. Kittel, 1920.

Reichsbahn kaufte 360 Wagen (Abb. 65).[128] Interessant ist der vorgesehene Fahrgastfluss dieser Waggons:

> *»Die bahnsteigseitigen Endtüren waren nur zum Einsteigen, die Mitteltüren aber nur zum Aussteigen gekennzeichnet.«*[129]

Weitere Neuerungen waren Geflügel-Transportwagen (Abb. 66) sowie Gepäcktriebwagen für die Post (Abb. 67).[130]

Abb. 66: Geflügel-Transportwagen, 1923.

Abb. 67: Gepäcktriebwagen für die Postbeförderung, 1924.

DWV-Vertrag

All diese Versuche führten nicht zu einer durchgreifenden Lösung. Der Präsident des Reichszentralamtes Berlin G. Hammer schloss deshalb am 11. 12. 1926 mit 30 der ehemals 69 Reichsbahnlieferanten, die sich nun »Deutsche Wagenbau-Vereinigung« nannte, den sog. DWV-Vertrag ab.[131]

125. Störiko, A.: Geschichte der deutschen Waggonindustrie und ihrer Verbände von 1877 bis 1977, Frankfurt/M. 1977, S. 22.
126. Störiko, A.: Geschichte der deutschen Waggonindustrie und ihrer Verbände von 1877 bis 1977, Frankfurt/M. 1977, S. 22.
127. Messerschmidt, W.: Vom Fuhrwerk zum Intercity, Stuttgart 1988, S. 81.
128, 125. Messerschmidt, W.: Vom Fuhrwerk zum Intercity, Stuttgart 1988, S. 81.
129. Messerschmidt, W.: Vom Fuhrwerk zum Intercity, Stuttgart 1988, S. 84–85.
130. Messerschmidt, W.: Vom Fuhrwerk zum Intercity, Stuttgart 1988, S. 84–85.
131. Störiko, A.: Geschichte der deutschen Waggonindustrie und ihrer Verbände von 1877 bis 1977, Frankfurt/M. 1977, S. 24.

Große Staatsbahnaufträge für Lindner

In der Aufsichtsratssitzung vom 4. März 1918 heißt es ohne nähere Angaben:

»*Der Herr Vorsitzende legt dar, dass mit Rücksicht auf die grossen Staatsbahnaufträge es wünschenswert erscheint, das Kapital der Gesellschaft um M 400 000.- zu erhöhen.*«[132]

Damit sollte sich das Aktiengrundkapital auf 2 000 000 M erhöhen. Die Kapitalerhöhung sollte mittels Ausgabe von 400 Inhaberaktien zum Nennwert von je 1 000 M durchgeführt werden. Die Kapitalerhöhung wurde jedoch vom Minister für Handel und Gewerbe kurzerhand unterbunden. Angesichts des bereits vierten Kriegsjahres wurden alle finanziellen Mittel direkt für den Krieg gebunden. So heißt es in einem Brief an den Aufsichtsratsvorsitzenden vom 11. April 1918:

»*... so bleibt es uns ja überlassen, nach Friedensschluss mit der Erhöhung des Aktienkapitals noch einmal an eine ausserordentliche Generalversammlung heranzutreten.*«[133]

Arbeiterwohnhäuser

In diese Zeit fällt auch der Plan zum Bau von Arbeiterwohnhäusern, was allerdings davon abhängig gemacht wurde, dass sich kaufwillige Arbeiter finden ließen:

»*Als unverzinsliche Beihilfe zum Bau von Arbeiter-Wohnhäusern soll der Siedlungsgesellschaft "Sachsenland" ev. bis M 30 000.- (10 x 3 000 M) bewilligt werden, falls sich von unseren Arbeitern Kauflustige melden. Der Architekt Föhre soll mit der Ausarbeitung eines Bebauungsplanes für unsere 26 Morgen an der Halleschen Strasse beauftragt werden. ... Das Grundstück Thüringerstr. 3 soll für M 35 000 angekauft werden.*«[134]

Kapitalerhöhung II

Da die erste Kapitalerhöhung am Ministereinspruch scheiterte und zwischenzeitlich bereits wieder hohe Bankschulden aufgelaufen waren, versuchte der Aufsichtsrat im Jahr 1919 erneut eine Kapitalerhöhung. Dieses Mal gleich um 800 000 M.

»*Mit Bezug auf die von Ihnen beabsichtigte Ausgabe von M 800 000 neuer Aktien Ihrer Gesellschaft erkläre ich mich namens eines Konsortiums, unter der Voraussetzung, dass die Ausgabe von der im Laufe des Juli stattfindenden Generalversammlung genehmigt wird und dass der Herr Minister für Handel und Gewerbe zur Ausgabe der jungen Aktien seine Zustimmung erteilt, bereit zur Übernahme von M 800 000.- neuer Inhaber-Aktien, welche vom 1. April 1919 an der Dividende teilnehmen und den alten Aktien völlig gleichstehen.*«[135]

Millionenanleihe geplant

Neben der Kapitalerhöhung plante der Aufsichtsrat aufgrund der Kapitalknappheit 1919 die Ausgabe einer Anleihe über 1 000 000 M zu 5% Zinsen. Diese wollte sogar das Bankhaus Reinhold Steckner vollständig abnehmen und weiter verkaufen:

»*Unter Bezugnahme auf die von Ihnen beabsichtigte Ausgabe einer neuen Anleihe teile ich Ihnen hierdurch mit, dass ich mich erbiete, Ihnen ... die neue Anleihe M 1 000 000.- 5% ... zu einem Preise von 95 1/2% abzunehmen.*«[136]

Der Handelsminister verweigerte jedoch die Zustimmung. Obwohl die Genehmigungspflicht in Kriegszeiten eingeführt wurde, um private Kapitalkonkurrenz auszuschließen, wurde sie 1919 beibehalten:

»*Wie aus anderen Fällen bekannt sei, habe sich das Publikum an die Ansicht gewöhnt, dass nach Erteilung der staatlichen Genehmigung durch das Handels- und Finanzministerium die auszugebenden Teilschuldverschreibungen gewissermassen einen staatlichen Schutz genössen. ... Deshalb werde mit der Erteilung der Genehmigung ... vorsichtig verfahren und die Genehmigung nur erteilt, wenn volle Sicherheit vorhanden sei. Hiervon könne aber trotz der ausgezeichneten Bildanz nicht wohl die Rede sein.*«[137]

132. LHASA, MER, Gottfried Lindner AG Ammendorf, Nr. 207, 21/61, S. 1.
133. LHASA, MER, Gottfried Lindner AG Ammendorf, Nr. 207, 21/64, S. 1.
134. LHASA, MER, Gottfried Lindner AG Ammendorf, Nr. 207, 21/67, S. 2.
135. LHASA, MER, Gottfried Lindner AG Ammendorf, Nr. 208, 21/68, S. 1.
136. LHASA, MER, Gottfried Lindner AG Ammendorf, Nr. 208, 21/69, S. 1.
137. LHASA, MER, Gottfried Lindner AG Ammendorf, Nr. 208, 21/75, S. 1.

Der I. Weltkrieg und Lindner

Der erste Weltkrieg bedeutete einen tiefen Einschnitt in die Aktivitäten der LINDNER AG. Die allgemeine Mobilmachung vollzog sich plötzlich und ohne genaue Kenntnis des Arbeitgebers, so dass erst die Adressen der Kriegsteilnehmer recherchiert werden mussten. Die Geschäftsleitung gab eine Kriegszeitung in mehreren Nummern heraus, die die Kommunikation zwischen den fernen Soldaten und den Mitarbeitern fördern sollte (Abb. 68).[138] Der Beginn des

Kriegs-Zeitung

Mit Gott Für König Und Vaterland

der Gottfried Lindner A.-G. Ammendorf b. Halle a. S.

März 1915. Wagen- und Waggon-Fabrik. Nummer 1.

Ammendorf b. Halle a. S.

D

Widmung für unsere Krieger.

Als im August der Ruf erscholl
Zum Streite für das Reich,
Da zogt ihr wackren Krieger aus,
In Scharen alsogleich,
Ihr schütztet unser Haus und Herd,
Marschiert in Feindesland,
So daß befreit von schwerer Not
Blieb unser Vaterland.

Wir alle, die zu Hause sind,
Wir danken euch recht sehr,
Vergessen werden wir es nie
Dem tapfren Kriegerheer.
Wir hoffen gern, daß ihr dereinst,
Wenn ruht des Krieges Brand,
Ihr kehrt zurück in unsre Reihn
An unsren Saalestrand.

Traus, Halle a. S.

An unsere Feldzugteilnehmer.

Nachdem es gelungen ist, wenigstens einigermaßen vollständig die Adressen unserer Feldzugsteilnehmer zu erhalten, wollen wir heute darangehen, Ihnen einiges Wissenswerte mitzuteilen.

Gleichzeitig finden Sie im vorliegenden Hefte die Adressen, soweit sie in unserem Besitze sind, wodurch es Ihnen auch möglich ist, mit Ihren Kameraden untereinander brieflich zu verkehren, wenn Sie dies beabsichtigen.

Wie Ihnen bekannt sein wird, war der Karosserie-Neubau bei Ausbruch des Krieges schon stark vorgeschritten. Seit einigen Monaten ist er bereits im Betriebe, wobei er sich sehr praktisch erweist. Einige Ansichten des Neubaues finden Sie in der vorliegenden Nummer. Es werden hier z. Zt. fast ausschließlich Automobil-Karosserien für die Heeresverwaltung gebaut. Während die Lackierung der Autos in Friedenszeiten 3—4 Wochen dauert, wird sie heute in 4—5 Tagen fertiggestellt. Die Hauptsache ist ja, daß schnell geliefert wird, und wir konnten bis jetzt das Verdienst in Anspruch nehmen, gerade in dieser Hinsicht das Äußerste gegenüber den einzelnen Verwaltungen getan zu haben, wenn auch unter großen Anstrengungen.

Auch das neue Holz-Trockenanlage-Gebäude zwischen der neuen Karosserie-Fabrik und dem Sägegatterhaus ist nunmehr fertig und wird

Abb. 68: Kriegszeitung der Gottfried Lindner AG, März 1915.

Krieges fiel für LINDNER in eine Zeit hoher Investitionen. So war seit Januar 1915 die Neue Bohrerei in Betrieb (Abb. 69).[139]

Abb. 69: Neue Bohrerei, März 1915.

Die Bohrerei war eigentlich eine vollständige Bearbeitungswerkstatt mit für die damalige Zeit modernem Holzfußboden. Das Highlight war die große Knüppeleisenschere, die bis zu 110 mm Vierkanteisen schneiden konnte.

Auch das Trockengebäude zwischen Karosserie-Fabrik und Sägegatterhaus wurde mitten im Krieg fertiggestellt (Abb. 70).[140]

Abb. 70: Trockenkammer, März 1915.

Die Anlage besaß acht große Kammern, um in wenigen Wochen Holzstapel risslos zu trocknen. Außerdem wurden zwischen Oberbau und Eisenbearbeitung Waschräume und Werkzeugschlosserei gebaut. Der Pferdestall musste weichen (Abb. 71).[141] Schließlich wurden Gärten, die sog.

Abb. 71: Schachtstraße mit Pferdestall und rechts Karosseriefabrik, März 1915.

LINDNER-Gärten eingerichtet zur Selbstversorgung der Arbeiterfamilien (Abb. 72).[142]

Abb. 72: Lindners Gärten, März 1915.

138. LHASA, MER, Gottfried Lindner AG Ammendorf, Nr. 227, S. 1.

139. LHASA, MER, Gottfried Lindner AG Ammendorf, Nr. 227, S. 3.

140. LHASA, MER, Gottfried Lindner AG Ammendorf, Nr. 227, S. 4.

141. LHASA, MER, Gottfried Lindner AG Ammendorf, Nr. 227, S. 5.

142. LHASA, MER, Gottfried Lindner AG Ammendorf, Nr. 227, S. 4.

Die Karosserie-Fabrik im I. Weltkrieg

Der Karosseriebau war bei Kriegsbeginn noch der Wachstumstreiber. Die deutsche Kriegsverwaltung nutzte die Ressourcen:

> »*Wie Ihnen bekannt sein wird, war der Karosserie-Neubau bei Ausbruch des Krieges schon stark vorgeschritten. Es werden hier z. Zt. fast ausschließlich Automobil-Karosserien für die Heeresverwaltung gebaut.*« (Abb. 73–79)[143]

Abb. 73: Karosseriefabrik, März 1915.

Abb. 74: Feldküchen im Bau, März 1915.

Eine Besonderheit war die 2000. durch die LINDNER AG gebaute Feldküche. Sie wurde dem Kronprinz WILHELM gewidmet und es gab eine extra Veranstaltung und Beflaggung dafür (Abb. 75).

Abb. 75: Feldküche Kronprinz Wilhelm, März 1915.

143. LHASA, MER, Gottfried Lindner AG Ammendorf, Nr. 227, S. 1–7.

Abb. 76: Proviantwagen im Bau, März 1915.

Abb. 77: Lastwagen für das Heer, März 1915.

Abb. 78: Der neue Laufkran, März 1915.

Abb. 79: Versandfertige Autos, März 1915.

Franz Westermann

Am 1. Juli 1918 wurde der aus Westfalen stammende Ingenieur FRANZ WESTERMANN als technischer Vorstand bei der GOTTFRIED LINDNER AG eingestellt (Abb. 80).[144] WESTERMANN sollte bis 1939 die Geschicke der LINDNER AG stark beeinflussen und auch in der deutschen Öffentlichkeit bekannt werden. Bereits ein Jahr nach Amtsantritt verfasste er ein Urteil über die Betriebsorganisation in einem Betriebsprotokoll vom 1. Juli 1919. Insbesondere kritisierte er die Organisation der Abteilung Waggonbau:

> *»In der Gesamtheit zeigte der Betrieb der Abtlg. Waggonbau ein äußerst trübes Bild. Die 4 jährige Kriegsdauer hatte in Bezug auf seine maschinelle Einrichtung, seine wenigen früheren Organisationen und letzten Endes der guten Gesinnung des Arbeiters gewaltige Wunden geschlagen.«*[145]

Abb. 80: Franz Westermann, um 1923.

Doppelspitze wird kritisiert

Der Waggonbau wurde bis zum Amtsantritt von WESTERMANN durch die Doppelspitze LINDNER-TRAUS geführt. Dies kritisierte WESTERMANN scharf:

> *»Die erfahrungsgemäß feststehende Tatsache, dass ein Betrieb nur dann gut geleitet werden kann, wenn eine einzige Spitze vorhanden ist, welche klar, kurz und energisch disponiert und anordnet und dass selbst ein hierbei vorkommender Fehler viel unwichtiger ist, als wenn die feste Hand fehlt, wurde ganz außer Acht gelassen, da infolge des Schleifens der Zügel diese bald von Herrn Lindner und hauptsächlich von Herrn Traus aufgegriffen wurden. ... so kann sich jeder Betriebsfachmann ein Bild von dem inneren Zustande des Betriebes machen. Wohin man blickte, überall liess sich erkennen, es muss hier ordentlich durchgegriffen werden.«*[146]

Meisterwirtschaft – den alten Zopf abschneiden

Westermann gab insbesondere den mächtigen Meistern die Schuld für einen Mangel an Transparenz und Vergleichbarkeit:

> *»Vor allen Dingen hieß es, die Meisterwirtschaft, welche sehr viel dazu beigetragen hat, die Unordnung in dem Betrieb zu schaffen, zu beseitigen. Der alte Zopf, in den Lohnkalkulationen ganz allein von den Meistern abhängig zu sein, musste unbedingt weichen. Vor allen Dingen musste die Lohnverrechnung so ausgebaut werden, dass es möglich war, nicht nur Erfahrungswerte zu sammeln, sondern diese Werte, die früher von den Meistern als strengstes Geheimnis betrachtet wurden, auch für die Akkord-Kalkulation zugängig zu machen. In diesem Punkt war die Betriebsleitung unter dem alten System vollständig ohnmächtig. Sie war vollständig und ganz allein auf den guten Willen des Meisters angewiesen und viele Werte, die um die Wirtschaftlichkeit zu erhöhen und eine lückenlose Fabrikation zu sichern, unbedingt erfasst werden mussten, gingen verloren.«*[147]

144.Gottfried Lindner A. G., Denkschrift, Berlin 1923, S. 51.

145. LHASA, MER, Gottfried Lindner AG, Halle, Nr. 200, S. 4.

146. LHASA, MER, Gottfried Lindner AG, Halle, Nr. 200, S. 4–5.

147. LHASA, MER, Gottfried Lindner AG, Halle, Nr. 200, S. 5.

Das Betriebsprotokoll

In dem bereits erwähnten Betriebsprotokoll wird nicht nur Kritik geübt. FRANZ WESTERMANN entwirft auch ein System mit sieben Abteilungen (Tabelle).[148]

Abteilung
Betriebsdirektor
Fabrikation
Krafterzeugung, Maschinenwesen, Bauwesen
Vorrichtungsbau
Betriebskalkulation
Revisionen
Statistik

Diese Abteilungen erhielten bestimmte Aufgaben, die eine gute Kompetenzabgrenzung ermöglichten.

Betriebsdirektor

Der Betriebsdirektor leitete die anderen Abteilungen an. FRANZ WESTERMANN nannte sich auch in den meisten zugänglichen Schreiben Direktor FRANZ WESTERMANN. Wichtig waren die Kompetenzen für die Problemlösung (direkter Eingriff auch in andere Kompetenzen), die Akkordgenehmigungsrecht und das Recht auf Ausnahmegenehmigung (Tabelle).[149]

Aufgaben
Abhalten der Abteilungskonferenzen
Zuteilung und Beaufsichtigung der Abteilungsarbeiten
Gesamtdisposition für das Werk
Eingreifen an Problemstellen
Genehmigung neuer Akkordlöhne
Genehmigung der Lohnzusammenstellungen
Genehmigung der Betriebs- und Unkostenarbeiten
Durchführung des Ausnahmeprinzips
Druckausübung zur Erreichung des Fabrikationstempos

Fabrikation

Hier ist es interessant, dass ähnlich wie in der heutigen Zeit bei Toyota darauf geachtet wurde, dass die Entwerfer neuer Modelle nicht nur die Produktinnovation im Auge behalten, sondern auch die Fertigungsfreundlichkeit bedenken. Außerdem oblag dieser Abteilung die Schlichtung von Betriebsstreitigkeiten (Tabelle).

Aufgaben
Schlichtungsstelle für Betriebsstreitigkeiten
Bindeglied zwischen Betrieb und Lager
Bindeglied zwischen Betrieb und technischem Büro
ständige Beratung der Meister in Fabrikationsfragen
Führung der Termintafeln für Einzelteile
Abnahmearbeit
Abhalten der Meister-Konferenzen
Aufsicht über die Einhaltung der Betriebsdisziplin

148. LHASA, MER, Gottfried Lindner AG, Halle, Nr. 200, S. 1–4.
149. LHASA, MER, Gottfried Lindner AG, Halle, Nr. 200, S. 1–2.

Krafterzeugung, Maschinenpflege, Bauwesen

Dies war eine übergreifende Abteilung für Karosserie- und Waggonbau.

Aufgaben
Einrichtung und Aufsicht über Kraft- und Dampferzeugung
Führung der Statistiken zu Kohle, Wasser, Kraftverbrauch
Ausfertigung der Abrechnung für Unkosten
Kontrolle und Reparatur der Maschinen
Kontrolle der Kraft-, Licht- und Heizungsanlagen
Erledigung dieser Fragen bezüglich Neubauten
Kontrolle und Aufsicht über Feuerwehr und Nachtwächter
Führung der Maschinen-Reparatur-Bücher
Registratur sämtlicher Betriebszeichnungen

Vorrichtungsbau

Vorrichtungs- und Zeichnungsregistraturen führte die Abteilung Vorrichtungsbau.

Aufgaben
Ausarbeitung von Fabrikations-Verbesserungen
Entwürfe und Zeichnungen
Untersuchung der besten Fabrikationsmethoden für Massenteile
Maßnahmen zur Heraufsetzung der Maschinenleistung
Prüfung der Zeichnungen darauf, ob auf rationelle Fabrikation Rücksicht genommen wurde
Technische Kontrolle der Werkzeugmacherei und des Werkzeuglagers
Führung der Vorrichtungsbücher und der Zeichnungs-Registratur
Einrichtung einer ordnungsgemäßen Zeichnungsausgabe

Betriebskalkulation

Interessant ist die Erforschung der Arbeitsdauer der Operationen.

Aufgaben
Festsetzung neuer Akkorde und das Zergliedern derselben nach einzelnen Arbeitsoperationen
Erforschung der Arbeitsdauer der Operationen
Zusammenstellung der Akkorde für jede Kommission
Ausschreiben der Akkordzettel für den Betrieb
Gesamte Lohnabrechnung (bisher vom Meister gemacht)
Sammeln von Unterlagen für die Betriebsstatistiken
Zusammenstellen und Kalkulieren der Löhne für Angebote

Revisionen

Ihre Funktion entspricht einer Qualitätskontrolle und Inventur.

Aufgaben
Technische Prüfung sämtlicher im Lager eingehenden Halb- und Fertigfabrikate
Technische Prüfung der in den Werkstätten gefertigten Massenteile vor der Weiterverarbeitung
Laufende Inventur-Revisionen

Statistik

Die Statistik-Abteilung sollte jedewede relevante Zahlenwerke für die LINDNER AG erstellen und war für alle Betriebsteile zuständig.

Aufgaben
Anfertigung von Unkosten-Statistiken, Lieferungsstatistiken für jede Werkstelle, Belastungsstatistiken für die einzelnen Gewerbe und sonstige statistische Arbeiten

Betriebsprotokoll – das Finale

In dem erwähnten Betriebsprotokoll versuchte FRANZ WESTERMANN, eine neue Struktur für die LINDNER zu entwerfen. Dies war auch richtig. Jedoch waren die Dokumentationspläne so gewaltig, dass selbst WESTERMANN eingestand, dass die Führung eines Betriebsprotokolls aus Zeitmangel nicht möglich war (Abb. 81).[150]

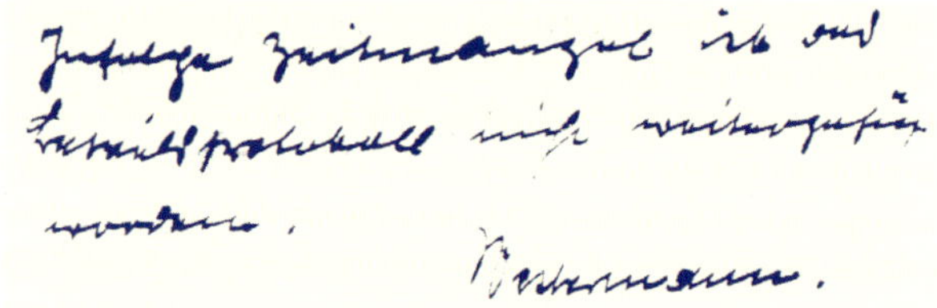

Abb. 81: Autograph Franz Westermann, um 1920.

Etwas später, im Sommer 1920, schickte der Direktor FRANZ WESTERMANN einen Artikel an die führende deutsche Zeitschrift für den Landverkehr, die »Verkehrstechnik«, worin er die mangelnde Arbeitsproduktivität und Arbeitsfreude der deutschen Produktion beklagt (Abb. 82).[151]

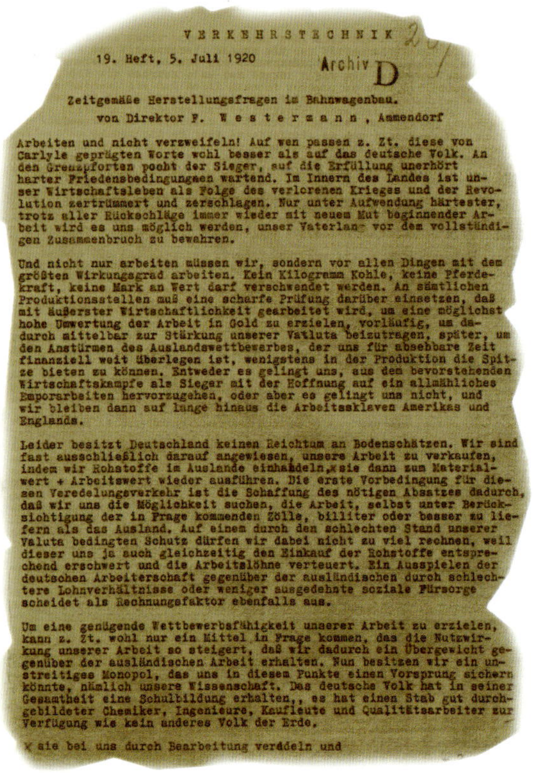

V E R K E H R S T E C H N I K

19. Heft, 5. Juli 1920 Archiv D

Zeitgemäße Herstellungsfragen im Bahnwagenbau.

von Direktor F. W e s t e r m a n n , Ammendorf

Arbeiten und nicht verzweifeln! Auf wen passen z. Zt. diese von Carlyle geprägten Worte wohl besser als auf das deutsche Volk. An den Grenzpforten pocht der Sieger, auf die Erfüllung unerhört harter Friedensbedingungeen wartend. Im Innern des Landes ist unser Wirtschaftsleben als Folge des verlorenen Krieges und der Revolution zertrümmert und zerschlagen. Nur unter Aufwendung härtester, trotz aller Rückschläge immer wieder mit neuem Mut beginnender Arbeit wird es uns möglich werden, unser Vaterlan- vor dem vollständigen Zusammenbruch zu bewahren.

Und nicht nur arbeiten müssen wir, sondern vor allen Dingen mit dem größten Wirkungsgrad arbeiten. Kein Kilogramm Kohle, keine Pferdekraft, keine Mark an Wert darf verschwendet werden. An sämtlichen Produktionsstellen muß eine scharfe Prüfung darüber einsetzen, daß mit äußerster Wirtschaftlichkeit gearbeitet wird, um eine möglichst hohe Umwertung der Arbeit in Gold zu erzielen, vorläufig, um dadurch mittelbar zur Stärkung unserer Vatluta beizutragen, später, um den Anstürmen des Auslandswettbewerbes, der uns für absehbare Zeit finanziell weit überlegen ist, wenigstens in der Produktion die Spitze bieten zu können. Entweder es gelingt uns, aus dem bevorstehenden Wirtschaftskampfe als Sieger mit der Hoffnung auf ein allmähliches Emporarbeiten hervorzugehen, oder aber es gelingt uns nicht, und wir bleiben dann auf lange hinaus die Arbeitsklaven Amerikas und Englands.

Leider besitzt Deutschland keinen Reichtum an Bodenschätzen. Wir sind fast ausschließlich darauf angewiesen, unsere Arbeit zu verkaufen, indem wir Rohstoffe im Auslande einhandeln,x sie dann zum Materialwert + Arbeitswert wieder ausführen. Die erste Vorbedingung für diesen Veredelungsverkehr ist die Schaffung des nötigen Absatzes dadurch, daß wir uns die Möglichkeit suchen, die Arbeit, selbst unter Berücksichtigung der in Frage kommenden Zölle, billiter oder besser zu liefern als das Ausland. Auf einem durch den schlechten Stand unserer Valuta bedingten Schutz dürfen wir dabei nicht zu viel rechnen, weil dieser uns ja auch gleichzeitig den Einkauf der Rohstoffe entsprechend erschwert und die Arbeitslöhne verteuert. Ein Ausspielen der deutschen Arbeiterschaft gegenüber der ausländischen durch schlechtere Lohnverhältnisse oder weniger ausgedehnte soziale Fürsorge scheidet als Rechnungsfaktor ebenfalls aus.

Um eine genügende Wettbewerbsfähigkeit unserer Arbeit zu erzielen, kann z. Zt. wohl nur ein Mittel in Frage kommen, das die Nutzwirkung unserer Arbeit so steigert, daß wir dadurch ein Übergewicht gegenüber der ausländischen Arbeit erhalten. Nun besitzen wir ein unstreitiges Monopol, das uns in diesem Punkte einen Vorsprung sichern könnte, nämlich unsere Wissenschaft. Das deutsche Volk hat in seiner Gesamtheit eine Schulbildung erhalten,, es hat einen Stab gut durchgebildeter Chemiker, Ingenieure, Kaufleute und Qualitätsarbeiter zur Verfügung wie kein anderes Volk der Erde.

x sie bei uns durch Bearbeitung verädeln und

Abb. 82: Auszug aus dem Artikel von Franz Westermann, Verkehrstechnik, 19. Heft, 5. Juli 1920.

150. LHASA, MER, Gottfried Lindner AG, Halle, Nr. 200, S. 16.

151. LHASA, MER, Gottfried Lindner AG, Halle, Nr. 200, D 20/4, S. 1.

Arbeiten und nicht verzweifeln!

Unter dieses Motto von CARLYLE stellte WESTERMANN seinen Artikel.

> *»Und nicht nur arbeiten müssen wir, sondern vor allen Dingen mit dem größten Wirkungsgrad arbeiten. Kein Kilogramm Kohle, keine Pferdekraft, keine Mark an Wert darf verschwendet werden.«*[152]

Arbeitssklaven Amerikas und Englands

Entweder es gelinge in dem bevorstehenden Wirtschaftskampfe als Sieger mit der Hoffnung auf ein stetiges Emporarbeiten hervorzugehen, oder es gelinge nicht und:

> *»wir bleiben dann auf lange hinaus die Arbeitssklaven Amerikas und Englands.«*[153]

Unsere Wissenschaft

Um eine genügende Wettbewerbsfähigkeit zu erreichen kam nur ein Mittel in Frage, das die Nutzwirkung der Arbeit so steigert:

> *»Nun besitzen wir ein unstreitiges Monopol, das uns in diesem Punkte einen Vorsprung sichern könnte, nämlich unsere Wissenschaft. Das deutsche Volk hat in seiner Gesamtheit eine Schulbildung erhalten, es hat einen Stab gut durchgebildeter Chemiker, Ingenieure, Kaufleute und Qualitätsarbeiter zur Verfügung wie kein anderes Volk der Erde.«*[154]

Spezialisierung nicht zu weit treiben

WESTERMANN gibt zu, dass die Gegner der Spezialisierung recht haben damit, dass es erst durch das Eingehen auf sämtliche Wünsche der Kundschaft es gelungen sei, den Weltmarkt zu erobern. Ein Gegenbeispiel seien Stiefel. Sonderausführung erhielte man nur beim Schuhmacher zu erhöhtem Preis. Als die Amis jedoch anfingen, den Markt mit billigen, typisierten Stiefeln zu überschwemmen, erzwang das nachfragende Konsumentenheer die Typisierung und Verbilligung:

> *»Die Not ist noch immer der beste Lehrmeister«*[155]

152. LHASA, MER, Gottfried Lindner AG, Halle, Nr. 200, D 20/4, S. 1.

153. LHASA, MER, Gottfried Lindner AG, Halle, Nr. 200, D 20/4, S. 1.

154. LHASA, MER, Gottfried Lindner AG, Halle, Nr. 200, D 20/4, S. 3.

155. LHASA, MER, Gottfried Lindner AG, Halle, Nr. 200, D 20/4, S. 3.

Eisenbahnwagenindustrie

Als Kernfragen sah WESTERMANN hier an:

»*Was ist bisher von den Waggonfabriken unternommen worden, um eine wirtschaftliche Herstellung zu erzielen, und was kann noch getan werden, um eine weitere Vervollkommnung der Arbeitsweise zu erreichen?*«[156]

Zur Zeit des Artikels gab es in Deutschland ungefähr 50 Fabriken, die Eisenbahn- und Straßenbahnwagen fertigten. Der größte Auftraggeber, der fast eine Monopolstellung inne hatte, war der Staat. Er erzwang eine gewisse Einheitlichkeit und Typisierung:

»*Dadurch, daß der Staat nach eigenen Entwürfen sowie nach eigenen Bau- und Abnahmevorschriften arbeiten ließ, wurde die Herstellungsart der verschiedenen Werke bis zu einem gewissen Punkte in ein festes Schema gepreßt, wodurch dann wieder den als Lieferanten in Frage kommenden Werkzeugmaschinenfabriken die Möglichkeit gegeben war, entweder für die Wagenindustrie besondere Maschinen zu bauen ... Dies trug zur Erzielung einer einheitlichen Herstellung bei. ... Im ganzen betrachtet, konnte dieser Zustand in der Zeit vor dem Kriege als in herstellungstechnischer Beziehung ganz befriedigend bezeichnet werden.*« [157]

Spezialisierung nötig

Angesichts der Nachkriegssituation ist Spezialisierung dringend nötig:

»*Welchen Einfluß könnte eine solche Spezialisierung auf die Wagenherstellung haben? Nehmen wir an, daß eine Fabrik mittlerer Größe an Staatsaufträgen 6 Güterwagenbauarten, 1 Gepäckwagentyp und 2 Personenwagentypen baut. Das sind 9 verschiedene Wagenarten ... Das bedeutet, daß sich ein großer Teil der Aufträge gleichzeitig in der Bearbeitung befinden und daß dadurch, daß die Aufträge 9 verschiedene Bauarten bilden, ein nie aufhörendes Umstellen der Fabrikation bedingt wird.*«.[158]

156. LHASA, MER, Gottfried Lindner AG, Halle, Nr. 200, S. 4.
157. LHASA, MER, Gottfried Lindner AG, Halle, Nr. 200, D 20/4, S. 5.
158. LHASA, MER, Gottfried Lindner AG, Halle, Nr. 200, D 20/4, S. 5.

Wie lösen die Fabriken das Problem?

WESTERMANN schildert, wie kleinere Fabriken mit diesem Problem umgehen:

»*Teilweise suchen die Fabriken den ... Übelstand so zu beheben, daß sie in den Montagewerkstellen abwechselnd eine kleinere Menge sich in der Arbeit ausgleichender Bauarten bauen lassen. Diese Arbeitsart bedingt aber ein fortlaufendes Umstellen der Tätigkeit der Arbeiter. Alle Tage muß – bildlich gesprochen – die Schwungmasse angehalten und in eine neue Richtung wieder in Bewegung gebracht werden. Jeder Fachmann für Reihenherstellung kennt die Schädlichkeit und die Unkosten solcher Anordnungen.*«[159]

Müssen 50 Fabriken alles bauen können?

WESTERMANN meint nein und begründet dies mit einem Beispiel:

»*Ziehen wir zur weiteren Erläuterung nochmals die weiter oben erwähnte mittlere Fabrik an. Angenommen, sie liefert im Jahr 1500 Güterwagen in 6 verschiedenen Bauarten. Auf jede Bauart kommen dann im Durchschnitt 250 Wagen. Durch die Spezialisierung würde nun erreicht, daß diese Firma sämtliche 1500 Wagen in einer Bauart liefern kann, weil ja die anderen Bauarten auf andere Werke verteilt werden. Die Güterwagenwerkstellen würden also das ganze Jahr hindurch mit einer ganz gleichmäßigen Herstellung beschäftigt sein.*«[160]

Westermanns weiterer Weg

FRANZ WESTERMANN setzte sich für eine effiziente Organisation ein. Dies gilt sowohl für die GOTTFRIED LINDNER AG als auch für ganz Deutschland. Allerdings war ihm auch klar, dass der Weg ein schwieriger sein wird:

»*Ich bin mir sehr klar darüber, daß ein Eisenbahnwagen keine Stapelartikel ist, der auf Lager gelegt werden kann. Infolge des Warenhungers der ganzen Welt ist die Gefahr der Übererzeugung ja auch vorläufig kaum zu erwarten.*«[161]

159. LHASA, MER, Gottfried Lindner AG, Halle, Nr. 200, D 20/4, S. 5.
160. LHASA, MER, Gottfried Lindner AG, Halle, Nr. 200, D 20/4, S. 5.
161. LHASA, MER, Gottfried Lindner AG, Halle, Nr. 200, D 20/4, S. 6.

Amerika, wie ich es sah

Westermann reiste 1923/24 in die USA, um die Fabrikationstechniken dort mit eigenen Augen zu studieren. Es ist aus heutiger Sicht erstaunlich, dass ein Ingenieur mit seinen Reiseschilderungen ein so großes Publikum erreichte. Immerhin erschien das Buch in drei Auflagen, zuletzt in einer weit verbreiteten Buchreihe mit dem Titel »Rund um die Welt« (Abb. 83).[162] In der Rundschau der Arbeit erschien im Erscheinungsjahr eine Besprechung:

> »... *Das Buch bietet, gerade weil es von einem Unternehmer geschrieben ist, wertvolle Argumente im Kampf um das aktuelle Kapitel Lohnhöhe und Gesamtproduktivität.*«[163]

Westermann wird vorgestellt als Leiter einer der größten Automobil- und Waggonfabriken (Abb. 84).[164]

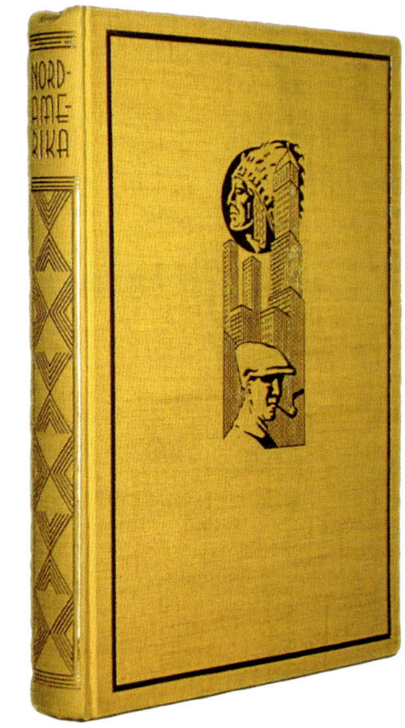

Abb. 83: Franz Westermann, Amerika wie ich es sah, Reisekizzen eines Ingenieurs, Hamburg 1924.

absolut nicht geteilt wird. Westermann, als Kenner der deutschen Industriewirtschaft und Leiter einer der grössten deutschen Automobil- und Waggonfabriken Deutschlands, beschränkte sich hauptsächlich auf die Untersuchung der gleichen Industrien in Amerika. Seine Feststellungen bestä-

Abb. 84: Aus einer Rezension, Rundschau der Arbeit, S. 789, 1924.

Wirtschaftliche Fertigung

war das Schlagwort, das den Deutschen nach der Niederlage im ersten Weltkrieg überall begegnete. Reparationen, die eigenen Bedürfnisse und ein Emporkommen sah man nur durch »wirtschaftliche Fertigung« erfüllbar:

> »*Die Erhöhung des Wirkungsgrades der Arbeit ist das Problem, an dem in Deutschland zur Zeit viele Köpfe arbeiten. Werden sie dieses Problem zweckentsprechend lösen? Wird nicht auch bei der Behandlung dieser Frage, wie es leider den Deutschen im Blute liegt, zuviel Theorie getrieben, soviel Theorie, daß das frische Zufassen darüber vergessen wird? Und haben die Finanzleute, die unser Wirtschaftsleben an erster Stelle beherrschen – der Techniker kommt bekanntlich erst an dritter Stelle , da vorher noch der Jurist mit seiner mehr oder weniger großen Paragraphensammlung seine bei uns gewichtigen Worte redet – nicht etwa zum Teil noch das Bestreben, das frische Zufassen dort, wo es sich bemerkbar macht, nach Möglichkeit abzubremsen, da es Probleme aufwirft, die nicht vorher auf dem Papier mit mathematischer Sicherheit gelöst werden können, da es Umwälzungen mit sich bringt* ...«[165]

Westermann setzte im Laufe seiner knapp 30jährigen Tätigkeit für Lindner viele seiner Ideen zur wirtschaftlichen Fertigung um. Er wurde aus gesundheitlichen Gründen im Monat des Kriegsbeginns des zweiten Weltkrieges in den Ruhestand entlassen, war jedoch noch in einigen Ausschüssen tätig (Abb. 85).[166]

Franz Westermann, 60 Jahre

Am 23. März 1944 konnte Direktor i. R. Franz Westermann seinen 60jährigen Geburtstag begehen. Der Betriebsführer überbrachte ihm, auch im Namen der Betriebsgemeinschaft Lindner, seine Grüße mit den besten Wünschen für sein ferneres Wohlergehen.
Den meisten der Betriebsangehörigen ist ja Direktor Franz Westermann, der am 30. September 1939, nach fast 30jähriger erfolgreicher Tätigkeit aus gesundheitlichen Rücksichten in den Ruhestand trat, noch persönlich bekannt. Als technisches Vorstandsmitglied seit dem 1. Juli 1918 hatte Direktor Franz Westermann auf Ausbau und Gestaltung des Werkes, auf die Durchführung technischer Vervollkommnungen und Erneuerungen maßgebenden Einfluß. Auch jetzt, nachdem er in den Ruhestand getreten ist, blieb er mit Lindner verbunden und arbeitet in seinem eigentlichen Fachgebiet weiter. Als technischer Beauftragter der Fachgruppe Anhänger, Omnibus- und Nutzwagenaufbauten, als Leiter des Arbeitsausschusses für die Bestzeitermittlung des Sonderausschusses Fahrzeuganhänger und als Leiter des Konstruktionsausschusses für den deutschen Einheitsanhänger innerhalb der Wirtschaftsgruppe Fahrzeugindustrie ist er nach wie vor geistigtechnisch sehr rege und sein Schaffen dient damit auch heute noch unserem Wirtschaftsgang und unserem Unternehmen. Wir wünschen dem Jubilar noch weitere Jahre rüstiger Arbeit und gedeihlichen Schaffens.

Abb. 85: Franz Westermann wird 60, Lindner-Blätter für die Betriebsgemeinschaft, 1939.

162. Archiv FrotscherBuch, Halle.
163. Rundschau der Arbeit, Band 1924, S. 789.
164. Rundschau der Arbeit, Band 1924, S. 789.
165. Westermann, F.: Amerika, Hamburg 1924, S. 15–16.
166. LHASA, MER, Gottfried Lindner AG, Halle, Nr. 501, Heft 1939.

Der Anstellungsvertrag mit Westermann

Interessant für die Geschichtsschreibung ist der Anstellungsvertrag mit FRANZ WESTERMANN, der am 7. Mai 1919 zwischen der LINDNER AG und WESTERMANN geschlossen wurde (Abb. 86).[167]

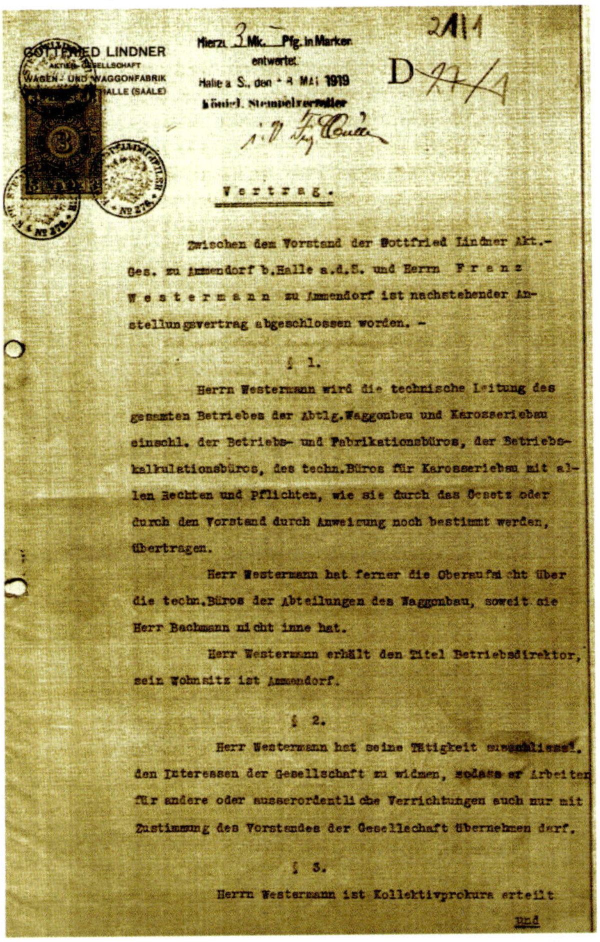

GOTTFRIED LINDNER AKTIEN-GESELLSCHAFT WAGEN- UND WAGGONFABRIK HALLE (SAALE)

Hierzu 3 Mk. — Pfg. in Marken entwertet: Halle a. S., den 8 MAI 1919 Königl. Stempelverwalter

2/1/1

D 47/1

Vertrag.

Zwischen dem Vorstand der Gottfried Lindner Akt.-Ges. zu Ammendorf b. Halle a.d.S. und Herrn F r a n z W e s t e r m a n n zu Ammendorf ist nachstehender Anstellungsvertrag abgeschlossen worden. –

§ 1.

Herrn Westermann wird die technische Leitung des gesamten Betriebes der Abtlg. Waggonbau und Karosseriebau einschl. der Betriebs- und Fabrikationsbüros, der Betriebskalkulationsbüros, des techn. Büros für Karosseriebau mit allen Rechten und Pflichten, wie sie durch das Gesetz oder durch den Vorstand durch Anweisung noch bestimmt werden, übertragen.

Herr Westermann hat ferner die Oberaufsicht über die techn. Büros der Abteilungen des Waggonbau, soweit sie Herr Bachmann nicht inne hat.

Herr Westermann erhält den Titel Betriebsdirektor, sein Wohnsitz ist Ammendorf.

§ 2.

Herr Westermann hat seine Tätigkeit ausschliessl. den Interessen der Gesellschaft zu widmen, sodass er Arbeiten für andere oder ausserordentliche Verrichtungen auch nur mit Zustimmung des Vorstandes der Gesellschaft übernehmen darf.

§ 3.

Herrn Westermann ist Kollektivprokura erteilt und

Abb. 86: Anstellungsvertrag zwischen der Lindner AG und Franz Westermann, 7. Mai 1919.

Der Inhalt des Vertrages

WESTERMANN erhielt gemäß dem Vertrag die technische Leitung für den gesamten Betrieb angetragen sowie den Titel Betriebsdirektor und eine Betriebswohnung in Ammendorf. Er erhielt Kollektivprokura, was bedeutet, dass er zusammen mit anderen Prokuristen gezogene Wechsel auf die LINDNER AG ausstellen und girieren durfte. Ein Akzeptieren von Prima- oder Sola-Wechseln wurde ihm ausdrücklich untersagt. Derartige Geschäfte sowie andere Nebentätigkeiten für andere Gesellschaften werden sogar als Kündigungsgrund genannt.

167. LHASA, MER, Gottfried Lindner AG, Halle, Nr. 265, S. 1.

Vergütung

Als Entgelt erhielt WESTERMANN ab dem 1. April 1919 20 000 Mark jährlich, wovon 800 Mark für die Wohnung abgezogen wurden. Außerdem standen ihm für seinen Haushalt jährlich 36 Zentner Holz zum Heizen zur Verfügung.

Probleme mit der Vergütung

Bereits am 4. Januar 1920 schrieb WESTERMANN einen Brief an den Vorstand, in dem er von einer Klausel des Vertrages Gebrauch machte und um ein höheres Gehalt bat. Der Inhalt dieses Briefes ist ein interessantes zeitgeschichtliches Dokument, das besser als alle Zahlen einen Einblick in die damalige Zeit bietet (Abb. 87).[168]

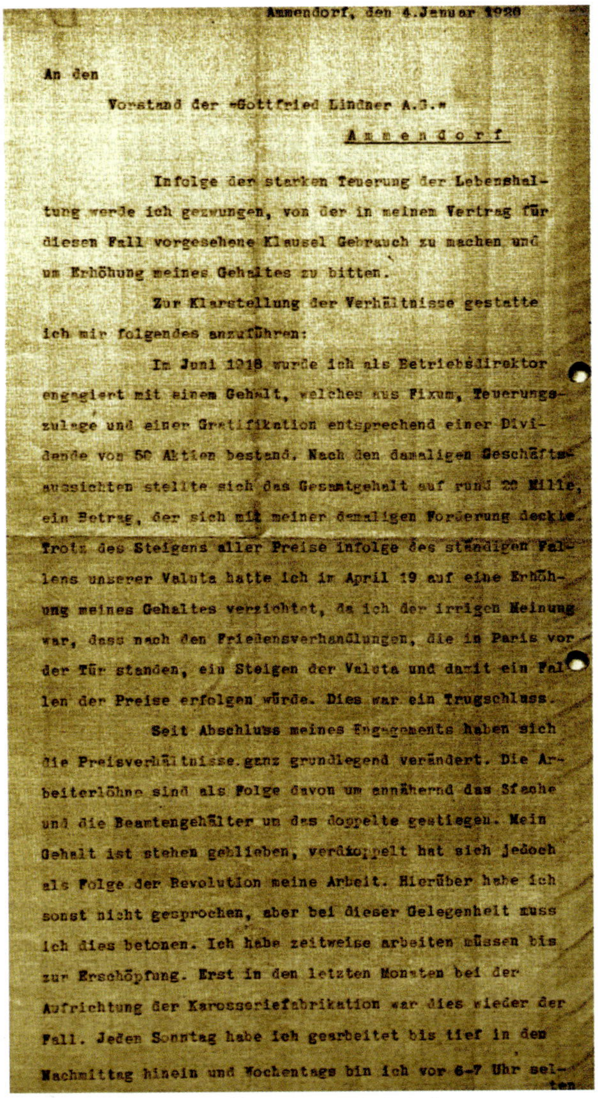

Ammendorf, den 4. Januar 1920

An den

Vorstand der "Gottfried Lindner A.G."

A m m e n d o r f

Infolge der starken Teuerung der Lebenshaltung werde ich gezwungen, von der in meinem Vertrag für diesen Fall vorgesehene Klausel Gebrauch zu machen und um Erhöhung meines Gehaltes zu bitten.

Zur Klarstellung der Verhältnisse gestatte ich mir folgendes anzuführen:

Im Juni 1918 wurde ich als Betriebsdirektor engagiert mit einem Gehalt, welches aus Fixum, Teuerungszulage und einer Gratifikation entsprechend einer Dividende von 50 Aktien bestand. Nach den damaligen Geschäftsaussichten stellte sich das Gesamtgehalt auf rund 20 Mille, ein Betrag, der sich mit meiner damaligen Forderung deckte. Trotz des Steigens aller Preise infolge des ständigen Fallens unserer Valuta hatte ich im April 19 auf eine Erhöhung meines Gehaltes verzichtet, da ich der irrigen Meinung war, dass nach den Friedensverhandlungen, die in Paris vor der Tür standen, ein Steigen der Valuta und damit ein Fallen der Preise erfolgen würde. Dies war ein Trugschluss.

Seit Abschluss meines Engagements haben sich die Preisverhältnisse ganz grundlegend verändert. Die Arbeiterlöhne sind als Folge davon um annähernd das 3fache und die Beamtengehälter um das doppelte gestiegen. Mein Gehalt ist stehen geblieben, verdoppelt hat sich jedoch als Folge der Revolution meine Arbeit. Hierüber habe ich sonst nicht gesprochen, aber bei dieser Gelegenheit muss ich dies betonen. Ich habe zeitweise arbeiten müssen bis zur Erschöpfung. Erst in den letzten Monaten bei der Aufrichtung der Karosseriefabrikation war dies wieder der Fall. Jeden Sonntag habe ich gearbeitet bis tief in den Nachmittag hinein und Wochentags bin ich vor 6–7 Uhr selten

Abb. 87: Beschwerdebrief von Franz Westermann, 4. Januar 1920.

168. LHASA, MER, Gottfried Lindner AG, Halle, Nr. 265, S. 4–6.

Der Brief von Franz Westermann
WESTERMANNS Brief ist interessant, weil er einen Blick auf die erwarteten Perspektiven aus dem Jahr der Friedensverhandlungen 1919 auf die Zukunft erlaubt (Abb. 87):

> *»Trotz des Steigens aller Preise infolge des ständigen Fallens unserer Valuta hatte ich im April 19 auf eine Erhöhung meines Gehaltes verzichtet, da ich der irrigen Meinung war, dass nach den Friedensverhandlungen, die in Paris vor der Tür standen, ein Steigen der Valuta und damit ein Fallen der Preise erfolgen würde. Dies war ein Trugschluss.«*[169]

Vergleich mit den Lohnerhöhungen
Besonders ärgerlich waren für FRANZ WESTERMANN die Erhöhungen anderer Mitarbeiter:

> *»Seit Abschluss meines Engagements haben sich die Preisverhältnisse ganz grundlegend verändert. Die Arbeiterlöhne sind als Folge davon um annähernd das 3fache und die Beamtengehälter um das doppelte gestiegen. Mein Gehalt ist stehen geblieben ...«*[170]

Klage über die hohe Arbeitsbelastung

> *»... verdoppelt hat sich jedoch als Folge der Revolution meine Arbeit. Hierüber habe ich sonst nicht gesprochen, aber bei dieser Gelegenheit muss ich dies betonen. Ich habe zeitweise arbeiten müssen bis zur Erschöpfung. Erst in den letzten Monaten bei der Aufrichtung der Karosseriefabrikation war dies wieder der Fall. Jeden Sonntag habe ich gearbeitet bis tief in den Nachmittag hinein und Wochentags bin ich vor 6–7 Uhr selten nach Hause gekommen. Des öfteren war ich dann so abgearbeitet, dass ich weder essen noch schlafen konnte. Meine Frau hat mir abends Bäder machen müssen, um mich wieder auf die Beine zu bringen. ... Nun zur Kehrseite. Ich lebe sehr einfach und zurückgezogen und habe für persönliche Bedürfnisse keine Zeit gehabt.«*[171]

169. LHASA, MER, Gottfried Lindner AG, Halle, Nr. 265, S. 4–6.
170. LHASA, MER, Gottfried Lindner AG, Halle, Nr. 265, S. 4–6.
171. LHASA, MER, Gottfried Lindner AG, Halle, Nr. 265, S. 4–6.

Vergleich der Führungskräftevergütungen
Offenbar hatte WESTERMANN Einblick in die Vergütungen vergleichbarer Führungskräfte, denn er nennt Beispiele:

> *»Hinzufügen möchte ich noch, dass es meiner Meinung nach nicht richtig ist, wenn die leitenden Beamten, die einen massgebenden Einfluss auf die Produktion haben, im Gehalt sehr beschränkt und dafür die Überschüsse in Gestalt von Steuern dem Staate zugeführt werden. Andere Firmen sind in dieser Beziehung großzügig. Herr Reichert hatte bei Busch im Jahre 1917 ein Einkommen von 32 Mille (32 000) und hat jetzt ein solches von 60 Mille (60 000). Herr Bachmann bekommt bei der kleinen Oldenburger Firma, wie Ihnen wohl bekannt geworden sein dürfte, 20 Mille (20 000).*
> *Unter Berücksichtigung dieser Gehälter müsste ich meine Arbeitskraft mit 40 Mille (40 000) einschätzen können.«*[172]

Arbeitsangebote anderer Firmen vorlegen
WESTERMANN glaubte auch, dass er sehr schnell Angebote anderer Firmen vorlegen könne und unterstrich so seine Auffassung davon, dass er ein gefragter Manager sei:

> *»Ich würde auch gern bereit sein, weitere Unterlagen von anderen Firmen zu besorgen oder innerhalb kurzer Zeit ein Engagementanerbieten zu ähnlichen Bedingungen einzuholen.«*[173]

Praktischer Umsetzungs-Vorschlag
WESTERMANN machte am Ende seines dreiseitigen Schreibens selbst einen praktischen Umsetzungs-Vorschlag:

> *»In Anbetracht dessen, dass eine Lösung der Probleme wohl nur durch Gewährung einer entsprechenden Gratifikation möglich ist, lege ich im Augenblick weniger Wert darauf, dass sofort eine endgültige Regelung der Angelegenheit herbeigeführt werden könnte, so würde mir dies allerdings sehr lieb sein.«*[174]

WESTERMANN hatte mit seinem Anliegen Erfolg. Seine Vergütung wurde erhöht.

172. LHASA, MER, Gottfried Lindner AG, Halle, Nr. 265, S. 4–6.
173. LHASA, MER, Gottfried Lindner AG, Halle, Nr. 265, S. 4–6.
174. LHASA, MER, Gottfried Lindner AG, Halle, Nr. 265, S. 4–6.

Lastauto-Aufbauten und Anhänger

Anknüpfend an die Schilderung der vier Produktlinien geht es nun um den Bereich Lastauto-Aufbauten und Anhänger (Abb. 88).[175]

Abb. 88: Anhänger, Ammendorf, um 1910.

Nach dem ersten Weltkrieg verlor Deutschland Gebiete und musste hohe Reparationen zahlen. Dies ließ vermuten, dass es zu einem Rückgang der Bestellungen von Güterwaggons kommen sollte. Eine erhöhte Nachfrage von Transportmitteln für den Güterstraßenverkehr war eine der damals in Frage kommenden Szenarien. Allerdings sollte der Fehler des Karosseriebaus nicht wiederholt werden. Deshalb streute man das Risiko und gründete fernab in Berlin die DELTA AG für Lastkraftwagen und dergleichen, wie der Aufsichtsratsbericht vom 29. September 1922 berichtet:

»Herr Traus berichtete über die in Berlin gegründete Delta-Aktiengesellschaft für Lastkraftwagen und dergl. Herr Traus beurteilt den Bau von Lastkraftwagenanhängern günstig, namentlich da bei dem verkleinerten Deutschland ein Rückgang der Bestellungen in Güterwagen anzunehmen ist. Der Aufsichtsrat genehmigte den Abschluss eines Abkommens über Lieferung von Aufbauten für Lastkraftwagen und -Anhängern unter Vorbehalt der juristischen Prüfung, ferner dass Herr Traus in den Aufsichtsrat der Delta A.-G. eintritt.«[176]

Die Gründung in Berlin war von zweifacher Bedeutung. Einerseits war sie als Vertriebsgesellschaft gedacht. In einem Zentralstaat wie dem damaligen Deutschen Reich war die Hauptstadt dafür der geeignetste Ort. Außerdem war so auch die Nähe zu den Reichsämtern gesichert. Im Aufsichtsratsbericht vom 20. April 1925 zeigte sich, dass die Prognose richtig war:

»Erfreuliches auch insofern, als der neu aufgenommene Zweig Lastanhängerwagenbau gute Resultate zeitigte. ... An Aufträgen für das laufende Jahr (1925) liegen bis jetzt vor: ... 66 Lastanhängerwagen ... 300 Lastwagenaufbauten, 125 Lieferwagenkarosserien, 50 Omnibusse.«[177]

Die DELTA AG hatte im ganzen Reich Vertriebsstellen und hatte so durch die Signalkette Regionalwirtschaft-Logistik-Anhängerbestellung ein aktuelles Bild von der allgemeinen Wirtschaftslage:

»... und auch das Anhängergeschäft mehr oder weniger etwas nachgelassen hat. Gerade das Anhängerwagengeschäft stellt einen sicheren Gradmesser des Wirtschaftslebens insofern dar, als wir durch unsere über das ganze Reich verstreuten Verkaufsstellen mit der Abnehmerschaft in direktem Zusammenhang stehen und das Versagen der Abnahme dieser Kreise eben auf die schlechte Wirtschaftslage im allgemeinen zurückzuführen ist.«[178]

Die Lösung bestand wieder einmal in Innovationen und FuE-Investitionen:

»Der Lastanhängerwagenbau ist ja ein Einzelverkauf. Wir haben erst dieser Tage bei den ... Fahrzeugbesitzern angefragt und mit Ausnahme eines Falles in Alsleben nur gute und sehr gute Zeugnisse erhalten. Trotzdem ist aber hier, da natürlich auch bei Fabrikat die Technik fortschreitet, für das Frühjahrsprogramm Neues geschaffen worden, insbesondere hinsichtlich der Seele, der Bremse. Ich glaube, sagen zu können, dass wir mit dem Fahrzeug, das ... jetzt auf den Markt kommt, das bringen, was technisch an der Spitze der Lastanhängerwagenfabrikation in Deutschland steht.«[179]

175. Gottfried Lindner A. G., Denkschrift, Berlin 1923, S. 31.
176. LHASA, MER, Gottfried Lindner AG, Halle, Nr. 209, D 21/114, S. 2.
177. LHASA, MER, Gottfried Lindner AG, Halle, Nr. 209, D 21/136, S. 3.
178. LHASA, MER, Gottfried Lindner AG, Halle, Nr. 209, D 21/139, S. 1.
179. LHASA, MER, Gottfried Lindner AG, Halle, Nr. 210, D 22/2, S. 3–4.

Lindner und der DWV-Vertrag

Im Februar 1928 erfolgten mehrtägige Beratungen in Berlin, an denen auch ein Lindner-Vertreter teilnahm.[180] Die Beratungen galten dem DWV-Vertrag und man musste sich in Ammendorf entscheiden, daran teilzunehmen oder nicht. Maßgeblich waren die Meinungen der Aufsichtsräte CURT STECKNER (Finanzen) und ALBERT HERZFELD (Recht). Direktor TRAUS berichtete anhand interessanter Beispiele, wo die Gefahren des DWV-Vertrages liegen könnten:

> *»Busch, Bautzen, besitzt eine Waggonfabrik in Riga. Diese ... ist natürlich nicht Verbandsmitglied. Nun kommt eine russische Anfrage an das deutsche Syndikat, gleichzeitig natürlich ergeht die russische Anfrage an die Waggonfabrik in Riga. Busch kommt nun jetzt in einen Gewissenskoflikt, wenn er nicht so offen und ehrlich ist, dass er entweder Riga ganz ausschaltet ... oder aber Riga veranlasst, gleiche Preise mit den deutschen Fabriken abzugeben. Selbst in diesem Falle besteht die Gefahr ..., dass der Russe Riga vorzieht schon aus Gründen der früheren Zusammenarbeit, der leichteren Kontrolle aus Russland usw.«*[181]

Das war aber noch nicht alles. Von BUSCH aus Bautzen (Abb. 89) ging eine weitere Gefahr aus. Das folgende Beispiel bezieht sich auf die auch zu BUSCH gehörende Waggonfabrik SCHUMANN in Zwickau. Diese gehörte nicht zum Verband, aber zu BUSCH:

> *»Diese ist nicht im Verband und von dort aus kann also frei angeboten werden, nachdem die Kenntnis von einem Bedarfsfall hat«*[182]

Abb. 89: William Busch.

Eine weitere Problematik betraf die Firma OHRENSTEIN & KOPPEL:

> *»Ohrenstein & Koppel hat 2 Waggonfabriken, betreibt aber auch Handel neben einer grossen Leihgesellschaft für Eisenbahnwagen. Der Fall kann nun eintreten, dass Ohrenstein und Koppel von Indien eine Anfrage erhält auf Güterwagen. Er findet, dass die deutsche Industrie nicht konkurrenzfähig ist und lässt die gleichen Wagen von seiner Filiale in Belgien anbieten. Obwohl nun anzunehmen ist dass der Bedarfsfall auch den übrigen belgischen Waggonfabriken bekannt ist, besteht trotzdem die Gefahr, dass die syndizierte deutsche Firma Ohrenstein & Koppel als Händlerfirma den deutschen Waggonfabriken den Auftrag wegschnappt.«*[183]

Am Ende wurde man sich jedoch einig,

> *»...weil ja ein gewisser Druck von der Deutschen Reichsbahn dahinter steht. Die Reichsbahn hat mehr oder weniger zur Bedingung gemacht, dass auch die wahnsinnige Konkurrenz bei den freien Aufträgen aufhört, soweit das Inland in Frage kommt.«*[184]

Busch wird erster Vorstandsvorsitzender und setzt den Vertrag durch!

Erster Vorsitzender des Vorstandes wurde WILLIAM BUSCH von besagter Firma BUSCH Bautzen. Er hatte sich besonders um das Zustandekommen des Vertragswerkes bemüht und blieb bis zu seinem Tod im Jahre 1931 im Amt. Vor allem der persönlichen guten Zusammenarbeit von WILLIAM BUSCH auf der Lieferantenseite und DR. HAMMER auf der staatlichen Käuferseite ist der Abschluss und die erfolgreiche Durchführung des Vertrages in besonderem Maße zu verdanken.

Abb. 90: Max Krahé

Nach dem Tode BUSCHS wurde Generaldirektor OHRENSTEIN für zwei Jahre Vorsitzender. Ihm folgte MAX KRAHÉ (Abb. 90).[185]

180. LHASA, MER, Gottfried Lindner AG, Halle, Nr. 210, D 22/3, S. 1–2.
181. LHASA, MER, Gottfried Lindner AG, Halle, Nr. 210, D 22/4, S. 1.
182. LHASA, MER, Gottfried Lindner AG, Halle, Nr. 209, D 22/4, S. 1–2.
183. LHASA, MER, Gottfried Lindner AG, Halle, Nr. 210, D 22/4, S. 2.
184. LHASA, MER, Gottfried Lindner AG, Halle, Nr. 210, D 22/3, S. 1.
185. Störiko, A.: Geschichte der deutschen Waggonindustrie und ihrer Verbände von 1877 bis 1977, Frankfurt am Main, 1977, S. 29.

Der DWV-Vertrag in der Praxis

Der DWV-Vertrag war eine Innovation in der deutschen Wirtschaftsgeschichte. Es hatte zuvor zwar Vereinigungen und Kooperationsverträge bzw. Quoten gegeben. Dieser DWV-Vertrag ging aber über all diese Rechtsstrukturen hinaus. Das Ziel war eine wesentlich festere und strukturintensivere Organisation, die der Modernisierung der deutschen Waggonbauindustrie und damit der Erzielung eines Wettbewerbsvorsprungs gegenüber anderen Waggonbauindustrien diente:

> *»...Mit den beiden neuen Elementen – Vertrag und Verband – sollten gleichzeitig mehrere Aufgaben gelöst werden. Die Reichsbahn sollte immer modernere und leistungsfähigere Fahrzeuge zu niedrigeren Preisen erhalten, und gleichzeitig sollte eine Gesundung der schwerkranken Waggonindustrie durch Konzentration, Zusammenfassung und Stilllegung von Werken usw. herbeigeführt werden.«*[186]

Quoten

Grundlage des Vertrages war die Zusicherung der Deutschen Reichsbahn, 90% ihres Bedarfes bei der DWV zu bestellen. Die DWV hatte diese 90% in eigenen Kooperationsverträgen in Quoten aufzuteilen (Tabelle).[187]

Waggonbauer	Quote
Linke-Hofmann	14,631 %
Westwaggon Deutz	13,577 %
Busch Bautzen	8,757 %
Uerdingen	7,926 %
Görlitz	6,000 %
MAN	5,994 %
Wegmann	3,570 %
Talbot	3,570 %
Westwaggon Mainz	3,273 %
Westwaggon Fuchs	3,226 %
Ohrenstein & Koppel	2,940 %
Steinfurt	2,702 %
Credé	2,653 %
Wismar	2,557 %
Gottfried Lindner AG	2,509 %
Gotha	2,360 %
Esslingen	2,380 %
Siegen	2,251 %
Beuchelt	2,026 %
Dessau	1,884 %
Rathgeber	1,852 %
Rastatt	1,351 %
Lüttgens	1,351 %

186. Störiko, A.: Geschichte der deutschen Waggonindustrie und ihrer Verbände von 1877 bis 1977, Frankfurt am Main, 1977, S. 25–26.
187. Störiko, A.: Geschichte der deutschen Waggonindustrie und ihrer Verbände von 1877 bis 1977, Frankfurt am Main, 1977, S. 26.

Strukturwandel

Die Quoten wurden dynamisch Jahr für Jahr festgelegt. Dadurch wurde der Strukturwandel vorangetrieben. Gab es Streit um die Quotenhöhe, hatte die Reichsbahn das Entscheidungsrecht.

Anstelle des Gewinnausgleichsprinzips, wie es z. B. in der Norddeutschen Wagenbau-Vereinigung praktiziert wurde, gab es nun eine Glattstellung bei Folgeaufträgen. Die gesamte Auftragsverteilungsabstimmung erfolgte vor Auftragsvergabe mit der Reichsbahn.

Austauschbau

Der durch den DWV-Vertrag erzwungene Austauschbau brachte große Kostenvorteile. Die Konstruktionszeichnungen für bestimmte Bauteile wurden zentral von etwa 100 Konstrukteuren gefertigt. Die angestrebte Präzision der von unterschiedlichen Herstellern gefertigten Teile sollte so hoch sein, dass sie problemlos ausgetauscht werden konnten, weshalb man diese Fertigung Austauschbau nannte.

Wagenbau-Eisenvereinigung

Die Austauschbau-Strategie machte natürlich nur qualitätsgleichem Material Sinn. Deshalb wurde von einigen Eisen-Großhändlern in Berlin die Wagenbau-Eisenvereinigung gegründet, die sich zur Aufgabe machte, der DWV sorten- und termingerecht liefern zu können. Ähnliche Absprachen gab es für die anderen Materialienlieferanten.

Gewogener Durchschnittspreis

Die Reichsbahn forcierte die Kostensenkung durch eine Anweisung zur Aufstellung von Nachrechnungen, die die DWV in eineinhalbjähriger Detailarbeit vorlegte. Sie besagte, dass spätestens acht Wochen nach Lieferschluss der DWV die Nachrechnung bekanntzugeben war. Daraus ermittelte die DWV den gewogenen Durchschnitt, der als Folgepreis für alle Lieferanten galt.[188]

188. Störiko, A.: Geschichte der deutschen Waggonindustrie und ihrer Verbände von 1877 bis 1977, Frankfurt am Main, 1977, S. 27.

Zahlungsströme

Wie bereits festgestellt, wurde durch den gewogenen Durchschnittspreis ein branchenweiter Preis bestimmt. Diesem wurde für die in den Selbstkosten nicht enthaltenen Unkosten, notwendige Rücklagen sowie den Gewinn 10% sowie die Umsatzsteuer aufgeschlagen. Endgültig wurden die Preise jedoch erst durch konkrete Einzelvereinbarung. Von besonderer Bedeutung für die Wirtschaftlichkeit und die Risikominimierung war, dass alle Zahlungsströme durch die DWV abgewickelt wurden. Da die Lieferanten mitunter bis zu 30% des Endpreises als fremdgeliefertes Material kalkulieren mussten, war die Einführung von Zahlungsplänen mit Abschlagszahlungen von großem Wert für die Liquiditätssicherung der Firmen. Im Gegenzug übernahmen die DWV-Firmen im Falle eines Großauftrages für das Ausland, z. B. 1929 gegenüber einem Bankenkonsortium die Kollektivhaftung für die Kursdifferenzen.

Ausscheiden von Wettbewerbern

Erklärtes Ziel des neuen DWV-Vertrages war die Konsolidierung der deutschen Waggonbauindustrie in einem planmäßigen Verfahren, um chaotische Zustände oder langjährige Lieferengpässe zu vermeiden. Diesem Zweck diente die sogenannte 5%-Methode. Überschritt ein Werk zwei Kalenderjahre lang den gewogenen Durchschnitt um über 5% mit dem endgültigen Vereinbarungspreis, schied es bei der zukünftigen Berechnung des gewogenen Durchschnitts aus. Danach prüfte ein eigens eingesetzter Ausschuss die Ursachen der Preisüberschreitung und machte Vorschläge zur Rationalisierung. Konnte das Werk diese nicht umsetzen oder war die Umsetzung aus anderen Gründen nicht wahrscheinlich, strich die Reichsbahn das Werk von der Lieferantenliste. Im Gegenzug durfte ein Werk die Gewinndifferenz einstreichen, wenn es billiger war als der gewogene Durchschnitt.

Beauftragte mit Kontrollbefugnis

Eine besondere Vereinbarung regelte die Kontrollbefugnisse der sogenannten Beauftragten. Diese durften die Geschäftsleitung besuchen und die Technik und Kalkulation überprüfen. Die Reichsbahn machte von diesem Recht während der gesamten Vertragslaufzeit regelmäßig Gebrauch und schickte oft gleich zwei Beauftragte in die Werke. Dies war besonders deshalb wichtig, weil aus gutem Grund die DWV in ihrer Rechtsform nicht eine juristische Person war sondern ein nicht rechtsfähiger Verein. Diese Konstruktion wurde entgegen den früheren Modellen gewählt, um eine im Eigeninteresse handelnde DWV und damit einen weiteren Player in dem an sich schon komplizierten Geschäft zu vermeiden. Die DWV besaß reine Scharnierfunktion zwischen den Parteien. Dies war mit einem nicht rechtsfähigen Verein am besten zu lösen.

Private und ausländische Aufträge

Die Reichsbahn verband, wie erwähnt, mit der DWV das Ziel der Konsolidierung der deutschen Waggonwirtschaft. Deshalb musste früher oder später auch das zu Anfang ausgegliederte Privat- und Auslandsgeschäft einbezogen werden. Zu diesem Zweck wurde 1929 die Deuwi gegründet, die »Deutsche Waggonindustrie«. Da sich das DWV-Modell bewährt hatte, arbeitete sie in Personal- und Bürounion mit der DWV. 1930 kam es dann zur Gründung der »Association Internationale de Constructeurs de Matériel Roulant« in Paris mit Belgien, Dänemark, Deutschland, Frankreich, Holland, Italien, Österreich, Schweden, Schweiz, der Tschechoslowakei und Ungarn als Gründungsmitgliedern. Einen Quoten- oder Geldausgleich gab es hier aber nicht.

Die Erfolge der DWV waren enorm. Zwischen 1929 und 1933 sanken die Preise für vierachsige D-Zugwagen um 32,3%, die für zweiachsige Güterwagen um 22,6% und die für Drehgestelle sogar um 35,4%.

Wohnungsbau in Ammendorf

Die GOTTFRIED LINDNER AG war in den 20er Jahren des 20. Jh. bemüht, gute Mitarbeiter auch durch Bereitstellung von Wohnraum zu halten (Tabelle).[189]

Lage	bewohnt von	erbaut	gekauft
Friedenstr. 5–6a	44 Familien	1907	-
Langestraße 1a	6 Familien	-	1919
Langestraße 15	6 Familien	-	1919
Halleschestr. 160	3 Familien	-	1919
Halleschestr. 55	7 Familien	-	1919
Schachtstr. 9	13 Familien	-	1919
Steinstraße 3–8	14 Familien	1920	-
Steinstraße 13/14	8 Familien	1920	-

1928 ergab sich die Möglichkeit, eine Untergruppe der Kleinwohnungsbau AG Halle zu bilden. Dies war ein Projekt des Landrates des Saalkreises, das regierungsseitig vom Regierungsbaumeister FALLER betreut wurde. Gleichzeitig erlaubte es die Finanzlage LINDNERS nicht, selbst weitere Wohnungen oder Häuser zu bauen:

> *»Der Bau von weiteren Wohnungen seitens des Werkes dürfte in absehbarer Zeit angesichts der fehlenden flüssigen Mittel nicht möglich sein, umsoweniger als auch der aufgetauchte Plan, evtl. das Schützenhaus zu verkaufen, um den vollen Erlös für den Bau von Wohnungen bereitzustellen, daran gescheitert ist, dass vor etwa Jahresfrist die Wertzuwachssteuer im Saalkreis mit etwa 33% des Mehrerlöses gegenüber dem Kauf eingeführt ist und das Landratsamt von deren Erhebung nicht abgehen will resp. kann. ... Wenn wir aber eine Untergruppe der Kleinwohnungsbau AG gründen, so glauben wir, immerhin ein Grundkapital von M 40–50 000 zusammenzubekommen; hiermit hätten wir unter Hinzuziehung der Hauszinssteuer schon einen ganz schönen Anfang im Wohnungsbau.«*[190]

Grundstückseinlage statt Barmittel

Im Besitz der GOTTFRIED LINDNER AG befand sich damals auch ein Gebäudekomplex im Gebiet Rosengarten. Aufgrund der Knappheit der Barmittel regte deshalb die Direktion an, die Einlage bei der Kleinwohnung AG unbar in Form einer Grundstückseinlage zu tätigen, da dieses Grundstück sowieso nie Fabrikgelände werden könne:

> *»... Aus anliegender Skizze ist ersichtlich, wie der Geländekomplex des Grundstückes zwischen Schützenhaus und Rosengarten jetzt bereits bebaut resp. welche Fläche hiervon frei ist. Fabrikgelände wird dieses Grundstück nie werden, und wir möchten deshalb die eingezeichnete Spitze gegebenenfalls in die Kleinwohnungsbau AG einbringen, sodass Barmittel für uns nicht infrage kommen. Vielmehr würden wir noch einen gewissen Erlös erzielen.«*[191]

Weitere Grundstücksverschiebungen

1931 wendete sich die Firma CHRISTIAN PRÄNZLER, eine Eisengießerei in der Nachbarschaft LINDNERS, an die Direktion mit dem Ansinnen des Verkaufs des eigenen Grundstücks und der Pacht desselben (lease back). Die Aufsichtsräte STECKNER und HERTZFELD (Geld und Recht) stimmten zu, obwohl zu dieser Zeit keine direkte Verwendung für die Fabrik abzusehen war. Es ging um die gute Arrondierung des Gesamtgrundstücks für die Zukunft.

> *»Hand in Hand damit haben wir erwogen, ob das Schützenhaus, auf der anderen Seite der Halleschen Strasse gelegen, zu verkaufen ist. Seinerzeit haben wir bekanntlich größere Gelände jenseits der Halleschen Strasse gekauft, weil damals noch gegebenenfalls die Möglichkeit bestand, fabrikatorisch sich dorthin zu erweitern. Durch den Landesplanungsverband ist jedoch diese Möglichkeit genommen, andererseits ist aber auch durch Aufgabe des Karosseriebaues auf lange, lange Sicht nicht daran zu denken, das Gelände anders als für Wohnbauten zu verwerten ...«*[192]

Das Schützenhaus wurde jedoch nicht verkauft, wie das Aufsichtsratsprotokoll vom 13. Dezember 1938 belegt. Es wurde beschlossen, es in ein Kameradschaftshaus umzubauen.[193]

189. LHASA, MER, Gottfried Lindner AG, Halle, Nr. 208 passim.
190. LHASA, MER, Gottfried Lindner AG, Halle, Nr. 210, D 22/5, S. 1–2.
191. LHASA, MER, Gottfried Lindner AG, Halle, Nr. 210, D 22/5, S. 1–2.
192. LHASA, MER, Gottfried Lindner AG, Halle, Nr. 210, D 22/9, S. 1–2.
193. LHASA, MER, Gottfried Lindner AG, Halle, Nr. 210, D 22/30, S. 2.

Krieg um Talente
Auch das, was heute englisch »war for talents« genannt wird, gab es bereits seit sehr langer Zeit, wie der Fall des Kaufs einer kleinen Lastanhängerfabrik in Magdeburg durch die LINDNER AG beweist. Im Brief an den Aufsichtsrat vom 13. Januar 1930 heißt es dazu:

»Wir möchten mit Heutigem um die Genehmigung bitten, folgendes ausführen zu dürfen: Eine kleinere Magdeburger Lastanhängewagen-Fabrik, Hoffmann, ist verkäuflich. ... Nach eingehender Prüfung und Verhandlung haben wir diesen Plan (die Fabrik in Magdeburg zu betreiben, d. A.) jedoch aufgegeben, vielmehr uns entschieden, diesen Stützpunkt nach Berlin zu legen, wo naturgemäss der Bedarf an neuen Wagen wie naturgemäss auch Reparaturen ein ganz anderer ist als in einer Provinzstadt. An und für sich verfolgten wir diesen Gedanken schon lange; er wurde jetzt erneut aufgegriffen dadurch, dass der Inhaber der Magdeburger Firma, Hoffmann, ein alter erfahrener Meister ist, welcher insbesondere die ausgefallenen Wagen einzelner Stückzahlen, welche in einem Grossbetriebe immer stören werden, ohne weiteres bauen kann und zwar vorteilhafter als ein grösseres Werk. Hoffmann ist dazu geeignet, umsomehr, als er zu seiner Unterstützung einen sehr guten Meister hat, welcher genau nach demselben Prinzip arbeitet. Wir möchten nun diese Firma resp. diese beiden Leute ...«[194]

Hier wurde also in Betracht gezogen, eine ganze Firma allein deswegen zu kaufen, um das know how der beiden Meister zu bekommen und diese dann in Berlin arbeiten zu lassen.

Lastenhängerbau boomt 1930
Die Entscheidung für die Produktlinie Lastauto-Aufbauten war richtig, was sich im Wachstum der Auslieferungen widerspiegelte. Waren es 1925 noch 300 Lastauto-Aufbauten, konnten 1930 schon 1381 Auslieferungen gemeldet werden. Allerdings handelte es sich um ein saisonales Geschäft, wie der Aufsichtsratsbericht vom 17. April 1930 belegt:

»Das Lastanhängerwagengeschäft setzte mit Beginn des Frühjahrs wieder leidlich ein, umsomehr, als wir durch Aufnahme neuer Typen konstruktiv in jeder Beziehung mit an der Spitze der Lastenhängerwagen bauenden Firmen stehen. In den Monaten Dezember/Januar waren wir gezwungen, teilweise Kurzarbeit einzuführen, nachdem eine grössere Anzahl Leute, wie aus den einzelnen Monatsberichten ersichtlich, entlassen werden mussten. Mit Beginn des Frühjahres konnten wir jedoch den Betrieb wieder im vollen Umfange durchführen und auch einige Einstellungen vornehmen.«[195]

... und geht stark zurück 1931
1931 stellte sich die Wirtschaftslage für den Lastenhängerbau bis auf einen größeren Russenauftrag schlecht dar:

»Wir haben in den letzten Wochen einen Russenauftrag auf 200 Lastanhängerwagen abgewickelt, der sich jetzt seinem Ende zuneigt. Entlassungen grössten Stiles müssen vorgenommen werden. Durch die Finanzkrise ist natürlich auch das Lastanhängerwagengeschäft mehr als ins Stocken geraten und das, was bestellt wird, muss hinsichtlich der Bonität des Bestellers sehr unter die Lupe genommen werden. Viele Besteller können schon die Wechsel nicht mehr einlösen, auch hervorgerufen durch den Reichsbahnvertrag mit den Spediteuren und die neuesten Ausführungsvorschriften, und wir sind gezwungen, die Wagen, die wir unter Eigentumsvorbehalt verkauft haben, wieder zurückzunehmen.«[196]

Die wirtschaftliche Entwicklung der einzelnen Produktionsbereiche war zu fast allen Zeiten volatil. Gerade weil LINDNER verschiedene Produktlinien in seinem Portfolio hatte, war ein Überleben des Gesamtbetriebes wahrscheinlicher.

194. LHASA, MER, Gottfried Lindner AG, Halle, Nr. 210, D 22/9, S. 2.

195. LHASA, MER, Gottfried Lindner AG, Halle, Nr. 210, D 22/10, S. 2.

196. LHASA, MER, Gottfried Lindner AG, Halle, Nr. 210, D 22/110, S. 2–3.

Die Aufbauten und Anhänger von Lindner
Die Anfertigung der Aufbauten und Anhänger erfolgte bei der GOTTFRIED LINDNER AG in Serie nach den von FRANZ WESTERMANN etworfenen zur damaligen Zeit modernsten wirtschaftlichen Grundsätzen der Konstruktion und Fabrikationstechnik.[197]
Die Tagesleistung schwankte natürlich, wurde jedoch in einer Werbeschrift mit fünf Einheiten pro Tag angegeben.[198] Die in Berlin-Schöneberg gegründete DELTA AG war mit dem Generalvertrieb der Erzeugnisse dieser Abteilung beauftragt worden. Wie man an den Abbildungen 91 bis 103 erkennen kann, wurde eine große Vielfalt erreicht, die vor allem angesichts der Serienfertigung erstaunt (Abb. 91–103). Die Abbildungen 91 und 92 zeigen klassische Sattelschlepper-Anhänger für Straße und Landwirtschaft.

Abb. 91: Sattelschlepp-Anhänger 2,5–3 t, Typ Sa, Ammendorf, um 1932.

Abb. 92: Sattelschlepp-Anhänger für Zugmaschinen mit Lindner-Spezialtragkupplung, Typ Sz, Ammendorf, um 1932.

Daneben war LINDNER einer der wenigen Anbieter in Deutschland für Langmaterial-Anhänger und setzte hier später die Standards für das Deutsche Reich (Abb. 93).

Abb. 93: Lindner-Langmaterial-Läufer 1,5 t Tragekraft, Ammendorf, um 1932.

197. Gottfried Lindner A. G., Denkschrift, Halle 1933, S. 44.
198. Gottfried Lindner A. G., Denkschrift, Halle 1933, S. 44.

Wie in der damaligen Zeit üblich, waren die meisten Räder mit Vollgummi bereift (Abb. 94–95).

Abb. 94: Spezialanhänger 5 t Tragekraft, Ammendorf, um 1932.

Abb. 95: Anhänger Typ G 5 t Tragkraft, Ammendorf, um 1932.

Gab es einmal Luftbereifung, wurde dies in den Typenblättern als besonderes Extra erwähnt (Abb. 96).

Abb. 96: Anhänger mit Luftbereifung, 5 t Tragkraft, Ammendorf, um 1932.

LINDNER konnte fast alle Kundenwünsche erfüllen und führte auch regelmäßig Kundenbefragungen durch. Die Bauern waren eine wichtige Kundengruppe (Abb. 97).

Abb. 97: Viehtransport-Anhänger, 3 t Tragkraft, Ammendorf, um 1932.

Weitere Aufbauten und Anhänger

Die Abbildungen 98–103 zeigen eine große Bandbreite an Zielgruppen: Brauereien, Meiereien (Milch), Bauwirtschaft (Kipper), Möbelverkauf und Umzugsfirmen (Möbelwagen) sowie Speditionen gehörten zu den Kundengruppen von LINDNER.

Zwei- und Dreiseitenkipper …

Eine Spezialität der Ammendorfer waren Zwei- und Dreiseitenkipper. Diese konnten sowohl links und rechts als auch nach hinten gekippt werden (Abb. 100–101).

Abb. 98: Brauerei-Anhänger, 5 t Tragkraft, Ammendorf, um 1932.

Die Milchtank-Anhänger konnten 6 Tonnen transportieren und waren mit voluminösen Luftreifen bestückt (Abb. 99).

Abb. 99: Milchtank-Anhänger, 6 t Tragkraft, Ammendorf, um 1932.

Interessant sind die damals üblichen Führerhäuschen an der Vorderseite der Kipper-Anhänger.

Abb. 100: Zweiseiten-Rollkipper Typ O und V, 5–7,5 t Tragkraft, Ammendorf, um 1932.

LINDNER entwickelte sogar Getriebekipper, bei denen der Kippvorgang durch einen Motor automatisiert wurde.

Abb. 101: Dreiseitenkipper Typ K, 5 t Tragkraft, Ammendorf, um 1932.

Die KRAFTVERKEHR SACHSEN-ANHALT AG kaufte Möbelwagen-Anhänger (Abb. 102).

Abb. 102: Möbelwagen-Anhänger, 8 m Länge, Ammendorf, um 1932.

Für Schwertransporte fertigte LINDNER Dreiachser (Abb. 103).

Abb. 103: Dreiachs-Anhänger Typ H 3, 10 t Tragkraft, Ammendorf, um 1932.

Der Versand erfolgte über werkseigene Gleise (Abb. 104).

Abb. 104: Verladen von Lastkraftwagen zum Versand, Ammendorf, um 1932.

Straßenbahnwagen- und Omnibusbau

Bereits ab 1889 fertigte Gottfried Lindner Straßenbahnen und war damit ein Pionier in Deutschland (S. 13).

Wie ging es mit dieser Abteilung seit der AG-Gründung weiter?

Der Straßenbahnwagenbau wurde bis 1913 nicht extra erwähnt. Das Profil der Gottfried Lindner AG mit vier Produktlinien entwickelte sich in dem Zeitraum von 1913 bis 1923. Im Aufsichtsratsprotokoll vom 5. Dezember 1913 heißt es zu den Straßenbahnen:

> *»Für 25 Strassenbahn- und 25 Anhängerwagen für Kopenhagen soll gegebenenfalls zu guten Preisen Angebot gemacht werden, ebenso für Charkow in Russland.«*[199]

Ab April 1914 begann die Gliederung der Berichte in Waggonbau und Karosseriebau sporadisch. Die Straßenbahnwagen wurden in der Ablieferungs- und Buchungsübersicht erwähnt (Tabelle).

Ablieferung	gebuchte Aufträge
144 Straßenbahnwagen	60 Straßenbahnwagen

Erst 1916 erfolgte der nächste Eintrag in die Aufsichtsratsprotokolle:

> *»Ein Angebot nach Holland an die Haagsche Tramweg Gesellschaft in Höhe von 15 Strassenbahnwagen wurde ebenfalls genehmigt.«*[200]

Ein Nachtrag im Protokollbuch vom 19. Juli 1916 zeigen weitere Angebote (Tabelle).[201]

Land	Angebote und Typ
Holland	70 Motorwagen, 70 Anhängewagen
Rumänien	100 Motorwagen, 30 Anhängewagen
Schweden	25 Güterwagen

Streit mit dem Magistrat in Halle

Wie schwierig und unübersichtlich die Lage im Straßenbahngeschäft nach dem ersten Weltkrieg war, zeigt ein Streit um Aufträge aus Wismar, der aufgrund von Veröffentlichungen in verschiedenen Tageszeitungen den Vorstand veranlasste, den Aufsichtsrat am 8. Januar 1921 über die aus der Sicht des Direktors Traus vorgefallenen Geschehnisse Bericht zu erstatten:

> *»Die Mitteilungen in den Tageszeitungen hinsichtlich der Nachbewilligung für die seitens der Strassenbahn [Halle] bestellten Motorwagen bei der Waggonfabrik Wismar geben uns Veranlassung, Ihnen die Verhältnisse, wie sie sich zugetragen haben, kurz vor Augen zu führen und Sie zu bitten, doch bei der am Montag zur Beratung kommenden Angelegenheit hierzu Stellung zu nehmen, um die einheimische Industrie zu stützen. ... Die Strassenbahn resp. der Magistrat erbat seinerzeit ein Angebot für 20 Motor- und 40 Anhängewagen auch bei unserer Firma. Die Bedingung des Magistrats, wonach eine 5%ige Hausseklausel und die unbeschränkte Baisseklausel zugestanden werden soll, konnten wir angesichts der Verhältnisse nicht eingehen, weil die ganze wirtschaftliche Lage unübersichtlich war. Vornehmlich ... aus dem Grunde ist uns seinerzeit der Auftrag nicht gegeben worden, vielmehr hat man es vorgezogen, die Wagen entgegen aller Gepflogenheiten, wie es bei anderen Städten der Fall ist, die Heimatindustrie verlassen und anderweitig die Aufträge zu vergeben. Was eintreten musste, ist dann auch eingetreten. Jetzt soll die Stadt Halle eine Nachzahlung von 2 Millionen für die 20 Motorwagen leisten und ausserdem sich verpflichten, 50% ihres Bedarfes an Strassenbahnwagen für die nächsten 10 Jahre Wismar zu überschreiben.«*[202]

Die Home Bias, also die Bevorzugung lokaler Unternehmen war gang und gäbe. Traus begründete diese Auffassung auch:

> *»Wir glauben wohl ein Anrecht darauf zu haben, uns zur Halleschen Industrie zählen zu dürfen, weil wir ca. 700 Leute aus Halle Arbeit und Brot geben, weil fast das gesamte Aktienkapital in halleschen Händen ist, weil Direktion und Aufsichtsrat in Halle wohnen und demzufolge ein Teil der Steuern der Stadt Halle zugute kommen.«*[203]

199. LHASA, MER, Gottfried Lindner AG, Halle, Nr. 207, D 21/49, S. 3.
200. LHASA, MER, Gottfried Lindner AG, Halle, Nr. 207, D 21/54, S. 2.
201. LHASA, MER, Gottfried Lindner AG, Halle, Nr. 207, D 21/56, S. 1.
202. LHASA, MER, Gottfried Lindner AG, Halle, Nr. 207, D 21/100, S. 1–3.
203. LHASA, MER, Gottfried Lindner AG, Halle, Nr. 207, D 21/100, S. 2.

Streit mit dem Magistrat in Halle II

Im Weiteren wird sogar das Argument Entlassung hallescher Arbeiter genutzt:

> *»Es kann nicht der Wille der Herren Stadtverordneten sein, die Hallesche Arbeiterschaft brotlos werden zu lassen und infolgedessen fremden Gegenden Arbeit zu geben, geschweige derartige Zuzahlungen zu leisten wie sie jetzt verlangt sind. Wenn uns seinerzeit gesagt worden wäre, dass eines schönen Tages doch über eine Mehrzahlung geredet werden könnte, so hätten wir sicherlich den Auftrag auch unter diesen Bedingungen übernommen ...«*[204]

1921 volle Auftragsbücher

Aus dem Bericht des Aufsichtsrates vom 30. April 1921 geht hervor, dass die Aufträge bis Jahresende reichen:

> *»Hiermit ist das Werk ausreichend beschäftigt bis Jahresende«*[205]

Gelieferte und beauftragte Stückzahlen dafür 1921 wurden aufgelistet (Tabelle).[206]

Ablieferung	gebuchte Aufträge
15 Straßenbahnwagen	5 Straßenbahnwagen 6 Omnibus-Karrosserien

Auch für 1922 sind die Zahlen ähnlich, neun ausgelieferte Straßenbahnwagen und zwei Aufträge in den Büchern.

Vergleicht man dies mit den 1246 Automobil-Karrosserien, die ausgeliefert waren und den 1882 Aufträgen dafür in den Büchern, hatten sich die Gewichte stark verschoben.

Dennoch tat die Gottfried Lindner AG gut daran, die verschiedenen Produktlinien zu erhalten und so einen Diversifikationseffekt zu erreichen.

Wie wichtig dieser war, sah man insbesondere nach dem Scheitern des Karosseriebaus 1928 (S. 22).

Weitere Straßenbahn-Auftragsanfragen

Die Gottfried Lindner AG war auch mit ihren Straßenbahnprodukten über die Grenzen bekannt geworden, so dass auch Anfragen aus dem Ausland kamen, wie im Aufsichtsratsbericht von 1924 protokolliert wurde:

> *»Herr Direktor Traus trug die Anfrage der Stadt Lille-Bonbaix auf 10 Anhängewagen vor. Die Anfrage verlangt feste Preise. Der Aufsichtsrat ermächtigte den Vorstand zu gleitenden Preisen zu offerieren.«*[207]

1925 steigerten sich die ausgelieferten Stückzahlen auf 15 gelieferte Straßenbahnwagen und 131 Aufträge für Straßenbahnwagen sowie 50 Aufträge für Omnibusse. Dabei spielten die Straßenbahnaufträge vor allem für die finanzielle Lage eine wichtige Rolle:

> *»Die geldliche Lage des Werkes ist dadurch, dass insbesondere die Strassenbahnen Anzahlungen geleistet haben, als eine befriedigende anzusehen ...«*[208]

Bis 1928 hatten mehrere Städte Straßenbahnaufträge an Lindner vergeben: Berlin, Brandenburg, Potsdam und Halle. Trotzdem war die Auftragsbeschaffung immer noch aufwendig:

> *»Es ist zwar schwer gefallen, den neuen Auftrag zu bekommen, ich war dieserhalb ungefährt acht mal in Potsdam...«*[209]

1930 gab es Hiobsbotschaften an den Aufsichtsrat bezüglich der Straßenbahnen:

> *»Im Straßenbahnwagenbau war durch die äusserste Zurückhaltung der Kommunen das Geschäft gleich Null. In den letzten Monaten ist es gelungen, für die Strassenbahn Erfurt einen Auftrag auf 12 Strassenbahnwagen hereinzunehmen. Die Aussichten sind weiterhin ungünstig. Bedarf ist wohl vorhanden - aber kein Geld.«*[210]

Geliefert waren bis zum 17. April 1930 34 Straßenbahnen und 83 Omnibusse. 1931 sah es noch schlechter aus:

> *»Dasselbe ist der Fall bei sämtlichen Strassenbahnen Deutschlands und bei unseren Grossabnehmern in Omnibussen, der Deutschen Reichspost und der Kraftverkehrsgesellschaft Sachsen etc.«*[211]

204. LHASA, MER, Gottfried Lindner AG, Halle, Nr. 207, D 21/100, S. 2.
205. LHASA, MER, Gottfried Lindner AG, Halle, Nr. 207, D 21/102, S. 2.
206. LHASA, MER, Gottfried Lindner AG, Halle, Nr. 207, D 21/102, S. 2.
207. LHASA, MER, Gottfried Lindner AG, Halle, Nr. 209, D 21/111, S. 2.
208. LHASA, MER, Gottfried Lindner AG, Halle, Nr. 209, D 21/136, S. 4.
209. LHASA, MER, Gottfried Lindner AG, Halle, Nr. 209, D 21/136, S. 4.
210. LHASA, MER, Gottfried Lindner AG, Halle, Nr. 210, D 22/2, S. 3.
211. LHASA, MER, Gottfried Lindner AG, Halle, Nr. 210, D 22/13, S. 1.

Entwicklung des Straßenbahnbaus

Im Straßenbahnbau waren die Jahre von 1920 bis 1933 geprägt vom Übergang von der hölzernen Bauart zur Stahlkonstruktion. Bis 1929 dominierte der Holzbau, wie man am Beispiel der Maschinenfabrik Esslingen erkennen kann (Abb. 105).[212]

Abb. 105: Straßenbahnproduktion in der Maschinenfabrik Esslingen, 1928.

Diese Fabrik war es auch, die 1929 ein Einheitsmodell vorschlug mit 2 300 mm Radstand und 2 100 mm Wagenbreite sowie Wagenkastenlänge von 8 500 mm. Ein solcher Motorwagen sollte 20 Sitz- und 28 Stehplätze haben (Abb. 108).[213]

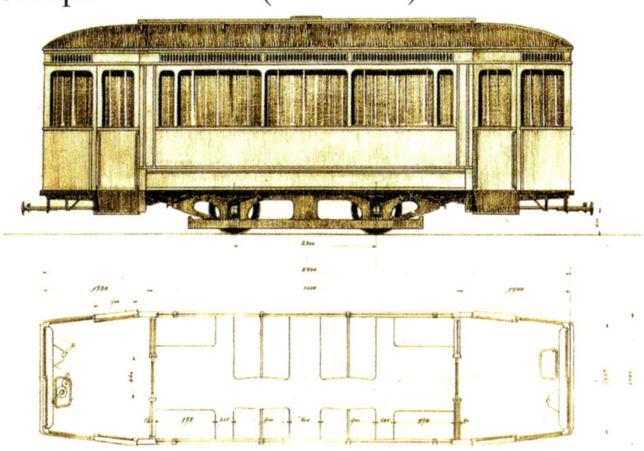

Abb. 106: Straßenbahn-Konstruktion in der Maschinenfabrik Esslingen,

Die Straßenbahnen von Lindner I

Lindner war einer der ersten Betriebe Deutschlands, die Straßenbahnen bauten. So ist es nicht verwunderlich, dass in den Katalogen von 1923 und 1932 zahlreiche Städte verzeichnet sind, die bei Lindner bestellten (Abb. 107–111).[214]

212. Messerschmidt, W.: Vom Fuhrwerk zum Intercity, Stuttgart 1988, S. 98.
213. Messerschmidt, W.: Vom Fuhrwerk zum Intercity, Stuttgart 1988, S. 102.
214. Gottfried Lindner AG, Werksbroschüre, Halle 1933, passim.

Abb. 107: Motorwagen der städtischen Straßenbahn Schöneiche-Kalkberge, vor 1923.

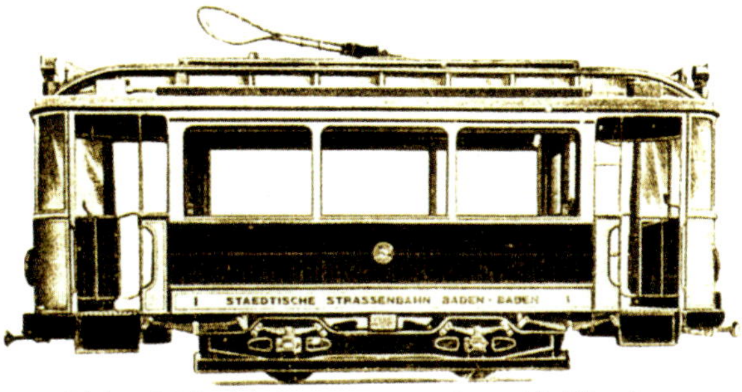

Abb. 108: Motorwagen der städtischen Straßenbahn Baden-Baden, vor 1923.

Abb. 109: Motorwagen der städtischen Straßenbahn Eberswalde, vor 1923.

Abb. 110: Motorwagen der Birseckbahn, Arlesheim (Schweiz) vor 1923.

Abb. 111: Motorwagen der Merseburger Überlandbahn, II./III. Klasse, vor 1923.

Die Straßenbahnen von Lindner II

LINDNER konzentrierte sich frühzeitig auf Stahlgerippe-Konstruktionen für den Straßenbahnbau. Sowohl Motorwagen (mit AEG-Motoren) als auch Anhängewagen wurden geliefert. Insbesondere das Design der Front wurde zum Markenzeichen, man sprach damals vom »Lindnergesicht« der Straßenbahnen (Abb. 115).[215] Der Produktumfang reichte von einfachen Mittel-Einstiegwagen (Abb. 114)[216] bis zu Bergbahnen für die Schweiz (Abb. 113).[217]

Abb. 112: Motorwagen der Straßenbahn Herne-Recklinghausen, vor 1932.

Abb. 113: Motorwagen der Bergbahn Martigny-Chatelard, vor 1932.

Abb. 114: Mittel-Einstiegwagen der Städtischen Straßen Berlin, vor 1932.

Abb. 115: Motorwagen der Städtischen Straßenbahn Oberhausen, vor 1932.

215–217. Gottfried Lindner AG, Werksbroschüre, Halle 1933.

Abb. 116: Motorwagen der Städtischen Straßenbahn München, vor 1932.

Abb. 117: Motorwagen der Städtischen Straßenbahn Potsdam, vor 1932.

Abb. 118: Motorwagen der Städtischen Straßenbahn Dresden, vor 1932.

Abb. 119: Anhängewagen der Merseburger Überlandbahn, vor 1932.

Abb. 120: Motorwagen der Städtischen Straßenbahn Brandenburg, vor 1932.

Die Straßenbahnen von Lindner III

Bis zum Aufkommen des Rundfunks hatten die elektrischen Straßenbahnen Rollenstromabnehmer, um den etwa 400 A starken Strom aufzunehmen. Die mitunter auftretenden Kontaktabrisse, die auch mit Funkenschlag verbunden waren führten jedoch zu Rundfunkstörungen, die durch Einbau von Drosselspulen und Scherenstromabnehmer beseitigt wurden (Abb. 122–123).[218]

Abb. 121: Anhängewagen der Straßenbahn Schwetzingen, vor 1932.

Abb. 122: Straßenbahnzug für die Städtische Straßenbahn Halle, vor 1932.

Abb. 123: Motorwagen für die Städtische Straßenbahn Halle, vor 1932.

Abb. 124: Motorwagen für die städtische Straßenbahn Erfurt, vor 1932.

218. Gottfried Lindner AG, Werksbroschüre, Halle 1933, S. 31, 35.

Abb. 125: Motorwagen für die städtische Straßenbahn Steglitz, vor 1932.

Entsprechend der alten Teile-Fertigungsstrategie verkaufte Lindner auch Laufgestelle an andere Straßenbahnfabriken, um die Stückkosten zu senken und in jeder Phase der Wertschöpfungskette profitabel zu sein (Abb. 126).[219]

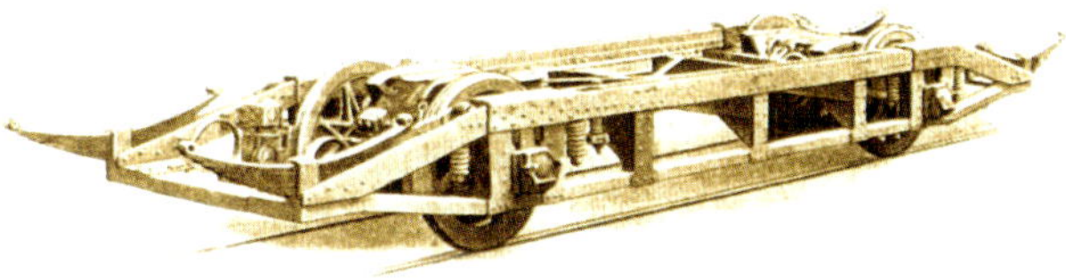

Abb. 126: Laufgestell für Motorwagen, vor 1932.

Die Omnibusse von Lindner I

LINDNER fertigte die Aufbauten für die Omnibusse verschiedener Firmen, z. B. Rumpler, Büssing oder Krupp (Abb. 127–129).[220]

Abb. 127: Mannschaftswagen, 35 Plätze, Rumpler, 1929.

Abb. 128: Omnibus, 28 Plätze, Büssing, 1928.

Abb. 129: Omnibus, 28 Plätze, Krupp, 1929.

219–220. Gottfried Lindner AG, Werksbroschüre, Halle 1933, S. 39.

Die Omnibusse von Lindner II

LINDNER war im deutschen Omnibusbau nur ein Lieferant von Aufbauten. Diese wurden z. B. auf BÜSSING- oder VOMAG-Fahrgestelle aufgebaut (Abb. 130–134).[221]

Abb. 130: Reichspost-Omnibus, 33 Plätze, Vomag, 1929.

Abb. 131: Omnibus, Stahlgerippe, Büssing, 1928.

Abb. 132: Reichspost-Omnibus, 33 Plätze, Vomag, 1928.

LINDNER war außerdem ein bevorzugter Partner der Reichspost (Abb. 131) und der großstädtischen Personennahverkehrsunternehmen (Abb. 134).

Abb. 134: Reichswehr-Omnibus, 32 Plätze, Büssing, 1929.

Abb. 135: Omnibus, 44 Plätze, Daimler Benz, 1929.

Abb. 136: Großstadt-Omnibusse, 1932.

Die zur Ablieferung bereitstehenden Omnibusse bildeten lange Schlangen auf der Straße vor der Fabrik (Abb. 135).

Abb. 137: Zur Ablieferung bereitstehende Busse, um 1932.

Abb. 133: Reichswehr-Omnibusse, 1932.

221. Gottfried Lindner AG, Werksbroschüre, Halle 1933, passim.

Grundriss der Gottfried Lindner AG 1932
Um einen besseren Eindruck von der Größe der Ammendorfer Fabrik zu erlangen, bietet sich ein Grundriss an. Kurz vor der Machtergreifung der Nazis gab es in Ammendorf über 40 Gebäude oder Gebäudeteile, die der Gottfried Lindner AG zur Verfügung standen. Später wurden auch auf der Seite östlich der Halle-Thüringer Eisenbahn Gelände für den Waggonbau verwendet. Dies belegt, dass die damalige Entscheidung, nach Ammendorf zu gehen, auch aus territorialer Perspektive (vorhandener Raum) richtig war.

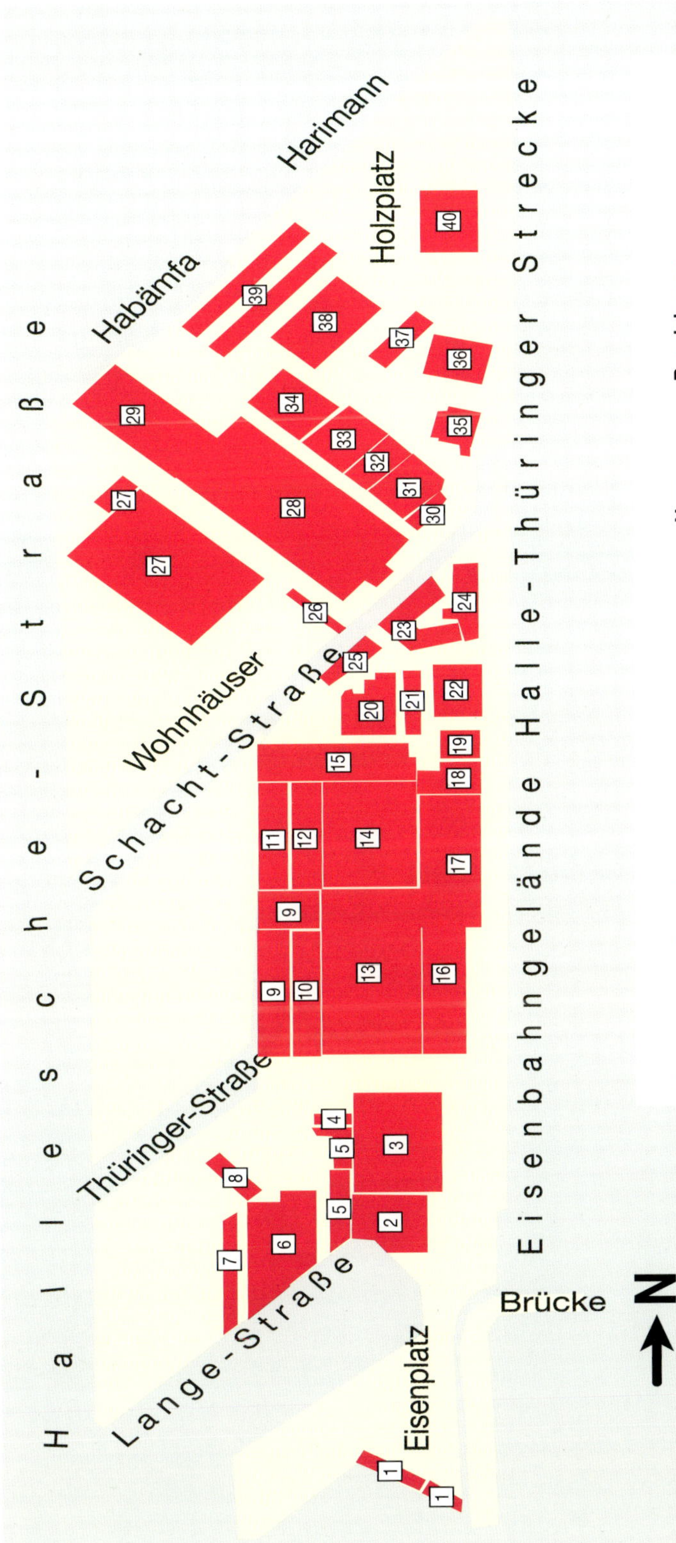

Nummer	Bezeichnung
1	Bandeisenlager
2	Sandstrahlgebläse - Eisenlager
3	Eisenzuschneiderei
4	Achsbuchsenmontage
5	Eisenblech-Lager
6	Sonderanhängerbau
7	Lagergebäude
8	Lagergebäude
9	Überziehhalle
10	Waggonreparatur
11	Anhängerlackiererei
12	Anhängerlackiererei
13	Schweißerei - Gestellmontage
14	Stellmacherei
15	Schiebebühnenhochbau - Tischlerei
16	Eisenbearbeitung
17	Schmiede
18	Kraftzentrale
19	Kesselhaus
20	Reperaturwerkstatt - Waschraum

Nummer	Bezeichnung
21	Werkzeugmacherei
22	Hauptlager
23	Verwaltungsgebäude
24	Zwischenlager - Versand
25	Kantine - Garagen
26	Feuerwehrgeräteschuppen
27	Holzbearbeitung
28	Landmaschinen - Sonderfahrzeuge
29	Omnibuslackiererei - Sattlerei
30	Wasch- und Ankleideraum
31	Anhängerreparatur
32	Holzschuppen
33	Omnibusbau
34	Omnibusbau
35	Holztrocknung
36	Gatterhaus
37	Holzschuppen
38	Holzschuppen
39	Holzschuppen
40	Holzschuppen

Abb. 138: Grundriss der Gottfried Lindner AG, Ammendorf, um 1932.

Gottfried Lindner AG 1933–1945

Die Machtergreifung der Nationalsozialisten in Deutschland spiegelte sich in den Dokumenten nur marginal wider. Die Wirtschaft ging ihren eigenen Gang. Das Protokoll von der Aufsichtsratssitzung vom 5. Mai 1933 zeigt den Verzicht auf Dividende an:

> »*Die im Aufsichtsrat vertretenen Vorzugsaktionäre verzichten für die Vorzugsaktien auf die Verteilung der ihnen nach ihrer Ansicht zustehenden Dividende.*«[222]

Hintergrund waren wohl die hohen Investitionen, die notwendig waren. Die Aktionäre wollten die Investitionskraft nicht durch Dividendenabschöpfung schwächen. Gleichzeitig wurde auf die Listung der Lindner-Aktien an der Leipziger Börse verzichtet:

> »*Die Wiedereinführung der Lindner-Aktien an der Leipziger Börse wird mit Rücksicht auf die hohen Kosten vorläufig aufgeschoben.*«[223]

Ausbesserungswerkstätten

Aus dem Bericht des Aufsichtsrates vom 14. November 1933 geht hervor, dass an verschiedenen Orten Ausbesserungswerkstätten eingerichtet wurden, um den Service vor Ort zu verbessern und einen direkteren Zugang zu den Kunden zu haben:

> »*Ausbesserungswerkstätten sind eingerichtet in Berlin, Hamburg, Gaggenau (auch für Sonderwagenbau), Nürnberg (in Aussicht), Düsseldorf, Dresden.*«[224]

Verzicht auf Tagegelder und Investitionen

Ab dem 3. Mai 1934 verzichtete der Aufsichtsrat auf die Zahlung von Tagegeldern für die Sitzungen.

Gleichzeitig wurden 70 000 RM für Maschinenkauf und 30 000 RM für Reparaturen genehmigt. Hinzu kam die Genehmigung von 50 000 RM für die Aufstockung der Kantine sowie die Besprechung der Ausrüstung der Werkskapelle. Hier wird die immer stärkere Ausbreitung auf die verschiedensten Lebensbereiche der Mitarbeiter der Gottfried Lindner AG deutlich. Dies verstärkte sich mit den Jahren.

Lochkartensystem wird angemietet

Die Gottfried Lindner AG wuchs im Mitarbeiterbestand so stark, dass am 6. November 1934 die Anmietung eines Lochkartensystems genehmigt wurde:

> »*Herr Rahm entwickelt die Notwendigkeit der Beschaffung eines Lochkartensystems, weil seit dem gestiegenen Arbeiterbestand und Material bzw. Akkordberechnungsmaterial der Betrieb mit dem gegenwärtigen System nicht mehr korrekt arbeiten kann. Der Aufsichtsrat erteilt die Genehmigung zur Anmietung eines Lochkartensystems.*«[225]

Kantinennutzung wird subventioniert

Die mangelhafte Nutzung der Kantine (offenbar brachten die meisten Arbeiter sich Pausenbrote mit) sollte durch Subventionierung gesteigert werden:

> »*Mit Rücksicht auf die bisherige geringe Inanspruchnahme der Kantine soll ein Zuschuss, abgestuft nach der Zahl der entnommenen Mittagessen gewährt werden.*«[226]

DELAPORT

Die Gottfried Lindner AG hatte sich im Lastenhängergeschäft als starker Marktplayer gezeigt. So war es nicht verwunderlich, dass nach der Gründung der Deutschen Lastanhänger Exportgemeinschaft DELAPORT der Lindner-Mann Walter Rahm zum Vorsitzenden gewählt wurde:

> »*Herr Rahm berichtet über die Gründung ... der Delaport in Hamburg, deren Aufgabe darin bestehen soll, durch gemeinsame Propaganda und Beschickung von Ausstellungen das Exportgeschäft zu beleben. Die Lindner AG ist an der Gesellschaft mit 20% beteiligt; Herr Rahm ist Vorsitzender der Gesellschaft*«[227]

Die DELAPORT-Gemeinschaft soll im Weiteren näher behandelt werden.

222. LHASA, MER, Gottfried Lindner AG, Halle, Nr. 210, D 22/14, S. 1.
223. LHASA, MER, Gottfried Lindner AG, Halle, Nr. 210, D 22/14, S. 2.
224. LHASA, MER, Gottfried Lindner AG, Halle, Nr. 210, D 22/16, S. 1.
225. LHASA, MER, Gottfried Lindner AG, Halle, Nr. 210, D 22/18, S. 1.
226. LHASA, MER, Gottfried Lindner AG, Halle, Nr. 210, D 22/18, S. 2.
227. LHASA, MER, Gottfried Lindner AG, Halle, Nr. 210, D 22/18, S. 2.

Die DELAPORT-Strategie

Die DELAPORT-Satzung wurde am 3. November 1934 in Hamburg notariell beglaubigt.[228] Darin heißt es zum Zweck:

> »*Die unterzeichnenden Firmen errichten durch diesen Vertrag einen Verband, der den Namen "Deutsche Lastanhänger-Export-Gemeinschaft (Delaport)" trägt und seinen Sitz in Hamburg hat. Der Zweck des Verbandes ist die Pflege des Ausfuhrgeschäftes.*«[229]

Treiber dieser Entwicklung war die GOTTFRIED LINDNER AG. Dies wird ersichtlich aus der Quotierung der beteiligten Firmen (1% = 1 Stimme) und der Tatsache, dass als Geschäftsführer WALTER RAHM von LINDNER gewählt wurde (Tabelle).

Firma	Quote
Peter Bauer, Köln	5%
Waggonfabrik Bautzen	5%
Christoph & Unmack AG, Niesky	14%
Fahrzeugwerke Gaubschat, Berlin	5%
Gelbke & Jaritz, Magdeburg	3%
Kässbohrer, Ulm	8%
Lindner, Ammendorf	20%
F. X. Meiller, München	5%
Fahrzeugbau Schumann, Werdau	10%
Waggonfabrik Uerdingen	10%
Westwaggon, Köln	10%
EVAG, Berlin	5%

Die folgenden Tabellen zeigen die Exporte nach Kontinenten geordnet.

Europa

Land	1935	1936	bis 31. 10. 1937
Dänemark	3	1	2
Estland	2	-	-
England	1	-	-
Finnland	-	-	1
Frankreich	1	2	3
Holland	4	-	-
Italien	12	16	58
Jugoslavien	4	28	-
Luxemburg	2	1	-
Polen	1	3	8
Rumänien	5	25	15
Schweiz	1	-	-
Spanien	8	1	10
Tschechoslowakei	3	6	14
Bulgarien	-	2	2
Griechenland	-	9	7
Lettland	-	2	2
Litauen	-	-	2
Memelgebiet	-	1	1
Schweden	-	5	-
Türkei	-	-	3
Portugal	-	-	3
Österreich	-	-	1
GESAMT	47	102	132

228. LHASA, MER, Gottfried Lindner AG, Halle, Nr. 283, D 22/5, S. 1.
229. LHASA, MER, Gottfried Lindner AG, Halle, Nr. 283, D 22/5, S. 1.

Asien

Land	1935	1936	bis 31. 10. 1937
Britisch Indien	3	3	5
Iran	-	50	-
Palästina	-	-	4
Niederländisch Indien	-	-	13
Burma	-	-	9
Siam	-	-	13
Straits Settlements	3	53	4
China	8	2	-
GESAMT	11	55	48

Afrika

Land	1935	1936	bis 31. 10. 1937
Frz. Kolonien	4	7	3
Südafrika	16	97	69
Südwestafrika	7	4	2
Abessinien	-	80	-
Angola	-	2	-
Britisch Gambia	-	4	-
Goldküste	-	5	2
Nigeria	-	2	3
Ostafrika	-	1	-
Spanisch Guinea	-	3	-
Marokko	-	-	3
GESAMT	27	205	82

Südamerika

Land	1935	1936	bis 31. 10. 1937
Brasilien	3	-	1
Chile	-	1	-
Columbien	-	1	1
Ecuador	-	4	-
Mexiko	-	1	1
Peru	-	-	7
Uruguay	-	-	2
GESAMT	3	7	12

Beobachtung von Wettbewerbern

Die DELAPORT-Mitglieder waren an die Verbandspflicht gebunden (Preisangebote verbandspflichtiger Erzeugnisse wie Lastanhänger, Aufbauten, Sattelschlepper, Omnibuskarosserien und Ersatzteile).

Durch Vergleiche mit unterbietenden Wettbewerbern versuchte die DELAPORT die Marktinformation ihrer Mitglieder zu verbessern (Tabelle).

Produkt	Delaport-Preis £	Wettbewerber £
208 Kupplungen	57,10	53,10
208 Vordergestelle	25,40	19,20
108 Anhänger 5t	136	125,10
42 Bottom Dump Trailers	30/St.	207,10
12 Bottom Dump Trailers	10/St.	211,00
1 Anhänger 20t	742,00	450,00
25 Anhänger 5–6t	154,15	137,10
6 Anhänger 10t	189,50	180,00
55 Anhänger 3t	90,10	82,10

Die DELAPORT-Produkte

Die DELAPORT-Produkte waren sehr vielfältig, wie bereits wenige Seiten aus einem Katalog belegen (Abb. 139–142).[230]

Abb. 139: Titelblatt des DELAPORT-Kataloges mit Piktogrammen der Betriebsstandorte, Hamburg 1934.

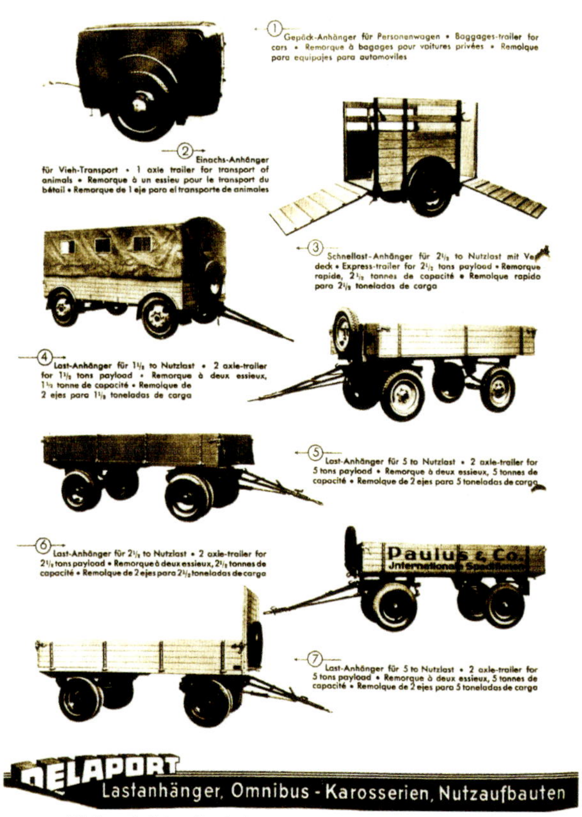

Abb. 140: Anhänger der DELAPORT, Hamburg 1934.

230. LHASA, MER, Gottfried Lindner AG, Halle, Nr. 335, S. 1, 2, 6, 7.

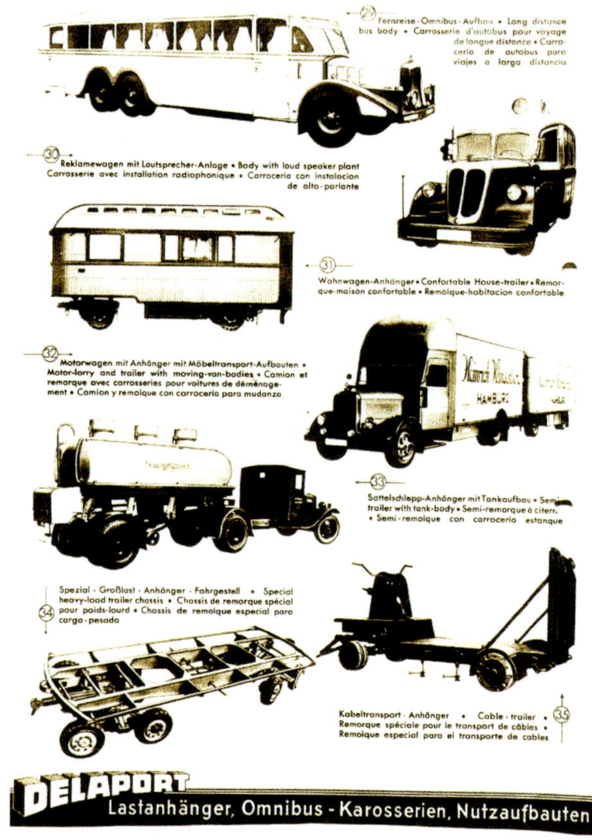

Abb. 141: Omnibusse, Wohnwagen und Reklamewagen mit Lautsprecher-Anlage der DELAPORT, Hamburg 1934.

Abb. 142: Sattelschlepp-Anhänger, Raupenschlepp-Anhänger und Straßenkehrmaschine der DELAPORT, Hamburg 1934.

Suche nach neuen Produktlinien

Nachdem 1928 mit dem STEYER Aussichtswagen die letzte Karosserie bei LINDNER gefertigt worden war (Abb. 143), suchte

Abb. 143: Steyer Aussichtswagen, Ammendorf, 1928.

man im Vorstand nach neuen Produktlinien, um das Produktionsportfolio weiter zu diversifizieren.

1931 ergab sich die Möglichkeit, die Firma F. ZIMMERMANN & CO. zu kaufen. Diese stellte landwirtschaftliche Geräte wie z. B. Drillmaschinen und Sämaschinen her. Nach dem Kauf wurde der Landmaschinenbau ein wichtiger Zweig der GOTTFRIED LINDNER AG (Abb. 144)[231].

Abb. 144: Handdrillmaschine, Ammendorf, 1933.

Dagegen wollte LINDNER nie einseitiger Nischenlieferant oder gar staatsbestimmter Rüstungsproduzent werden. Zu schlecht waren die Erfahrungen mit dem Monopol-Auftraggeber Reichsbahn.

231. LHASA, MER, Gottfried Lindner AG, Halle, Nr. 503, S. 5.

Lindner wird keine Rüstungsfirma

Offenbar wendete sich die Wehrmacht an die GOTTFRIED LINDNER AG mit dem Ziel, das hohe Managmentwissen für die Rüstungsproduktion zu nutzen. Dagegen sträubten sich jedoch sowohl der Vorstand als auch nach dessen Unterrichtung der Aufsichtsrat, wie im Protokoll vom 12. Februar 1935 zu lesen ist:

> *»Zwischen Aufsichtsrat und Vorstand besteht volle Einigkeit darüber, dass das Werk unter allen Umständen bei seinem eigentlichen Fabrikationszweig – Fahrzeugindustrie – verbleiben soll, und neue Fabrikationszweige – Waffen – nicht infrage kommen, so dass Mittel für die letztere nicht zu beschaffen sind.«*[232]

Trotzdem arbeitete die LINDNER sehr eng mit der Wehrmacht zusammen und richtete eine Heeresabnahmestelle für die Produkte ein, die z. B. als Lafetten oder Transportwagen dem Heer geliefert wurden.

Neuordnung der Wirtschaftsverwaltung

Etwa 1935 wurde die gesamte deutsche Wirtschaft neu kategorisiert. Für die verschiedenen Branchen galten nun »Fachgruppen«. Die Fachgruppen wurden mit verwandten Fachgruppen zu »Wirtschaftsgruppen« zusammengefasst. Die Waggonindustrie gehörte zu der Fachgruppe »Eisenbahnwagenbau«, die wiederum zu der Wirtschaftsgruppe »Stahl- und Eisenbau« zusammen mit andern Fachgruppen wie z. B. Schiffbau, Dampfkesselbau, Behälterbau, Feld- und Industriebahnbau gehörte. Fach- wie Wirtschaftsgruppe wurden von Berlin aus gelenkt. Die deutsche Waggonindustrie war dank oder wegen des DWV-Vertrages von 30 Werken im Jahre 1926 auf 19 Werke im Jahr 1937 geschrumpft. Aufgrund der Effizienz des DWV machte das deutsche Reichswirtschaftsministerium bei der verwaltungstechnischen Neuordnung der Wirtschaft im Waggonbau eine Ausnahme: die sachliche und personelle Union zwischen Fachgruppe und Deutscher Wagenbau-Vereinigung.[233]

232. LHASA, MER, Gottfried Lindner AG, Halle, Nr. 210, D 22/18, S. 1.

233. Störiko, A.: 100 Jahre Verbände der deutschen Waggonindustrie, Frankfurt am Main 1977, S. 33.

Z.A.V.-Prämien als Exporttreiber

Wie schon bei DELAPORT zu beobachten, gab es sowohl seitens der Betriebe als auch seitens der deutschen Regierungen ein großes Interesse am Export. Aus diesem Grunde wurden um 1936 Prüfungsstellen bei den verschiedenen Wirtschaftsgruppen eingerichtet. Diese überprüften die Exportgeschäfte auf ihre Kalkulationsgrundlagen hin. Hatten z. B. normale Preisangebote der Firmen bei ausländischen Anfragen oder Tendern keine Chance, prüfte die Prüfungsstelle die Kalkulationsgrundlagen und verglich sie mit in- und ausländischen Mitbewerberunterlagen. Sie entschied dann darüber, ob sogenannte Z.A.V.-Prämien (Z.A.V. = Zusatz-Ausfuhr-Verfahren) gewährt werden können. Der Haushalt der Prüfungsstellen speiste sich anfänglich aus den Kursgewinnen nach der Goldmarkreform bzw. den Kursgewinnen aus Rückkauf deutscher Wertpapiere im Ausland. Später, nach dem Versiegen dieser Quelle, wurden sie direkt aus dem Staatshaushalt finanziert.[234] Die Höhe der Prämie hing von der Differenz zwischen Bewerber- und Mitbewerberpreis ab, was durch die Prüfungsstelle kalkuliert und im Zahlungsverlauf kontrolliert wurde.

Fortsetzung des DWV-Vertrages

Der DWV-Vertrag des Jahres 1926 wurde in Verlängerungsverhandlungen immer wieder leicht ergänzt und abgeändert. Dennoch blieb er in seinen Grundzügen auch in der Nazizeit bestehen. 1929 gilt dabei als das Jahr mit dem höchsten Bestellvolumen. In den folgenden Jahren schrumpften die Aufträge stark, so dass überall die Belegschaften verkleinert wurden. 1931 veröffentlichte die DWV eine »Denkschrift über die Notlage der deutschen Waggonindustrie«, da die Reichsbahn für 1932 keinen einzigen Auftrag in Aussicht stellte. Daraufhin kam der Staat zu Hilfe. Aus Mitteln der steuerfrei gestellten Reichsbahnanleihe wurden Aufträge in Höhe von 32 Mio. RM erteilt.

234. Störiko, A.: 100 Jahre Verbände der deutschen Waggonindustrie, Frankfurt am Main 1977, S. 33.

Autobahn statt Reichsbahn

Die Hoffnung auf erhöhte Staatsaufträge nach dem politischen Umbruch erfüllte sich jedoch nicht. Es setzte zwar ein Boom bei den Staatsaufträgen ein, aber nur für den Autobahnbau und die Rüstung. Bereits ab 1936 wurde Stahl kontingentiert. Weitere Rohstoffrationierungen folgten. Erst in dem ab 1939 anlaufenden staatlichen 5-Jahresplan waren Reichsbahnaufträge in größerem Umfang geplant. Der Krieg machte jedoch auch diesen Planungen einen Strich durch die Rechnung. So konnte auch der 1938 vorgestellte Schnellzug »Krukenberg« – ein Meisterwerk deutscher Ingenieurkunst mit einer Geschwindigkeit von über 200 km/h – nicht in größeren Stückzahlen gebaut werden (Abb. 145).

Abb. 145: Schnelltriebwagen Krukenberg, Vereinigte Westdeutsche Waggonfabriken AG, 1938.

Kriegswirtschaft

Während des Krieges wurde kurzfristiger disponiert. Nur Güterwagen wurden bestellt. Jede Ausweitung der Kriegsschauplätze erhöhte den Bedarf an rollendem Material sprunghaft. Da die alten Fachgruppen und Wirtschaftsgruppen mit diesen schnellen Anforderungen nicht Schritt hielten, wurden 1942 von der Reichsregierung ein »Hauptausschuss Schienenfahrzeuge« mit zwei Sonderausschüssen (Lokomotiven und Eisenbahnwagen) eingesetzt. Entsprechend dem zunehmenden Totalitarismus in der Nazi-Diktatur erhielten diese Ausschüsse weitgehende Weisungsberechtigungen gegenüber den Betrieben. Sie legten Menge und Typen für die Aufteilung auf die Werke sowie für die Zuteilung der erforderlichen Materialien fest.[235]

235. Störiko, A.: 100 Jahre Verbände der deutschen Waggonindustrie, Frankfurt am Main 1977, S. 33.

Geschäftsbericht 1934/35

Für 1934/35 liegt ein gedruckter Geschäftsbericht vor (Abb. 146).[236]

Gottfried Lindner

Aktien-Gesellschaft

Ammendorf bei Halle (Saale).

Geschäfts-Bericht

für das 30. Geschäftsjahr 1934/1935

und

Einladung

zu der am 19. Juni 1935, mittags 12 Uhr

im Gasthaus „Stadt Hamburg" zu Halle a. S. stattfindenden

General-Versammlung.

HALLE A. S.
Druck von Gebauer-Schwetschke A.-G.
1935.

Abb. 146: Geschäftsbericht der Gottfried Lindner AG, 1935.

Darin wird gleich zu Beginn des Berichts des Vorstandes die Philosophie des Unternehmens in kurze Chiffren gefasst (Erweiterungs- und Ersatzinvestitionen, stetige Fortentwicklung durch verschiedene Produktlinien, d. h. Diversifikation):

> *»Das abgelaufene Geschäftsjahr erbrachte uns eine ... stetige Fortentwicklung. Wir waren in der Lage, notwendige Ergänzungen und Anschaffungen ... und eine weitere Erneuerung unseres Maschinenparks vorzunehmen. Die Umsatzziffer ist ... gestiegen, woran vor allen Dingen die Abteilungen Lastanhänger- und Landmaschinenbau wesentlichen Anteil hatten, während die Abteilungen Eisenbahnwagenbau und Omnibusaufbauten eine wesentliche Belebung noch nicht erfuhren. Das Geschäft im Straßenbahnwagen bau ruhte nach wie vor völlig.«*

236. Geschäfts-Bericht für das 30. Geschäftsjahr 1934/1935, Halle 1935.

Das Lindner-Portfolio 1935

Danach werden das Portfolio, also die Industriebeteiligungen und die Verbandsmitgliedschaften aufgeführt:

> *»Wir sind an der Eislieg GmbH, Berlin, zusammen mit einigen anderen Waggonfabriken mit je einem Fünftel, außerdem noch an 3 Werkstätten als Mitunternehmer beteiligt. An Preis und Absatz regelnden Verbänden gehören wir der Deutschen Wagenbau-Vereinigung, der Vereinigung Deutscher Lastanhänger-Fabriken und dem Verband der Deutschen Landmaschinen-Industrie an. Zusammen mit 11 anderen Firmen ... haben wir die DELAPORT gegründet, an der wir mit 20% beteiligt sind.«*

Verwendung des Reingewinns

Nach Abzug von Abschreibungen in Höhe von 485 758,30 RM sowie Rückstellungen für Gratifikationen und Tantiemen an die Verwaltungsorgane und Beamten verblieb ein Reingewinn von 234 765,50 RM, der sich zusammen mit dem Vortrag von 1933/34 von 27 845,55 RM auf 262 611,05 RM belief. Davon wurden als Dividende gezahlt: 210 000 RM (ergibt eine Dividendenrendite von 6% auf 3 500 000 RM Stammaktien). sowie einen neuen Vortrag des Gewinns von 52 611,05 RM.

Mitarbeiterzahlen

Leider finden sich in den Geschäftsberichten keine Mitarbeiterzahlen. Sie wurden aus unterschiedlichen Quellen recherchiert (Tabelle). Die Löhnungsfrequenz betrug 14

Jahr	Anzahl der Mitarbeiter
1913	ca. 562
1925	1991
1926	1074
1927	2515
1932	353
1939	2400

Tage. Damit korrelierten auch die Kündigungsfristen für die Arbeiter, während die Angestellten eine vierteljährige Kündigungsfrist hatten. Deshalb schwankten die Mitarbeiterzahlen auch unterjährig stark.[237]

237. LHASA, MER, Gottfried Lindner AG Halle, Nr. 7, S. 6–7; LHASA, MER, Gottfried Lindner AG Halle, Nr. 13, S. 2.

Die Zweigwerke der Lindner AG

Am 15. Februar 1929 wurde nach dem Kauf der Magdeburger Fabrik und der Verlegung der beiden Meister nach Berlin dort die erste Werkstatt gegründet.[238]
Dies war der Start zur Einrichtung weiterer Werkstätten in ganz Deutschland, die vor allem Instandhaltung und Reparatur von Lastanhängern vor Ort bewerkstelligen sollten. Diese Strategie wird in Ergänzung der Diversifikation der Produkte territoriale Diversifikation genannt. LINDNER sicherte sich damit lokale Wirtschaftsinformationen und hatte direkten Endkundenkontakt.

Berlin

Die erste Werkstatt wurde in Berlin-Tempelhof eingerichtet (Abb. 147). Über den

Abb. 147: Zweigwerk Berlin-Tempelhof, Ringbahnstraße 21, 1940.

Anfang berichtete 10 Jahre später CARL NEUGEBAUER in den Lindnerblättern:

> *»Übergehen wir die vielen Mühen, die sich damals ergaben, bis endlich geeignete Räume gefunden wurden.*
> *Wir erhielten dieselben schließlich in Tempelhof an der Ringbahnstraße 21, wo wir bescheiden und klein mietweise begannen. Die Zeit von Mitte Januar bis Anfang Februar wurde erfüllte mit dem Transport der notwendigsten Maschinen ... und bis alles ... aufgestellt und montiert war, wurde es ... Mitte Februar. Mit 6 Mann bildeten wir damals unsere erste Betriebsgemeinschaft. ... Am Anfang ist alles schwer und so kam es, daß wir 1930 arg zu kämpfen hatten, um wenigstens einigermaßen durchzukommen.*
> *Die folgenden Jahre brachten dann die allseits bekannten Konjunkturschwankungen, die sich auch in unserem damaligen Kleinbetrieb recht unangenehm bemerkbar machten. ... Unsere Belegschaft schwankte zwischen 12 und 25 Mann - es war ein ständiges Kommen und Gehen. ... Dann kam der Umbruch. ... Noch im Jahre 1933 mußten unsere Räume um das Doppelte vergrößert werden, denn die Belegschaft hatte sich in den ersten Monaten auf ... 45 Mann erhöht. ... Immer dringender wurde die Frage der Erweiterung, denn die Platz- und Raumverhältnisse waren mittlerweile in dem Anwesen Ringbahnstraße beängstigend klein und eng geworden. Schließlich kam dann der schönste Tag ... Im April 1936 wurden die auf eigenem Grund und Boden errichteten Räume bezogen ... Leistungssteigerung war dann für die folgenden Jahre das oberste Gebot. 1939 waren in Berlin fast 100 Gefolgschaftsmitglieder (Arbeiter, d. A.).«*[239]

238. LHASA, MER, Gottfried Lindner AG Halle, Nr. 501, S. 12.

Weitere Zweigwerke

Weitere Zweigwerke wurden zunächst als Werkstätten in Dresden, Gaggenau, Köln und Königsberg (Ostpreußen) errichtet. Damit besaß die GOTTFRIED LINDNER AG ein über ganz Deutschland verbreitetes Netz von Zweigwerken, in denen die Lastanhänger und -aufbauten instandgesetzt und repariert werden konnten. Die Werke besaßen eigene auch eigene Sozialeinrichtungen wie z. B. Wasch- und Aufenthaltsräume (Abb. 148, Zweigwerk Dresden).

Abb. 148: Zweigwerk Dresden, Aufenthaltsraum, 1940.

239. LHASA, MER, Gottfried Lindner AG Halle, Nr. 501, S. 12.

Aktienrechtsreform

1934 erließen die Nazis eine Aktienrechtsreform, von der auch die GOTTFRIED LINDNER AG betroffen war. In der Aufsichtsratssitzung vom 6. November 1934 berichtete dazu Direktor ZINSSER über die Folgen der Reform für LINDNER:

> *»Herr Direktor Zinsser berichtet über den Stand der Aktienrechtsreform in Verbindung mit der Frage der Einziehung von Vorzugsaktien und empfiehlt, diese Frage bei der Lindner AG vorläufig ruhen zu lassen. Der Vorstand wird ermächtigt, mit den Vorzugsaktionären über Erwerb der Vorzugsaktien in Verhandlung zu treten und gegebenenfalls die Vorzugsaktien anzukaufen.«*[240]

Aus private wird public equity

Die Aktien der GOTTFRIED LINDNER AG waren zuvor das, was man heute anglifiziert private equity nennt, also Eigentum weniger Privatleute und nicht öffentlich handelbar (börsennotiert, Abb. 149).

Abb. 149: Aktie der Gottfried Lindner AG auf 100 RM, Ammendorf, 1930.

Das neue Aktienrecht wendete sich jedoch von dem zuvor eher oligarchischen Aktienverständnis mit angehängten Vorzugsaktien für stimmrechtslose, also machtlose, auf Dividendeneinkommen orientierte Aktionäre ab und verlangte öffentliche Handelbarkeit an deutschen Börsen. Deshalb beschloss der Aufsichtsrat am 12. Februar 1935 die Börseneinführung:

> *»Grundsätzlich wird beschlossen, die Aktien an der Berliner Börse einzuführen. Von den Mitteilungen des Direktor Zinsser an die Verwaltung über die zu erwartenden Kosten soll es abhängen, ob die Aktien auch zugleich an der Leipziger Börse eingeführt werden. Falls der Kostenunterschied bei der Einführung an beiden Börsen kein unverhältnismässig hoher ist, soll die gleichzeitige Einführung an beiden Börsen erfolgen.«*[241]

Schließlich entschied man am 19. Juni 1935:

> *»4. Die Aktien sollen in Berlin und Leipzig eingeführt werden.«*[242]

Börsengang an der Mitteldeutschen Börse

Am 23. Dezember 1935 berichtete die Saale-Zeitung in ihrer Nummer 299 über die Neuzulassung der Aktien der GOTTFRIED LINDNER AG (Abb. 150).[243]

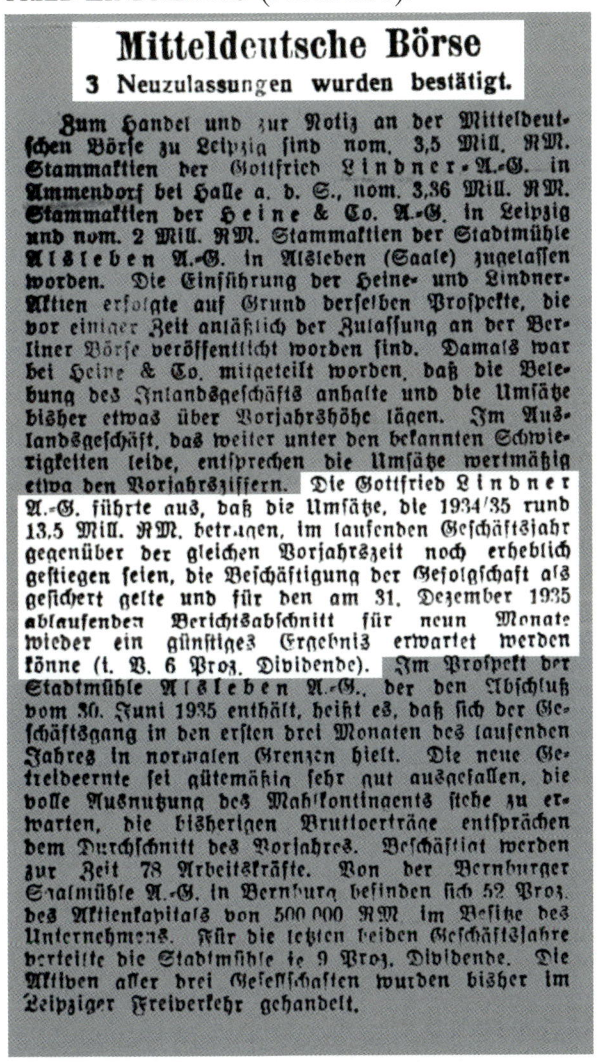

Mitteldeutsche Börse

3 Neuzulassungen wurden bestätigt.

Zum Handel und zur Notiz an der Mitteldeutschen Börse zu Leipzig sind nom. 3,5 Mill. RM. Stammaktien der Gottfried Lindner-A.-G. in Ammendorf bei Halle a. d. S., nom. 3,36 Mill. RM. Stammaktien der Heine & Co. A.-G. in Leipzig und nom. 2 Mill. RM. Stammaktien der Stadtmühle Alsleben A.-G. in Alsleben (Saale) zugelassen worden. Die Einführung der Heine- und Lindner-Aktien erfolgte auf Grund derselben Prospekte, die vor einiger Zeit anläßlich der Zulassung an der Berliner Börse veröffentlicht worden sind. Damals war bei Heine & Co. mitgeteilt worden, daß die Belebung des Inlandsgeschäfts anhalte und die Umsätze bisher etwas über Vorjahrshöhe lägen. Im Auslandsgeschäft, das weiter unter den bekannten Schwierigkeiten leide, entsprechen die Umsätze wertmäßig etwa den Vorjahrsziffern. Die Gottfried Lindner A.-G. führte aus, daß die Umsätze, die 1934/35 rund 13,5 Mill. RM. betragen, im laufenden Geschäftsjahr gegenüber der gleichen Vorjahrszeit noch erheblich gestiegen seien, die Beschäftigung der Gefolgschaft als gesichert gelte und für den am 31. Dezember 1935 ablaufenden Berichtsabschnitt für neun Monate wieder ein günstiges Ergebnis erwartet werden könne (i. V. 6 Proz. Dividende). Im Prospekt der Stadtmühle Alsleben A.-G., der den Abschluß vom 30. Juni 1935 enthält, heißt es, daß sich der Geschäftsgang in den ersten drei Monaten des laufenden Jahres in normalen Grenzen hielt. Die neue Getreideernte sei gütemäßig sehr gut ausgefallen, die volle Ausnutzung des Mahlkontingents stehe zu erwarten, die bisherigen Bruttoerträge entsprächen dem Durchschnitt des Vorjahres. Beschäftigt werden zur Zeit 78 Arbeitskräfte. Von der Bernburger Saalmühle A.-G. in Bernburg befinden sich 52 Proz. des Aktienkapitals von 500 000 RM. im Besitze des Unternehmens. Für die letzten beiden Geschäftsjahre verteilte die Stadtmühle je 9 Proz. Dividende. Die Aktien aller drei Gesellschaften wurden bisher im Leipziger Freiverkehr gehandelt.

Abb. 150: Mitteilung der Neuzulassung der Gottfried Lindner AG an der Mitteldeutschen Börse, Saale-Zeitung Nr. 299 vom 23. Dezember 1935

240. LHASA, MER, Gottfried Lindner AG Halle, Nr. 210, S. 3.

241. LHASA, MER, Gottfried Lindner AG Halle, Nr. 210, D 22/19, S. 1.

242. LHASA, MER, Gottfried Lindner AG Halle, Nr. 210, D 22/21, S. 1.

243. Saale-Zeitung, Nr. 299, 23. 2. 1935.

Lindner und Abbau von Arbeistlosigkeit

Über 2 000 arbeitslose Lindner-Arbeiter zählte man zu Beginn der Zeit des Nationalsozialismus. Der Generaldirektor Dr. Traus erhielt zahlreiche Briefe, in denen er um Einstellung von diesem oder jenem Arbeitslosen gebeten wurde. So schrieb ihm der Turnverein zu Ammendorf am 15. Mai 1933:

> *»Wir gestatten uns, Ihnen eine namentliche Aufstellung über einen Teil (13 Turner) unserer arbeitslosen Turnbrüder zu überreichen. Diese Turner, die treu zu unserer guten deutschen Sache stehen, möchten wir unserem Verein erhalten. Hierzu erbitten wir Ihre gütige Mithilfe durch Berücksichtigung unserer arbeits losen Turnbrüder bei den jetzt laufenden Einstellungen.«*[244]

Offenbar wurden die Neueinstellungen auch politisch ausgewählt. Dies belegt ein Brief eines Bewerbers im Landeshauptarchiv Magdeburg mit folgender Vermutung:

> *»Da Sie aber wahrscheinlich viele SA-Leute eingestellt haben, möchte ich Ihnen bei dieser Gelegenheit mitteilen, dass ich ebenfalls der SA angehöre.«*[245]

Aus den Unterlagen geht hervor, dass der Briefautor eingestellt wurde.[246]

Lindner als Arbeitgeber von Juden

In der Gottfried Lindner AG arbeiteten auch Juden. Es war ihnen jedoch nicht erlaubt eine Lehrabschlussprüfung abzulegen.[247]

> *»Es ist unmöglich, jüdische Lehrlinge zu den Prüfungen zuzulassen, zumal sie eine derartige Prüfung, die auch auf weltanschauliche Haltung ausgedehnt ist, von vornherein nicht bestehen können!«*

Auch die Stundenlöhne des Jahres 1938 waren diskriminierend (Tabelle). Offenbar

Facharbeiter Holzgewerbe	Stundenlohn
Nicht-Juden	0,88 Reichsmark
Männliche Juden	0,36 Reichsmark
Weibliche Juden	0,25 Reichsmark

gab es aber Gründe für die Einstellung von Juden. Auch später beschäftigte Lindner sowohl Juden als auch Zwangsarbeiter.

244. M 432/4, Landeshauptarchiv Magdeburg.
245. M 52/2a, Landeshauptarchiv Magdeburg.
246. M 432/9, Landeshauptarchiv Magdeburg. Aus den Unterlagen H M/34 vom April 1934 geht hervor, dass von der Turnergruppe ein Turner eingestellt wurde. Sein Name ist Rudolf Simke. Er war wohnhaft in Ammendorf.
247. Koch, H. (Hrsg.): Von der Kutsche zum Weitstreckenwagen, Halle 1936, S. 36.

Lindner und Zwangsarbeiter im Krieg

Über die Anstellung von Zwangsarbeitern gibt es nur wenige Berichte. Zwei Hefte der Lindner-Blätter, die während des zweiten Weltkrieges herausgegeben wurden, erwähnen jedoch Zwangsarbeiter, die für die Lindner-Ost GmbH arbeiteten, ein den Zweigwerken vergleichbarer Ost-Ableger mit Werken in Bialystok, Königsberg und Lemberg. In der Folge 25 der Lindner-Blätter von September/Oktober 1942 heißt es da über das Zweigwerk Bialystok:

> *»Deutsche Organisation, Ordnung und Sauberkeit werden nun auch in dieser Stadt sich bald gänzlich durchgesetzt haben und die Grundlage schaffen für ein erfolgreiches Arbeiten deutscher Männer, die ihre Kräfte dem Aufbau des Ostlandes gern und freudig zur Verfügung stellen. ... Unsere Grundstücke befinden sich ... noch in einem trostlosen Zustand ... Einstweilen sind nun unsere Männer damit beschäftigt, polnische und jüdische Arbeitskräfte für die Aufräumung anzusetzen ...«*[248]

In der Folge 28 der Lindner-Blätter von Juli/August 1943 heißt es über die Zwangsarbeiter (Abb. 151):

> *»Zur Bewältigung unserer Aufgaben wurden uns Turkmenen zugeteilt, die wir inzwischen bereits einigermaßen angelernt und geschult haben, so dass sie wenigstens für die einfachen Arbeiten eingesetzt werden können.«*[249]

Abb. 151: K-Werk in Lemberg, Juli/August 1943.

248. LHASA, MER, G. Lindner AGH, Ammendorf, Nr. 501, Folge 25, S. 11.
249. LHASA, MER, G. Lindner AGH, Ammendorf, Nr. 501, Folge 28, S. 2.

EDALA folgt DELAPORT-Strategie

Der Erfolg der DELAPORT mit 12 beteiligten Fabriken war kaum vier Jahre ins Land gegangen (Tabelle, 1937 geschätzt).

Jahr	Umsatz in Reichsmark
1934	200.000 RM
1935	1 Million RM
1936	4 Millionen RM
1937	erheblich höher

Da versuchte LINDNER in einer heute Trendfolgestrategie genannten Methode, diese Erfolge auch auf die Landmaschinen-Spezialfabriken zu übertragen. Aus diesem Grund schrieb der Betriebsführer WALTER RAHM am 14. Mai 1937 einen Brief an zehn deutsche Landmaschinenbauer (Tabelle).

Firma	Firmensitz
Gottfried Lindner AG	Ammendorf
Spezialfabrik für Sämaschinen	Dingolfing
Franz Richter	Döbeln
A. J. Tröster	Butzbach
Maschinenfabrik Schmotzer	Windsheim
Fr. Dehne GmbH	Halberstadt
Amazonenwerk H. Dreyer	Gaste bei Osnabrück
Gebrüder Claas	Harsewinkel
C. Aug. Wagner Maschinenfabrik	Kirschau
Netzschkauer Maschinenfabrik	Netzschkau

Darin schrieb er:

> *»Unter Bezugnahme auf meine Ausführungen in der letzten Mitgliederversammlung der Fachabteilung Sä- und Drillmaschinen und unter Bezugnahme auf verschiedene mündliche Verhandlungen ... übersende ich anbei a) ein Exposé ..., b) ein Exemplar der Satzungen, c) die Einladung zur Gründungsversammlung, d) die Beitrittserklärung.«*[250]

Da es sich um einen freiwilligen Zusammenschluss handelte, machte RAHM Druck:

> *»Ich erlaube mir, darauf hinzuweisen, dass ... nur diejenigen Firmen zugelassen werden können, die mir die ... Beitrittserklärung bis zum 22. ds. Mts. zugesandt haben. Falls ich von der einen oder anderen Firma diese Erklärung bis zu diesem Tage nicht vorliegen habe, nehme ich an, dass sich diese für den Beitritt nicht interessiert. Ich werde dann für diese eine andere Firma aufnehmen... Obwohl sich ... mehr Firmen gemeldet haben, ist es nicht möglich, die Exportgesellschaft mit mehr als zehn Mitgliedern zu gründen...«*[251]

250. LHASA, MER, Gottfried Lindner AG Halle, Nr. 340, D 36/7, S. 1.
251. LHASA, MER, Gottfried Lindner AG Halle, Nr. 340, D 36/7, S. 1.

Verhandlungen ziehen sich hin

Die Verhandlungen zogen sich bis zum November 1937 hin. Es gab viele Bedenken. Man befürchtete, dass der Export nur bürokratisch erschwert werde und dass Firmen, die schon viele Jahre exportierten, etwas weggenommen werden solle durch die große Firma LINDNER. Ein besonderes Problem war, dass alle Anfragen zukünftig nur noch an das EDALA-Büro zu stellen waren. Was gerade die Schlagkraft der Exportgemeinschaft ausmachen sollte, war für die einzelnen Firmen wie eine Aufgabe ihrer Souveränität. Zuwiderhandlungen sollten gar mit Ordnungsstrafen belegt werden. RAHM mahnte die geschlossene Einheit an, damit Kunden nicht versucht seien, durch direkte Verhandlungen Anbieter gegeneinander ausspielen zu können. Schließlich waren jedoch dreizehn Firmen überzeugt, wenn auch nicht die am Anfang angedachten Fabriken (Tabelle).

Firma	Firmensitz
Gottfried Lindner AG	Ammendorf
Franz Richter	Döbeln
A. J. Tröster	Butzbach
Siegperle	Siegen i. Westf.
Gustav Drescher	Halle-Saale
Gebrüder Claas	Harsewinkel
Märkische Teutonia	Frankfurt/Oder
Heinrich Wilhelm Dreyer	Osnabrück
F. Stille	Münster
W. Hellwig Söhne	Treysa (Kassel)
Martin Rausch	Striegau
Maschinenfabrik Badenia	Weinheim
Wilhelm Jaeger KG	Halle-Saale

Rechte und Pflichten

Die EDALA verpflichtete sich zu folgenden gemeinsamen Rechten und Pflichten:

1. Gemeinsame Ausstellungen, z. B. Brüssel
2. Gemeinsamer Katalog (+Einzelblätter)
3. Gemeinsamer Sprachen-Dienst
4. Zentrale Z.A.V.-Prämienbearbeitung
5. Exportbank (30–60 Zahlungsfrist)
5. Preiskontrolle
6. 3 Jahre Vertragslänge
7. Eintrittsgeld 100 RM pro Firma
8. Unkostenbeteiligung 50 RM pro Monat
9. Gemeinsame Propaganda
10. Gemeinsames Auftreten gegenüber den Reichsministerien.[252]

252. LHASA, MER, Gottfried Lindner AG Halle, Nr. 340, D 36/6, S. 2–5.

Entwicklung der Güterwagen

Die Entwicklung des Waggonbaus vollzog sich zwischen 1900 und 1939 auf rasante Weise (Abb. 152):

> *»Zur Gründungszeit unseres Werkes hatte ein offener Güterwagen eine Tragfähigkeit von 10 tons. Demgegenüber werden heute mehr als 60 tons von einem einzigen Wagen, wenn auch vierachsig, verlangt. Die sechsfache Vergrößerung der Ladung hat die sechsfache Masse zur Folge. Rechnet man eine Geschwindigkeitserhöhung um das Dreifache, so ergibt sich eine Erhöhung der Massenwucht um das 54-fache gegenüber.«*[253]

Abb. 152: Schwerlastwagen mit einer Tragfähigkeit von 63 t, 1938.

Stahl statt Holz bei Personenwagen

Viel stärker als beim Güterwagenbau veränderten sich Gestaltung und Bauart beim Personenwagen. Bis zum ersten Weltkrieg herrschte Holzbauweise vor, d. h. man versah ein tragfähiges Untergestell mit einem nichttragenden Wagenkasten. Diese Bauweise führte zu schr schweren Wagen. So wog ein alter D-Zug-Wagen etwa 60 t. Im Jahr 1937 baute man aus der gleichen Materialmenge zwei D-Zug-Wagen (ein Wagen wog 28 t)[254]. Diese Gewichtseinsparung erreichte man vor allem durch die Einführung des Stahlbaus. Untergestelle und Seitenwände wurden nun gemeinsam als Träger aufgefasst und so stabiler und leichter. Große Mengen Holz wurden eingespart, weil nun nur noch schwachprofilierte Futterhölzer für die Innenverkleidung vonnöten waren.

Dem Flugzeugbau abgeschaut: Schalenbau

Um die steigenden Maschinenbelastungen der Loks und die mit der angestrebten zunehmenden Geschwindigkeit auftretenden Überbelastung der Stahlbau-Personenwagen zu bewältigen, schaute man sich vom Flugzeugbau die Schalenbauweise ab. Nun zog man nicht nur die Seitenwand als Träger heran. Untergestell, Seitenwand, Dach, Stirn- oder Zwischenwände - alle Teile bildeten zusammen den tragenden Kasten.

Leichtmetall-Schalenbau

Mit den durch den Stahl-Schalenbau erreichten Gewichtserleichterungen war man noch nicht zufrieden. Die Lösung brachten leichtere Materialien. LINDNER war vor Kriegsende führend in der Leichtmetall-Schalenbau-Forschung (Abb. 153–154).[255]

Abb. 153–154 oben: genieteter Post-Gepäckwagen der Bulgarischen Staatsbahn, unten: geschweißter Personenwagen 3. Klasse, Leichtschalenbauweise, Gottfried Lindner AG Ammendorf 1934 und 1938.

Abb. 155: Schweißer bei der Arbeit, 1938.

253. LHASA, MER, Gottfried Lindner AG Halle, Nr. 14, D 1/20, S. 2.
254. LHASA, MER, Gottfried Lindner AG Halle, Nr. 14, D 1/20, S. 3.
255. LHASA, MER, Gottfried Lindner AG Halle, Nr. 507, S. 31.

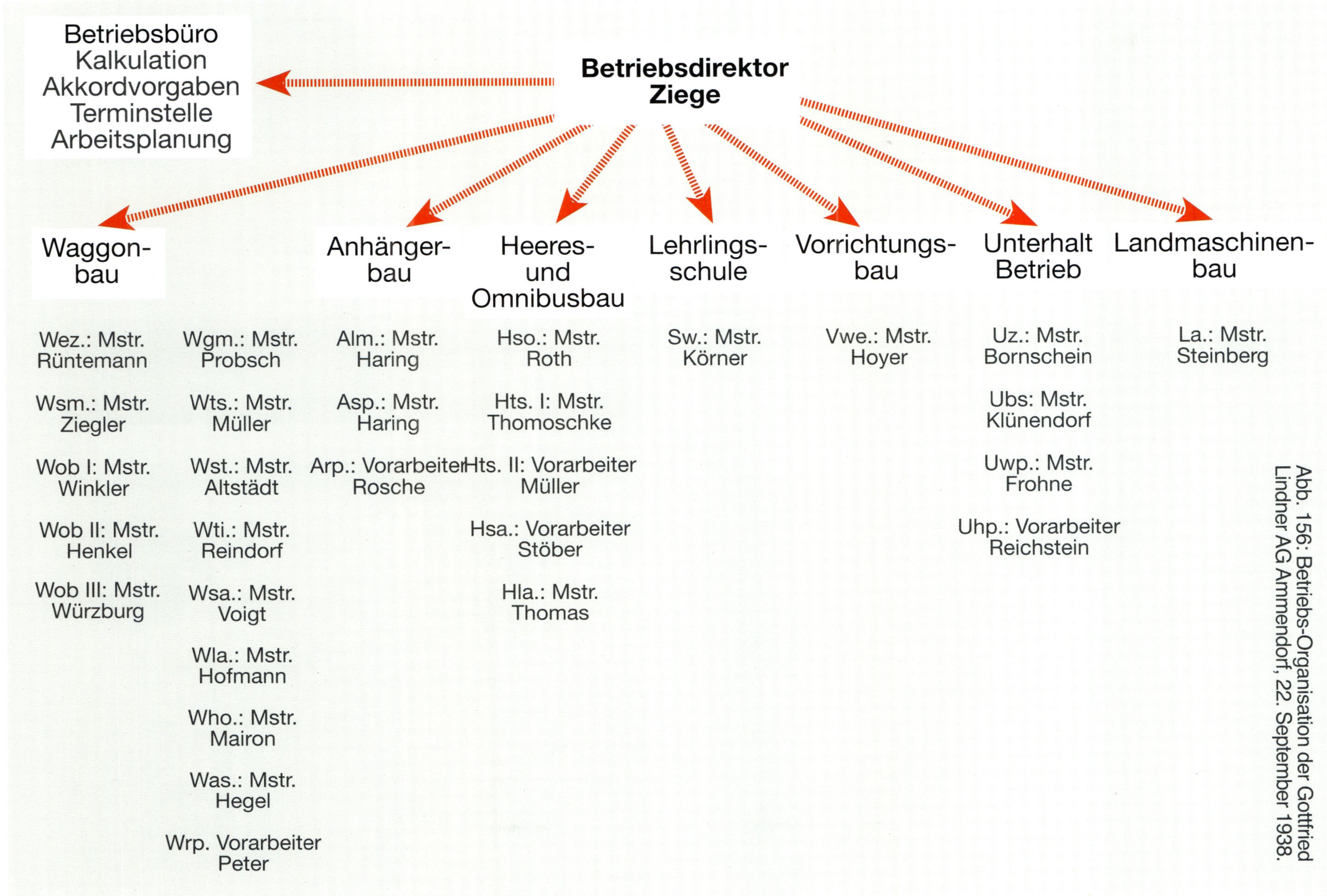

Abb. 156: Betriebs-Organisation der Gottfried Lindner AG Ammendorf, 22. September 1938.

Bilder der Lindner-Werke 1938

1938 war die Gottfried Lindner AG im Vergleich zu den Bildern aus den 20er Jahren stark gewachsen und die Industrialisierung mit ihrer durchorganisierten Reihenfertigung war sehr weit fortgeschritten (Abb. 157–162). Es gab weiterhin vier Hauptproduktlinien:

1. Straßenbahnwagenbau
2. Omnibus- und Karosseriebau
3. Lastanhängerbau
4. Landmaschinenbau.

Abb. 157: Verwaltungsgebäude, Gottfried Lindner AG, 1938.

Abb. 158: Lastanhängerbau, Gottfried Lindner AG, 1938.

Abb. 159: Transport innerhalb des Betriebes, Gottfried Lindner AG, 1938.

Abb. 160: Verladung zum Versand, Gottfried Lindner AG, 1938.

Abb. 161: Betriebsgelände mit Gleisanschluss, Gottfried Lindner AG, 1938.

Der damals »gigantisch« genannte Schornstein war der Stolz der Lindner-Fabrik.

Abb. 162: Schornsteinanlage, Gottfried Lindner AG, 1938.

Holzverarbeitung bei Lindner 1938
Die Holzverarbeitung war weiter maschinisiert worden. Kran, Sägegatter und Holzbearbeitungsmaschinen waren inzwischen Standard (Abb. 163–166).

Abb. 163: Ankunft der Holzstämme, Gottfried Lindner AG, 1938.

Wenn man sich die damaligen Bilder von der Holzverarbeitung anschaut, bekommt man fast den Eindruck, es mit einer Holzfabrik zu tun zu haben, so ausgefeilt war die Verarbeitungskette. Später spielte Holz aber eine immer geringere Rolle.

Abb. 164: Stämme im Sägegatter, Gottfried Lindner AG, 1938.

Abb. 165: Bretterlager unter freiem Himmel, Gottfried Lindner AG, 1938.

Ähnlich wie früher beeindrucken die riesigen Holzlager immer noch. Mit großen Leitern holten die Arbeiter Brett für Brett.

Abb. 166: Entnahme aus dem Bretterlager, Gottfried Lindner AG, 1938.

Holzverarbeitung bei Lindner 1938, Teil 2
Die wertvollsten Hölzer wurden in einer überdachten Halle gelagert (Abb. 167).

Abb. 167: Überdachtes Holzlager, Gottfried Lindner AG, 1938.

Blickt man in die Holzverarbeitungshalle (Abb. 168), erkennt man Warmluft-Heizungsanlagen, Deckenluftkräne sowie eine große Anzahl damals modernster Holzbearbeitungsmaschinen (Abb. 169–171). Anfallende Späne wurden sofort von Abluftanlagen abgesaugt und später im Kesselhaus für die Dampferzeugung genutzt (Abb. 172–177).

Abb. 168: Blick in die Holzbearbeitungshalle, Gottfried Lindner AG, 1938.

Abb. 169: Blick in die Holzbearbeitungshalle, Gottfried Lindner AG, 1938.

Abb. 170: Blick in die Holzbearbeitungshalle, Gottfried Lindner AG, 1938.

Abb. 171: Blick in die Holzbearbeitungshalle, Gottfried Lindner AG, 1938.

Holzverarbeitung bei Lindner 1938, Teil 3
Alle Abläufe waren sorgfältig geplant, von der Konstruktion bis zum fertigen Montageteil (Abb. 172).

Abb. 172: Arbeit nach Konstruktionsplänen, Gottfried Lindner AG, 1938.

Abb. 173: Großer Absaugschlauch, Gottfried Lindner AG, 1938.

Auch Ökologie spielte schon eine Rolle: Schläuche saugten Späne ab und transportierten sie zum Kesselhaus (Abb. 173–174).

Abb. 174: Absaugschlauch endet automatisch im Kesselhaus, Gottfried Lindner AG, 1938.

Abb. 175: Wagner bei der Arbeit, Gottfried Lindner AG, 1938.

Abb. 176: Holzbearbeitungsmaschine, Gottfried Lindner AG, 1938.

Eisenverarbeitung bei Lindner 1938

Die Gottfried Lindner AG fertigte ihre Produkte mit Stählen, die direkt aus dem Eisenwerk kamen (Abb. 177–178).

Abb. 177: Entladung der eingekauften Stähle, Gottfried Lindner AG, 1938.

Abb. 178: Lagerung im Eisenlager, Gottfried Lindner AG, 1938.

Die Stähle wurden dann aus dem Eisenlager in die Schmiede transportiert (Abb. 179). Dort gab es ölbetriebene Öfen, die den Stahl erweichten, so dass er in Dampfluft- und Fall-Hämmern verformt werden konnte (Abb. 180–181).

Abb. 179: Blick in die Schmiede, Gottfried Lindner AG, 1938.

Abb. 180: Erwärmung im Öl-Ofen, Gottfried Lindner AG, 1938.

Abb. 181: Arbeit am Dampfluft-Hammer, Gottfried Lindner AG, 1938.

Eisenverarbeitung bei Lindner 1938, Teil 2

In der Eisenverarbeitung kamen für die damalige Zeit modernste Maschinen wie Dampf-Luft-Hämmer, Fallhämmer, Spindel- und Exzenterpressen sowie elektrische Stumpf-Schweißmaschinen zum Einsatz (Abb. 182–185).

Abb. 182: Arbeit am Fall-Hammer, Gottfried Lindner AG, 1938.

Wie man auf den Bildern sehen kann, gab es keine Schutzhelme oder Schutzmasken, die vor Verletzungen schützen könnten.

Abb. 183: Arbeit an einer Presse, Gottfried Lindner AG, 1938.

Abb. 184: An der Stumpf-Schweißmaschine, Gottfried Lindner AG, 1938.

Abb. 185: Arbeit mit dem Fall-Hammer, Gottfried Lindner AG, 1938.

Abb. 186: Arbeit ohne Schutzhelm Gottfried Lindner AG, 1938.

Eisenverarbeitung bei Lindner 1938, Teil 3
Zwischen den Maschinen gab es einen Kleinschienentransport (Abb. 190). Mit Spindelpressen (z. T. mit Faltenhalter-Einrichtung), Schneidautomaten und Drehmaschinen war der Maschinensaal ausgestattet (Abb. 187, 188, 189, 191).

Abb. 187: Arbeit an der Spindelpresse, Gottfried Lindner AG, 1938.

Abb. 189: Spindelpresse mit pneumatischer Faltenhalter-Einrichtung, Gottfried Lindner AG, 1938.

Abb. 188: Schneid-Automat, Gottfried Lindner AG, 1938.

Abb. 190: Zwischenmaschinentransport, Gottfried Lindner AG, 1938.

Abb. 191: Maschinensaal, Gottfried Lindner AG, 1938.

Qualitätsprüfung bei Lindner 1938

Schon 1938 wurden die Einzelteile vor dem Zusammenbau einer Qualitätsprüfung auf ihre Maßhaltigkeit unterzogen (Abb. 192–195). Außerdem sorgten Zerreiß- und Biegemaschinen (Abb. 196) dafür, dass nur reißfeste Materialien verwendet wurden.

Abb. 192: Qualitätsprüfung, Gottfried Lindner AG, 1938.

Abb. 193: Qualitätsprüfung, Gottfried Lindner AG, 1938.

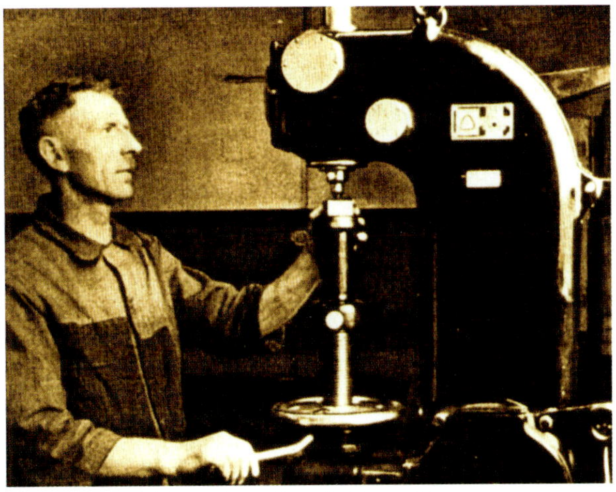

Abb. 194: Qualitätsprüfung, Gottfried Lindner AG, 1938.

Abb. 195: Qualitätsprüfung, Gottfried Lindner AG, 1938.

Abb. 196: Qualitätsprüfung, Gottfried Lindner AG, 1938.

Montage bei Lindner 1938
Die Montagehallen nahmen den größten Raum in den LINDNER-Werken ein. Hier wurden die vorgefertigten Teile zu Anhängern, Omnibussen, Schienenfahrzeugen und Landmaschinen verschraubt, vernietet und verschweißt (Abb. 197–202).

Abb. 197: Montagehalle Untergestelle, Gottfried Lindner AG, 1938.

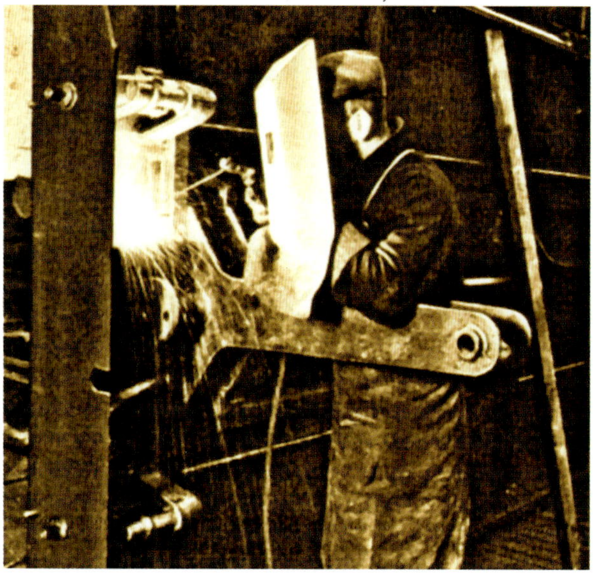

Abb. 198: Schweißer bei der Arbeit, Gottfried Lindner AG, 1938.

Abb. 199: Montagehalle Landmaschinenbau, Gottfried Lindner AG, 1938.

Abb. 200: Montagehalle Lastanhängerbau, Gottfried Lindner AG, 1938.

Abb. 201: Montagehalle Lastanhängerbau, Gottfried Lindner AG, 1938.

Montage bei Lindner 1938, Teil 2

Die Montagestraßen waren mit Schienen versehen, damit durch die Arbeitsteilung die Lohnstückkosten gering gehalten werden konnten (Abb. 202–204).

Abb. 202: Montagehalle Lastanhängerbau, Gottfried Lindner AG, 1938.

Abb. 203: Rad-Montage Lastanhängerbau, Gottfried Lindner AG, 1938.

Bei der Montage der Straßenbahnen wurde mit Leitern hantiert, um die oberen Außenarbeiten auszuführen (Abb. 204).

Abb. 204: Montagehalle Straßenbahnbau, Gottfried Lindner AG, 1938.

Lackieren bei Lindner 1938

Die Lackierung erfolgte damals noch weitgehend von Hand. Mit pneumatischen Spritzmaschinen wurden die Lastanhänger und Landmaschinen so für eine längere Haltbarkeit aufbereitet (Abb. 205–206).

Abb. 205: Lackiererei Lastanhänger, Gottfried Lindner AG, 1938.

Abb. 206: Lackiererei Landmaschinen, Gottfried Lindner AG, 1938.

Nähen und Polstern bei Lindner 1938

Für die Personentransportmittel wie z. B. Straßenbahn und Eisenbahn wurden gepolsterte Sitzgelegenheiten gefertigt und eingebaut (Abb. 207).

Abb. 207: Nähen und Polstern, Gottfried Lindner AG, 1938.

Die Gebrauchsanweisung

Wie sehr der totalitaristische Nazistaat später in alle Bereiche des Arbeitslebens eingriff, zeigt eine Gebrauchsanweisung eines Lastanhängers der GOTTFRIED LINDNER AG (Abb. 208)[256]. Die LINDNER-Anhänger galten als Weltstandard[257] in Preis und Qualität. Die Gebrauchsanweisung ist interessant, weil das Schlusskapitel mit dem Titel »Das Lindner-Werk« sich mit den Arbeitsprozessen im Lindner-Werk befasst.[258] Zu Beginn wird die LINDNER AG als eine der größten Unternehmungen ihrer Art bezeichnet. Es folgen detaillierte Angaben über die Sorgfalt, mit der die Materialien gelagert und behandelt werden. Außerdem wird der große Maschinenpark genannt. Schließlich werden auch die Arbeiter hervorgehoben:

Abb. 208, Gebrauchsanweisung, Halle, um 1938.

»Es muss aber auch erwähnt werden, daß der größte Maschinenpark nur ein Hilfsmittel darstellt und ohne die richtigen Werkmänner wertlos ist. Erst durch die Zusammenarbeit aller Kräfte zu einem einheitlichen Wollen kann etwas Vollkommens entstehen. So arbeiten im Lindner-Werk alle Außenstellen mit der Zentrale, alle Kaufleute mit den Technikern, alle Männer der Stirn mit den Männern der Faust eng zusammen, um die Lindner-Anhänger stets auf den höchsten Stand der Technik zu bringen.«[259]

Die Illustrationen sollen einen Eindruck in den Arbeitsprozess der damaligen Zeit geben (Abb. 209).[260] Insgesamt waren 16 Berufe notwendig, um einen Lastanhänger herzustellen. 31 Verkaufsstellen und 7 Werkstattorte gab es in Deutschland.[261]

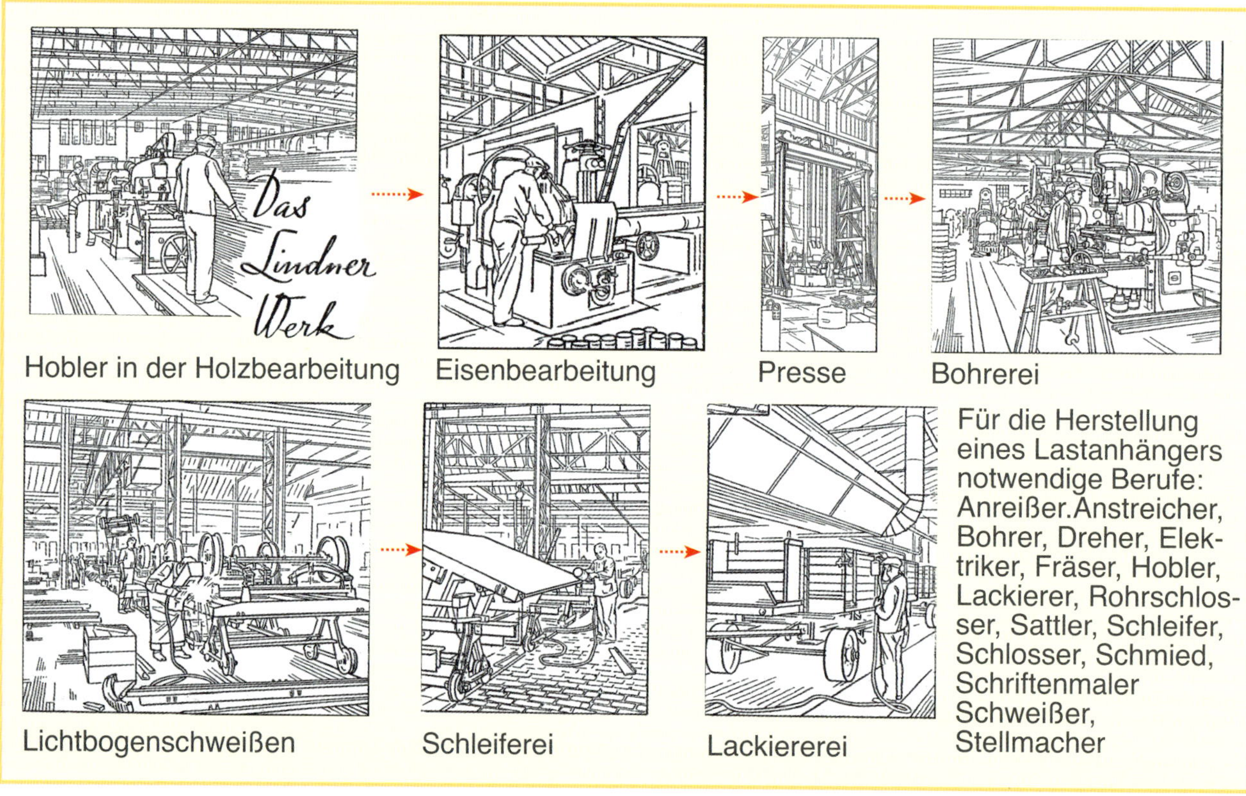

Abb. 209: Der Arbeitsprozess bei der Lastanhängerfertigung und die dafür notwendigen Berufe, Halle, um 1938.

256. Was müssen Sie vom Lastanhänger wissen?, Halle um 1938.
257. Koch, H. (Hrsg.): Von der Kutsche zum Weitstreckenwagen, Halle 1986, S. 30.
258. Was müssen Sie vom Lastanhänger wissen?, Halle, um 1938, S. 41–46.
259. Was müssen Sie vom Lastanhänger wissen?, Halle, um 1938, S. 43–44.
260. ebenda, S. 41–46. Es wird zu zeigen sein, dass dies ein geschöntes Bild ist, so wurden Juden zwar beschäftigt, erhielten jedoch nur einen Bruchteil des Lohnes der Nichtjuden.
261. ebenda, S. 47.

Lindner-Eisenbahnwagen um 1938

Vergleicht man die Eisenbahnwagen von 1932 und 1938, so fällt die stärkere Verwendung der Schalenbauweise auf. Typisch für Lindner war außerdem die Flexibilität, mit der die Gottfried Lindner AG auch auf besondere Kundenwünsche eingehen konnte. Nur so ist die Fülle verschiedenartiger Produkte dieser Firma erklärbar (Abb. 210–216).[262] Unten sieht man einen Triebwagen, d. h. einen Personenwaggon mit eigenem Antrieb.

Abb. 210: Dieselmechanischer Triebwagen, 210 PS mit Hand- und Öldruckbremse, Ammendorf, um 1938.

Ein Steuerwagen ist ein Triebwagen mit Führerstand (Abb. 211).

Abb. 211: Steuerwagen 2./3. und 3. Klasse, Ammendorf, um 1938.

Die Bulgarische Staatsbahn verlangte nach einem schweren, d. h. vernieteten Post-Gepäckwagen, der entsprechend teurer war (Abb. 212).

Abb. 212: Post-Gepäckwagen der Bulgarischen Staatsbahn, Ammendorf, um 1938.

262. LHASA, MER, G. Lindner AG, Ammendorf, Nr. 507, S. 30–32.

Die geschweißten Personenwagen sehen dagegen viel eleganter aus (Abb. 213).

Abb. 213: Geschweißter Personenwagen, leichte Bauart, Ammendorf, um 1938.

Für die Badische Eisenbahn wurden auch Personenwagen gebaut (Abb. 214).

Abb. 214: D-Zug-Wagen, 3. Klasse, Badische Eisenbahn, Ammendorf, um 1938.

Außerdem bedeckte Güterwagen und Chlorkesselwagen, beide mit Kunze-Knorr-Bremse (Abb. 215–216).

Abb. 215: Bedeckte Güterwagen mit Kunze-Knorr-Bremse, Ammendorf, um 1938.

Abb. 216: Chlorkesselwagen mit Hand- und Kunze-Knorr-Bremse, Ammendorf, um 1938.

Lindner-Eisenbahnwagen um 1938 Teil 2
Interessant sind die vielen verschiedenen Typen, die bei Lindner gebaut wurden (Abb. 217–223).[263] Dabei erkennt man an den Bildern auch, dass man sich in der GOTTFRIED LINDNER AG um Innovationen bemühte wie am Beispiel der unten dargestellten Selbstentladewagen und dem Kippwagen deutlich wird.

Abb. 217: Offener Güterwagen mit Kunze-Knorr-Bremse, Ammendorf, um 1938.

Abb. 218: Selbstentladewagen mit Bodenklappen, Ammendorf, um 1938.

Abb. 219: Kippwagen für seitliche Handkippung, Ladegewicht 30 t, Ammendorf, um 1938.

263. LHASA, MER, G. Lindner AG, Ammendorf, Nr. 507, S. 30–32.

Der abgebildete Fäkalienwagen zeigt, dass selbst ausgefallene Kundenwünsche befriedigt werden konnten (Abb. 220).

Abb. 220: Fäkalienwagen, Ladegewicht 20 t, Ammendorf, um 1938.

Die 15 t-Kesselwagen wurden bei LINDNER in großer Menge hergestellt (Abb. 221).

Abb. 221 Kesselwagen, Ladegewicht 15 t, Ammendorf, um 1938.

Das Besondere an dem unten abgebildeten Kesselwagen ist seine Gummierung im Inneren des Kessels (Abb. 222).

Abb. 222: Kesselwagen mit geschweißtem und gummiertem Kessel, Ladegewicht 18,3 t, Ammendorf, um 1938.

Abb. 223: Kesselwagen mit Hand- und Kunze-Knorr-Bremse, Ladegewicht 18,5 t, Ammendorf, um 1938.

Lindner-Eisenbahnwagen um 1938 Teil 3

Lindner baute nicht nur Eisenbahnwaggon, sondern fertigte auch Teile wie zum Beispiel Untergestelle oder lieferte neue Inneneinrichtungen für gebraucht gelieferte Wagen (Abb. 224–228).[264] Wieder und wieder zeigte sich, dass die Flexibilität weithin in Deutschland und der Welt bekannt war. In schwierigen Fällen konnte man sich immer auf die Arbeit der Gottfried Lindner AG verlassen.

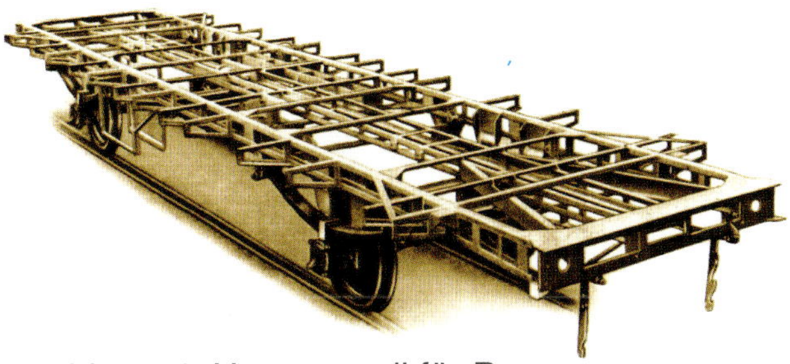

Abb. 224: Untergestell für Personenwagen, 3. Klasse, Ammendorf, um 1938.

Abb. 225: Inneneinrichtung für Personenwagen, 2. und 3. Klasse, Ammendorf, um 1938.

264. LHASA, MER, G. Lindner AG, Ammendorf, Nr. 507, S. 34–36.

Spezialwagen

Hier sieht man eine ganze Reihe von Spezialwagen, die auf Kundenwunsch gebaut wurden (Abb. 226).

Abb. 226: Spezialwagen, Ammendorf, um 1938.

Behälterbau

Die Gottfried Lindner AG fertigte auch spezielle Behälter, die entweder auf der Schiene oder auf der Straße transportiert werden konnten. Unten sieht man unter anderem einen Schotterbehälter mit Lenkrädern, der auf der Schiene benutzt wurde, sowie einen Großbehälter mit Vorderlenkgestell, der auf der Straße gezogen werden konnte.

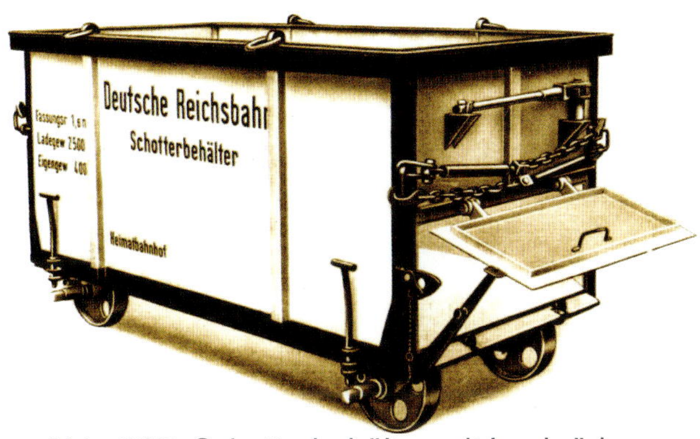

Abb. 227: Schotterbehälter mit Lenkrädern, Ladegewicht 2,5 t, Ammendorf, um 1938.

Abb. 228: Großbehälter mit Vorderlenkgestell, Tragfähigkeit 5,5 t, Ammendorf, um 1938.

Lastanhängerbau bei Lindner 1938

Die folgenden Bilder aus dem Bereich Lastanhängerbau bei LINDNER zeugen von der Vielfalt, die entwickelt, konstruiert und hergestellt wurde. LINDNER war damals der führende Lastanhängerbauer in Deutschland und bestimmte zahlreiche Standards wie zum Beispiel die Maße eines LKW-Lang-Anhängers. Für nahezu jede Branche gab es spezielle Anhänger, so zum Beispiel für den Möbel-Transport oder den Transport von Bier (Abb. 229).[265] Die Nutzlasten variierten von 2 500 kg für einen AGFA-Photomaterial-Anhänger bis hin zu 11 000 kg für einen Groß-Anhänger, der für die Firma KRAFTVERKEHR NORDMARK AKTIENGESELLSCHAFT hergestellt wurde (Abb. 233). Bei dem Möbelanhänger fällt die vordere Kabine auf, die wohl den mitfahrenden Umzüglern diente (Abb. 229).

Abb. 231: Lindner-Anhänger Typ »F«, Nutzlast 8000 kg
Ammendorf, um 1938.

Abb. 232: Lindner-Sattelschlepp-Anhänger Typ »Sa 10«, Nutzlast 10 000 kg
Ammendorf, um 1938.

Abb. 229: Lindner-Möbelwagen-Anhänger Typ »MK 7«, Nutzlast 3500 kg
Ammendorf, um 1938.

Abb. 233: Lindner-Anhänger Typ »H 3«, Nutzlast 11 000 kg
Ammendorf, um 1938.

Abb. 234 Lindner-Rollkipper Typ »OV 7«, Nutzlast 7500 kg
Ammendorf, um 1938.

Abb. 230: Lindner-Anhänger Typ »D«, Nutzlast 2500 kg
Ammendorf, um 1938.

Abb. 235: Lindner-Traktorenwagen Typ »U 6«, Nutzlast 6000 kg
Ammendorf, um 1938.

265. LHASA, MER, G. Lindner AG, Ammendorf, Nr. 507, S. 46–48.

Lastanhängerbau bei Lindner 1938 Teil 2

LINDNER produzierte 15 Grundtypen, die in Abb. 236 in einer Tabelle zusammengefasst worden sind. Jeder interessierte Käufer konnte sich anhand von Angaben zur Ladefläche, Laderaum und Tragfähigkeit einen geeigneten Lastanhänger für seine Firma auswählen.

Tragfähigkeiten, Ladeflächen und Laderäume der Lindner Normal-Anhänger

Typ	Trag-fähigkeit kg	Ladefläche Länge m	Ladefläche Breite*) m	Ladefläche Größe qm	Bordwand-höhe m	Laderaum cbm
J	1500	3,0	1,8	5,4	0,4	2,16
D	2500	3,0	2,0	6,0	0,5	3,00
W	3500	3,5	2,0	7,0	0,5	3,50
Ce	5000	4,0	2,0	8,0	0,6	4,80
Z	5000	4,5	2,0	9,0	0,6	5,40
G	5000	5,0	2,0	10,0	0,6	6,00
F	8000	5,0	2,1	10,5	0,6	6,30
H 3	11000	7,5	2,2	16,5	0,6	9,90
Ov	7000	4,0	2,0	8,0	0,6	4,80
T	7000	4,0	2,0	8,0	0,6	4,80
Kr. 5	5000	4,0	2,0	8,0	0,6	4,80
Kr. 7	7000	4,5	2,0	9,0	0,5	4,50
Sa. 4	4500	4,5	2,0	9,0	0,5	4,50
Sa. 6	6500	5,0	2,1	10,5	0,6	6,30
Sa. 8	9000	6,0	2,2	13,2	0,6	7,92

*) Die Ladefläche kann nach den neuen Vorschriften der Reichs-Straßenverkehrs-Ordnung verbreitert werden.

Wir empfehlen, die Größe des Anhängers nach dem am häufigsten zu befördernden Ladegut zu wählen.

Anhänger, die aus falschen Überlegungen mit zu großem Laderaum versehen werden, um möglichst große Mengen schwerer Güter zu befördern, sind meist unwirtschaftlich, weil die durch Überlastung entstehenden Schäden in keinem Verhältnis zu dem dadurch erzielten Scheingewinn stehen.

Sollte der Laderaum für leichte Güter zu klein sein, kann er ohne weiteres durch Aufsatzbretter vergrößert werden.

Abb. 236: Tragfähigkeiten, Ladeflächen und Laderäume der Lindner Normal-Anhänger, Ammendorf, um 1938.

Abb. 237: Lindner-Anhänger Typ »F«, Nutzlast 8 000 kg Ammendorf, um 1938.

Abb. 238: Lindner-Sattelschlepp-Anhänger Typ »Sa 7«, Nutzlast 8 000 kg Ammendorf, um 1938.

266. LHASA, MER, G. Lindner AG, Ammendorf, Nr. 507, S. 48–50.

Abb. 239: Lindner-Anhänger Typ »F«, Nutzlast 8 000 kg Ammendorf, um 1938.

Abb. 240: Lindner-Anhänger Typ »W«, Nutzlast 3 500 kg Ammendorf, um 1938.

Abb. 241: Lindner-Anhänger Typ »LK 8«, Nutzlast 8 000 kg Ammendorf, um 1938.

Abb. 242: Lindner-Vierrad-Langmaterial-Anhänger, Bauart Glogger, Typ »L 8«, Nutzlast 8 000 kg Ammendorf, um 1938.

Abb. 243: Lindner-Kombinations-Anhänger, Typ »LK 8«, Nutzlast 8 000 kg Ammendorf, um 1938.

Lastanhängerbau bei Lindner 1938 Teil 3

LINDNER gab den Kunden eine Gebrauchsanweisung für Lastanhänger an die Hand (S. 80), in der sie sich für ihre Transporte geeignete Anhänger entsprechend den Gewichten und Rauminhalten der Ladegüter auswählen konnten (Abb. 244–251).[267]

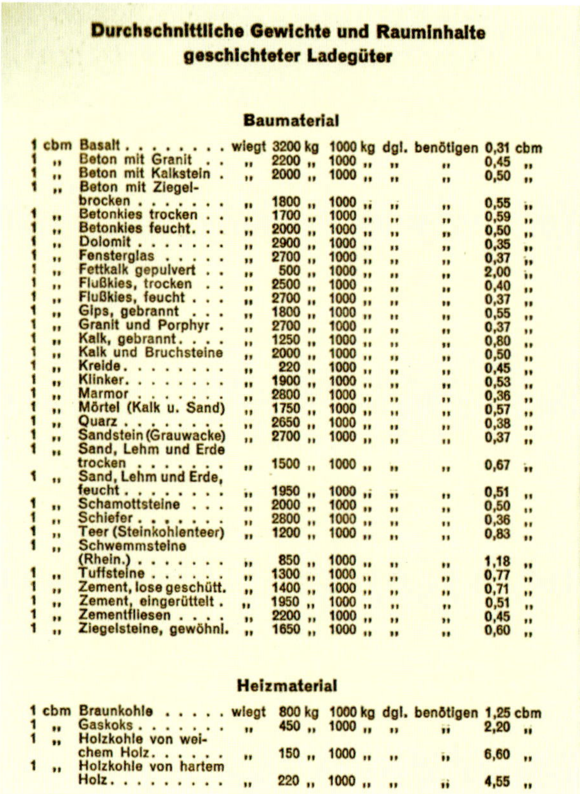

Durchschnittliche Gewichte und Rauminhalte geschichteter Ladegüter

Baumaterial

1	cbm	Basalt	wiegt	3200 kg	1000 kg	dgl.	benötigen	0,31	cbm
1	,,	Beton mit Granit	,,	2200 ,,	1000 ,,	,,	,,	0,45	,,
1	,,	Beton mit Kalkstein	,,	2000 ,,	1000 ,,	,,	,,	0,50	,,
1	,,	Beton mit Ziegelbrocken	,,	1800 ,,	1000 ,,	,,	,,	0,55	,,
1	,,	Betonkies trocken	,,	1700 ,,	1000 ,,	,,	,,	0,59	,,
1	,,	Betonkies feucht	,,	2000 ,,	1000 ,,	,,	,,	0,50	,,
1	,,	Dolomit	,,	2900 ,,	1000 ,,	,,	,,	0,35	,,
1	,,	Fensterglas	,,	2700 ,,	1000 ,,	,,	,,	0,37	,,
1	,,	Fettkalk gepulvert	,,	500 ,,	1000 ,,	,,	,,	2,00	,,
1	,,	Flußkies, trocken	,,	2500 ,,	1000 ,,	,,	,,	0,40	,,
1	,,	Flußkies, feucht	,,	2700 ,,	1000 ,,	,,	,,	0,37	,,
1	,,	Gips, gebrannt	,,	1800 ,,	1000 ,,	,,	,,	0,55	,,
1	,,	Granit und Porphyr	,,	2700 ,,	1000 ,,	,,	,,	0,37	,,
1	,,	Kalk, gebrannt	,,	1250 ,,	1000 ,,	,,	,,	0,80	,,
1	,,	Kalk und Bruchsteine	,,	2000 ,,	1000 ,,	,,	,,	0,50	,,
1	,,	Kreide	,,	220 ,,	1000 ,,	,,	,,	0,45	,,
1	,,	Klinker	,,	1900 ,,	1000 ,,	,,	,,	0,53	,,
1	,,	Marmor	,,	2800 ,,	1000 ,,	,,	,,	0,36	,,
1	,,	Mörtel (Kalk u. Sand)	,,	1750 ,,	1000 ,,	,,	,,	0,57	,,
1	,,	Quarz	,,	2650 ,,	1000 ,,	,,	,,	0,38	,,
1	,,	Sandstein (Grauwacke)	,,	2700 ,,	1000 ,,	,,	,,	0,37	,,
1	,,	Sand, Lehm und Erde trocken	,,	1500 ,,	1000 ,,	,,	,,	0,67	,,
1	,,	Sand, Lehm und Erde, feucht	,,	1950 ,,	1000 ,,	,,	,,	0,51	,,
1	,,	Schamottsteine	,,	2000 ,,	1000 ,,	,,	,,	0,50	,,
1	,,	Schiefer	,,	2800 ,,	1000 ,,	,,	,,	0,36	,,
1	,,	Teer (Steinkohlenteer)	,,	1200 ,,	1000 ,,	,,	,,	0,83	,,
1	,,	Schwemmsteine (Rhein.)	,,	850 ,,	1000 ,,	,,	,,	1,18	,,
1	,,	Tuffsteine	,,	1300 ,,	1000 ,,	,,	,,	0,77	,,
1	,,	Zement, lose geschütt.	,,	1400 ,,	1000 ,,	,,	,,	0,71	,,
1	,,	Zement, eingerüttelt	,,	1950 ,,	1000 ,,	,,	,,	0,51	,,
1	,,	Zementfliesen	,,	2200 ,,	1000 ,,	,,	,,	0,45	,,
1	,,	Ziegelsteine, gewöhnl.	,,	1650 ,,	1000 ,,	,,	,,	0,60	,,

Heizmaterial

1	cbm	Braunkohle	wiegt	800 kg	1000 kg	dgl.	benötigen	1,25	cbm
1	,,	Gaskoks	,,	450 ,,	1000 ,,	,,	,,	2,20	,,
1	,,	Holzkohle von weichem Holz	,,	150 ,,	1000 ,,	,,	,,	6,60	,,
1	,,	Holzkohle von hartem Holz	,,	220 ,,	1000 ,,	,,	,,	4,55	,,

Abb. 244: Durchschnittliche Gewichte und Rauminhalte geschichteter Ladegüter (Auswahl), Ammendorf, um 1938.

Abb. 245: Lindner Pferdezugwagen, Typ »P 6«, Nutzlast 6000 kg Ammendorf, um 1938.

Abb. 246: Lindner Spezial-Anhänger, Nutzlast 8 000 kg Ammendorf, um 1938.

Abb. 247: Lindner Spezial-Anhänger, Nutzlast 5 000 kg Ammendorf, um 1938.

Abb. 248: Lindner Tank-Sattelschlepp-Anhänger, Nutzlast 8 000 kg Ammendorf, um 1938.

Abb. 249: Lindner Tank-Anhänger, Nutzlast 8 000 kg Ammendorf, um 1938.

Abb. 250: Lindner Personenwagen-Anhänger, Typ »At 0,5«, Nutzlast 500 kg Ammendorf, um 1938.

Abb. 251: Lindner dreiachsiger Anhänger, Typ »H 3«, Nutzlast 11 000 kg Ammendorf, um 1938.

267. LHASA, MER, G. Lindner AG, Ammendorf, Nr. 507, S. 51–52.

Straßenbahnbau bei Lindner 1938

Der Straßenbahnbau war bei LINDNER ab 1938 kein maßgeblicher Bereich. Trotzdem wurden einige wichtige Aufträge gewonnen und abgearbeitet (Abb. 252–256).[268]

Abb. 252: Lindner Motorwagen der Straßenbahn Halberstadt, Ammendorf, um 1938

Abb. 253: Lindner Motorwagen der Merseburger Überlandbahn AG, Ammendorf, um 1938

Abb. 254: Lindner Anhängewagen der Straßenbahn Minden in Leichtbauart, Ammendorf, um 1938

Abb. 255: Lindner Anhängewagen der Straßenbahn Berlin, Ammendorf, um 1938

Abb. 256: Lindner Anhängewagen der Merseburger Überlandbahn AG, Ammendorf, um 1938

Omnibus- und Karosseriebau um 1938

Der Omnibus- und Karosseriebau war bei LINDNER ab 1938 vielfältig. Die Deutsche Reichspost war Hauptauftraggeber (Abb. 257–260).[269]

Abb. 257: Lindner 22sitzige Stahl-Aufbauten für die Deutsche Reichspost, Ammendorf, um 1938.

Abb. 258: Lindner 33sitziger Einheits-Stahl-Aufbau für die Deutsche Reichspost, Ammendorf, um 1938.

Abb. 259: Lindner fahrbares Postamt für die Deutsche Reichspost, Ammendorf, um 1938.

Abb. 260: Lindner Stahl-Aufbau für den Stadtverkehr, Ammendorf, um 1938.

268. LHASA, MER, G. Lindner AG, Ammendorf, Nr. 507, S. 51–52.

269. LHASA, MER, G. Lindner AG, Ammendorf, Nr. 507, S. 51–54.

Omnibus- und Karrosseriebau Teil 2

Neben den Grundtypen gab es jedoch insbesondere beim Aufbau eine hohe Flexibilität und einen großen Erfindungsreichtum bei LINDNER, wie die folgenden Bilder zeigen (Abb. 261–265). Interessant erscheint dabei zum Beispiel das Schiebeverdeck für Omnibusse, das in heißen Sommern angenehme Luftkühlung für die Passagiere brachte.[270]

Abb. 261: Lindner Omnibusaufbau mit Schiebeverdeck, Ammendorf, um 1938.

Abb. 262: Lindner Omnibusanhänger, Ammendorf, um 1938.

Abb. 263: Lindner Möbelwagenaufbau, Ammendorf, um 1938.

270. LHASA, MER, G. Lindner AG, Ammendorf, Nr. 507, S. 44.

Landmaschinenbau bei Lindner 1938

PERACK ist die Abkürzung für **Per**sonen- und **Ack**erwagen. 1936 schlug WALTER RAHM dem Aufsichtsrat die Gründung einer Vertriebsgesellschaft PERACK GmbH vor (Abb. 264).[271]

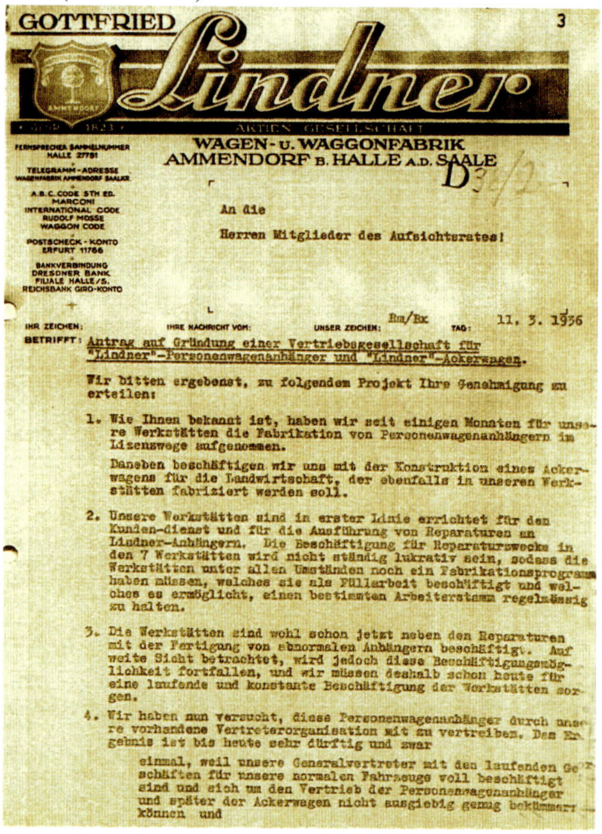

GOTTFRIED Lindner AKTIEN GESELLSCHAFT 3

WAGEN- U. WAGGONFABRIK
AMMENDORF B. HALLE A.D. SAALE

FERNSPRECHER SAMMELNUMMER HALLE 27781
TELEGRAMM-ADRESSE WAGENFABRIK AMMENDORF SAALKR.
A.B.C. CODE 5TH ED. MARCONI INTERNATIONAL CODE RUDOLF MOSSE WAGGON CODE
POSTSCHECK-KONTO ERFURT 11766
BANKVERBINDUNG DRESDNER BANK FILIALE HALLE/S. REICHSBANK GIRO-KONTO

An die

Herren Mitglieder des Aufsichtsrates!

IHR ZEICHEN: IHRE NACHRICHT VOM: UNSER ZEICHEN: Rm/Bx TAG: 11. 3. 1936

BETRIFFT: Antrag auf Gründung einer Vertriebsgesellschaft für "Lindner"-Personenwagenanhänger und "Lindner"-Ackerwagen.

Wir bitten ergebenst, zu folgendem Projekt Ihre Genehmigung zu erteilen:

1. Wie Ihnen bekannt ist, haben wir seit einigen Monaten für unsere Werkstätten die Fabrikation von Personenwagenanhängern im Lizenzwege aufgenommen.

   Daneben beschäftigen wir uns mit der Konstruktion eines Ackerwagens für die Landwirtschaft, der ebenfalls in unseren Werkstätten fabriziert werden soll.

2. Unsere Werkstätten sind in erster Linie errichtet für den Kunden-dienst und für die Ausführung von Reparaturen an Lindner-Anhängern. Die Beschäftigung für Reparaturzwecke in den 7 Werkstätten wird nicht ständig lukrativ sein, sodass die Werkstätten unter allen Umständen noch ein Fabrikationsprogramm haben müssen, welches sie als Füllarbeit beschäftigt und welches es ermöglicht, einen bestimmten Arbeiterstamm regelmässig zu halten.

3. Die Werkstätten sind wohl schon jetzt neben den Reparaturen mit der Fertigung von abnormalen Anhängern beschäftigt. Auf weite Sicht betrachtet, wird jedoch diese Beschäftigungsmöglichkeit fortfallen, und wir müssen deshalb schon heute für eine laufende und konstante Beschäftigung der Werkstätten sorgen.

4. Wir haben nun versucht, diese Personenwagenanhänger durch unsere vorhandene Vertreterorganisation mit zu vertreiben. Das Ergebnis ist bis heute sehr dürftig und zwar

   einmal, weil unsere Generalvertreter mit den laufenden Geschäften für unsere normalen Fahrzeuge voll beschäftigt sind und sich um den Vertrieb der Personenwagenanhänger und später der Ackerwagen nicht ausgiebig genug bekümmern können und

Abb. 264: Antrag auf Gründung einer Vertriebsgesellschaft für "Lindner"-Personenwagenanhänger und "Lindner"-Ackerwagen, Ammendorf 1936.

Hintergründe der Entscheidung

Hintergrund dieser Planungen waren die Erfolge im Krieg. Polen mit seinen großen Ackerflächen, so dachte man, brauche viele Ackerbaugeräte. So wurden in der Folgezeit zahlreiche Landmaschinen gebaut (Abb. 265).[272]

Abb. 265: Lindner Handdrillmaschine, Marke DHH 1b für Gärtnereien, Ammendorf, um 1938.

271. LHASA, MER, G. Lindner AG, Ammendorf, Nr. 352, S. 1.

272. LHASA, MER, G. Lindner AG, Ammendorf, Nr. 507, S. 56.

Landmaschinenbau bei Lindner 1938 Teil 2
Die Landmaschinen gliederten sich entspechend den Anwendern in Gärtnerei, Bauern, Großbetrieb (Abb. 266–272). Interessant sind auch hier die Innovationen wie die Zahnstangensteuerung.[273]

Abb. 266: Lindner Handdrillmaschine, Marke DHLa fünf Reihen für Saatzüchtereien, Ammendorf, um 1938.

Abb. 267: Lindner Kartoffelerntemaschine, Marke KRE, Ammendorf, um 1938.

Abb. 268: Lindner Drillmaschine, Marke SH, Spurbreite 3 m, Ammendorf, um 1938.

273. LHASA,t, MER, G. Lindner AG, Ammendorf, Nr. 507, S. 54–55.

Abb. 269: Lindner Drillmaschine, Marke SH, Spurbreite 3 m, Spezialeinrichtung für Traktorenanspannung Ammendorf. um 1938.

Abb. 270: Lindner Bauern-Drillmaschine, Marke DHF, Spurbreite 2 m, Stahlblech-Saatkasten Ammendorf, um 1938.

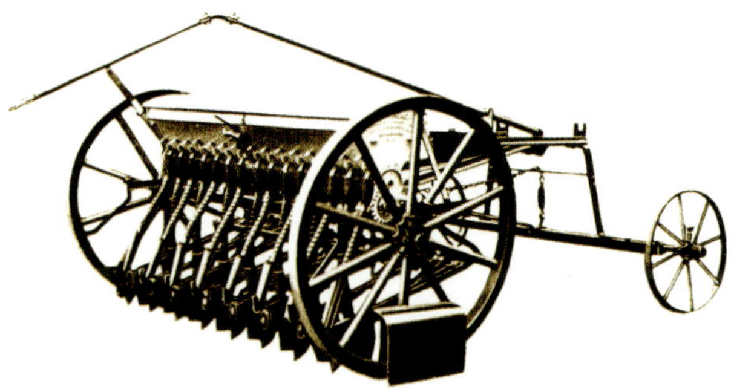

Abb. 271: Lindner Drillmaschine, Marke DHD, Spurbreite 2 m, Stahlblech-Saatkasten Ammendorf, um 1938.

Abb. 272: Lindner Drillmaschine, Marke SH, Spurbreite 3 m, Zahnstangensteuer, Ammendorf, um 1938.

Landmaschinenbau bei Lindner 1938 Teil 3

Die Grundausstattungen der Landmaschinen waren gleich, jedoch gab es mit Autosteuer, Führersitz, Laufbrett, Saatkästen aus Holz oder Stahl verschiedene Ausstattungsmöglichkeiten (Abb. 273–275).[274]

Abb. 273: Lindner Drillmaschine, Marke SH, Spurbreite 3 m, Ausrüstung mit Autosteuer, Führersitzen und Laufbrett, Ammendorf, um 1938.

Abb. 274: Lindner Drillmaschine, Marke DHC, Spurbreite 2 m, Holz-Saatkasten, Ammendorf, um 1938.

Abb. 275: Lindner Kartoffelerntemaschine, Marke KRF mit Vorderwagen, Ammendorf, um 1938.

Faltbootbau bei Lindner

Der Faltbootbau spiegelt sich nur wenig in den Akten. Seit 1925 produzierte und vertrieb Lindner die patentierten Boote.[275]

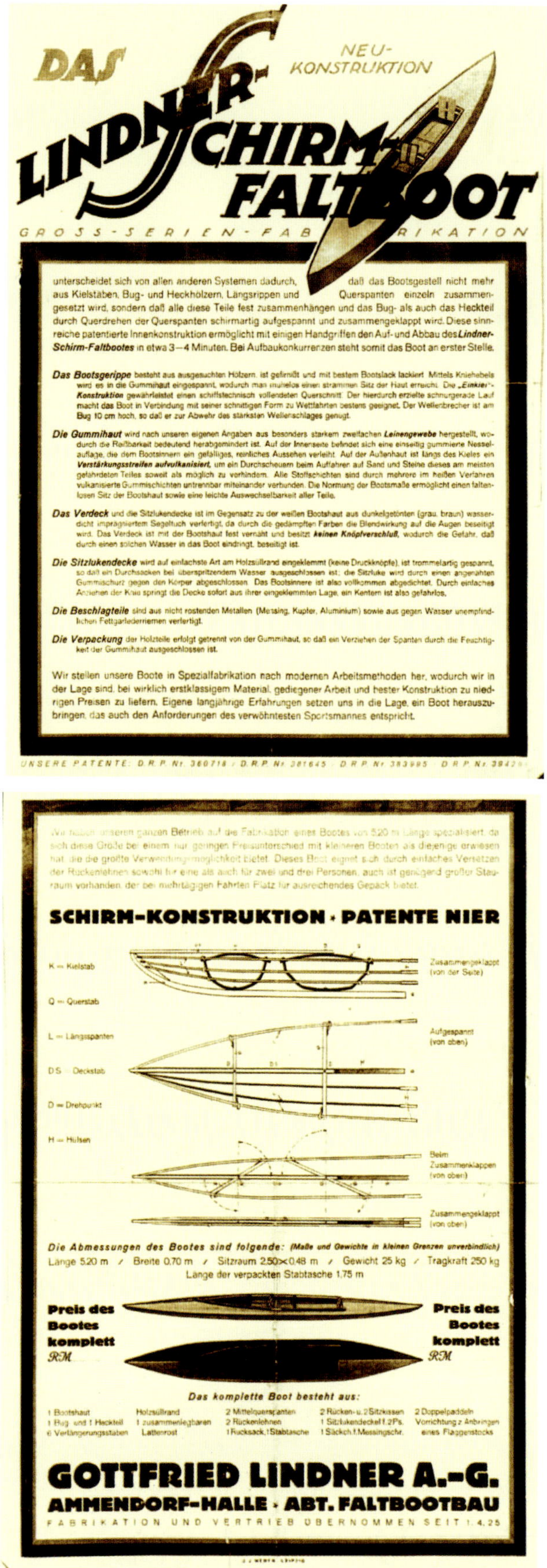

Abb. 276: Lindner Prospekt Lindner-Schirm-Faltboot, Länge 5,20 m, Tragkraft 250 kg, Marke KRF mit Vorderwagen, Ammendorf, nach 1925.

274. LHASA, MER, G. Lindner AG, Ammendorf, Nr. 507, S. 55.
275. LHASA, MER, G. Lindner AG, Ammendorf, Nr. 214, S. 1–2.

Marketing bei Lindner 1940

Für das Marketing von Lindner steht beispielhaft der Besuch von 32 Straßenbahn-Direktoren am 16. November 1940 (Abb. 277–281). Unter den Anwesenden waren zahlreiche hohe Vertreter der Straßenbahnen, der Verkehrsbetriebe oder der E-Werke (Tabelle).[276]

Firma	Vertreter (Auswahl)
Ammendorfer Mübag	Direktor Gruber
Berliner Verkehrsbetriebe	Direktor Schumann
Brandenburger Straßenbahn	Direktor Sudikatis
Breslauer Elektrizitätswerk	Direktor Rienäcker
Celler Straßenbahn	Direktor Müller
Dortmunder Straßenbahn	Betr.-Ing. Zak
Erfurter Verkehrs-AG	Direktor Hempel
Geraer Straßenbahn	Direktor Bührle
Hannover Straßenbahn	Dipl.-Ing. Vorbeck
Leipziger Verkehrsbetriebe	Direktor Lehnert
Magdeburger Straßenbahnen	Direktor Dr. Grüßner
Potsdamer Stadtwerk	Direktor Dr. Jessinghaus
Schöneiche-Kalkenberger Straba	Direktor Drewke
Stettiner Kraftwerk	Dipl.-Ing. Hermann
Waldenburger E-Werk	Betr.-Leiter Wichmann
Zwickauer En.- und Verkehrs-AG	Direktor Fritsche

Anlass war die Vorstellung eines neuen Straßenbahnwagens, der gemeinsam mit der Halleschen Straßenbahn entwickelt worden war. Man traf zumeist mit dem Zug am Hauptbahnhof ein. Dann fuhren die Direktoren mit der neuen Straßenbahn bis nach Ammendorf ins Werk. Dort wurden die Gäste zunächst im Sitzungszimmer begrüßt. In dieser Zeit wurde die neue Straßenbahn aufgebockt. Es folgte eine Betriebsbesichtigung und eine gemeinsame Mittagstafel. An der aufgebockten Straßenbahn wurden schließlich die vielen technischen Neuerungen erläutert. Gegen 15.°° Uhr ging es mit der Straßenbahn wieder zum Riebeckplatz.

Abb. 277: Besuch von 32 Straßenbahn-Direktoren, Gottfried Lindner AG, 1940.

276. LHASA, MER, Gottfried Lindner AGH, Nr. 501.

Abb. 278: Besuch von 32 Straßenbahn-Direktoren, Gottfried Lindner AG, 1940.

Abb. 279: Besuch von 32 Straßenbahn-Direktoren, Gottfried Lindner AG, 1940.

Abb. 280: Besuch von 32 Straßenbahn-Direktoren, Gottfried Lindner AG, 1940.

Abb. 281: Besuch von 32 Straßenbahn-Direktoren, Gottfried Lindner AG, 1940.

Werbung bei Lindner um 1940

Die Abbildung 282 zeigt die Werbung von LINDNER mit Kommentaren. Sie erscheint sehr nutzenorientiert.[277]

Abb. 282: Werbeprospekt der Lindner AG, Ammendorf, um 1939.

Versand bei Lindner um 1940

Der Versand erfolgte meist über die Schiene. Mit einem Kran wurden die Produkte auf Waggons geladen und dann weiter transportiert zum Endkunden (Abb. 283–285).[278]

Abb. 283: Versand bei Lindner, Ammendorf, um 1938.

Abb. 284: Versand bei Lindner, Ammendorf, um 1938.

Abb. 285: Versand bei Lindner, Ammendorf, um 1938.

277. Werbeprospekt, Privatarchiv Frotscher.
278. LHASA, MER, Gottfried Lindner AGH, Nr. 507.

Lindner und das deutsche Militär

Bereits 1931 gab es zwischen Vertretern der GOTTFRIED LINDNER AG und der Reichswehr sowie dem Stahlhelm Absprachen über zukünftige Rüstungsaufträge. Ein Bericht darüber findet sich im Landeshauptarchiv Magdeburg:

> »*Im Konkurrenzkampf der Firmen unter einander überflügelte die Lindner AG u. a. die Münchener Waggonfabrik Rathgeber.*«[279]

Die Vergabestelle der Abteilung Wa B II (schwere Artillerie) erteilte der GOTTFRIED LINDNER AG am 1. Februar 1934 den Auftrag, bis Juni 1934 vierzehn Rohrwagen zu bauen. Weitere Aufträge wurden bei zufriedenstellender Lieferung in Aussicht gestellt. Die Zufriedenstellung wurde in einem Brief vom 6. August 1935 mitgeteilt:

> »*Ich teile Ihnen, Herr Dr. Traus, mit, dass wir am 31. Mai 1935 die letzten 15 Stück T-Geräte auf dem Schießplatz Unterlüss eingeschossen haben, ohne dass sich dabei auch nur die geringsten Beanstandungen ergaben.*«[280]

Betriebsorganisation in der Nazi-Zeit

Auch in der Nazi-Zeit gab es Strukturwandel, auf den man mit veränderter Betriebsorganisation reagierte, so zum Beispiel mit der Anordnung Nr. 1 vom 26. September 1938[281]:

> »*Anordnung Nr. 1*
> *Betrifft: Betriebsorganisation*
> *I. Betriebsbüro …*
> *Aufgabenbereich: Arbeitsplanung und Arbeitsvorbereitung, Terminstelle, Kalkulation-Akkordvorgabe …*
> *II. Waggonbau …*
> *Betriebsumfang:*
> *a) Gesamte mechanische Eisenbearbeitung …*
> *b) gesamte mechanische Holzbearbeitung*
> *c) Herstellung sämtlicher Schienenfahrzeuge und der in dieses Gebiet fallenden Teilfabrikation und Reparaturen …*
> *III. Anhängerbau …*
> *Betriebsumfang: Herstellung sämtlicher Lastwagenanhänger und ähnlicher Fahrzeuge, einschließlich der in dieses Gebiet fallenden Teilfabrikation …und die Teile der Waggonbauwerkstätten, die für den Anhängerbau beschäftigt sind*«[282]

Heeresbau an vierter Stelle …

> »*IV. Heeresbau …*
> *Betriebsumfang: Herstellung sämtlicher Heeresfahrzeuge und Aufbauten einschließlich Export, Omnibusaufbauten und der in dieses Gebiet fallenden Teilfabrikation und Reparaturen …*«[283]

Landmaschinen und andere Bereiche …

> »*V. Landmaschinenbau …*
> *Betriebsumfang: Herstellung von landwirtschaftlichen Maschinen und der in dieses Gebiet fallenden Teilfabrikation und Reparaturen …*
> *VI. Vorrichtungs- und Werkzeugbau …*
> *Abteilungsleiter: Betriebsingenieur …*
> *Betriebsumfang: Konstruktion, Herstellung und Instandhaltung von Vorrichtungen und Werkzeugen. Überwachung der in dieses Gebiet fallenden Betriebsunkosten …, Werkluftschutz …*
> *VII. Betriebsunterhaltung …*
> *Betriebsumfang: Unterhalten der gesamten Betriebsanlagen und Baulichkeiten. Instandhaltung des Maschinen und Fahrzeugparkes. Überwachung des Transportwesens. Bewirtschaftung der Energieerzeugung, wie Dampf, Strom, Gas, Pressluft und Wasser. Heizung, Licht und Kraftversorgung. Überwachung der in dieses Gebiet fallenden Betriebsunkosten. Unfallschutz und Unfallverhütung.*
> *VIII. Lehrlingsschule …*
> *Betriebsumfang: Ausbildung der Lehrlinge für die Eisen- und Holzbearbeitungswerkstätten …*«[284]

Gesamten Briefwechsel vorlegen …

> »*Der gesamte Briefwechsel, den die einzelnen Abteilungen mit auswärtigen Stellen führen, ist … zur Kenntnisnahme bzw. Unterschrift vorzulegen.*«[285]

279. M 432/4, Landeshauptarchiv Magdeburg.
280. M 52/2a, Landeshauptarchiv Magdeburg.
281. LHASA, MER, Gottfried Lindner AG, Nr. 486.
282. LHASA, MER, Gottfried Lindner AG, Nr. 486.
283. LHASA, MER, Gottfried Lindner AG, Nr. 486.
284. LHASA, MER, Gottfried Lindner AG, Nr. 486.
285. LHASA, MER, Gottfried Lindner AG, Nr. 486.

Neue Führungsstruktur bei Lindner

Die neuen Führungsstrukturen von 1943 zeigten viele Hierarchien. Die vielen Rang-Zuordnungen werden von Historikern als Gründe für die Zustimmung der Nazis in der Bevölkerung angesehen. Jeder bekam einen Titel und einen Rang. Die Pläne lassen sich nicht mehr in einer A-4-Grafik wie auf Seite 67 editieren. Sie mussten als verkleinerte – kaum lesbare – A-2-Pläne im Original wiedergegeben werden, um diese Vielfalt zu belegen (Abb. 286–287).[286]

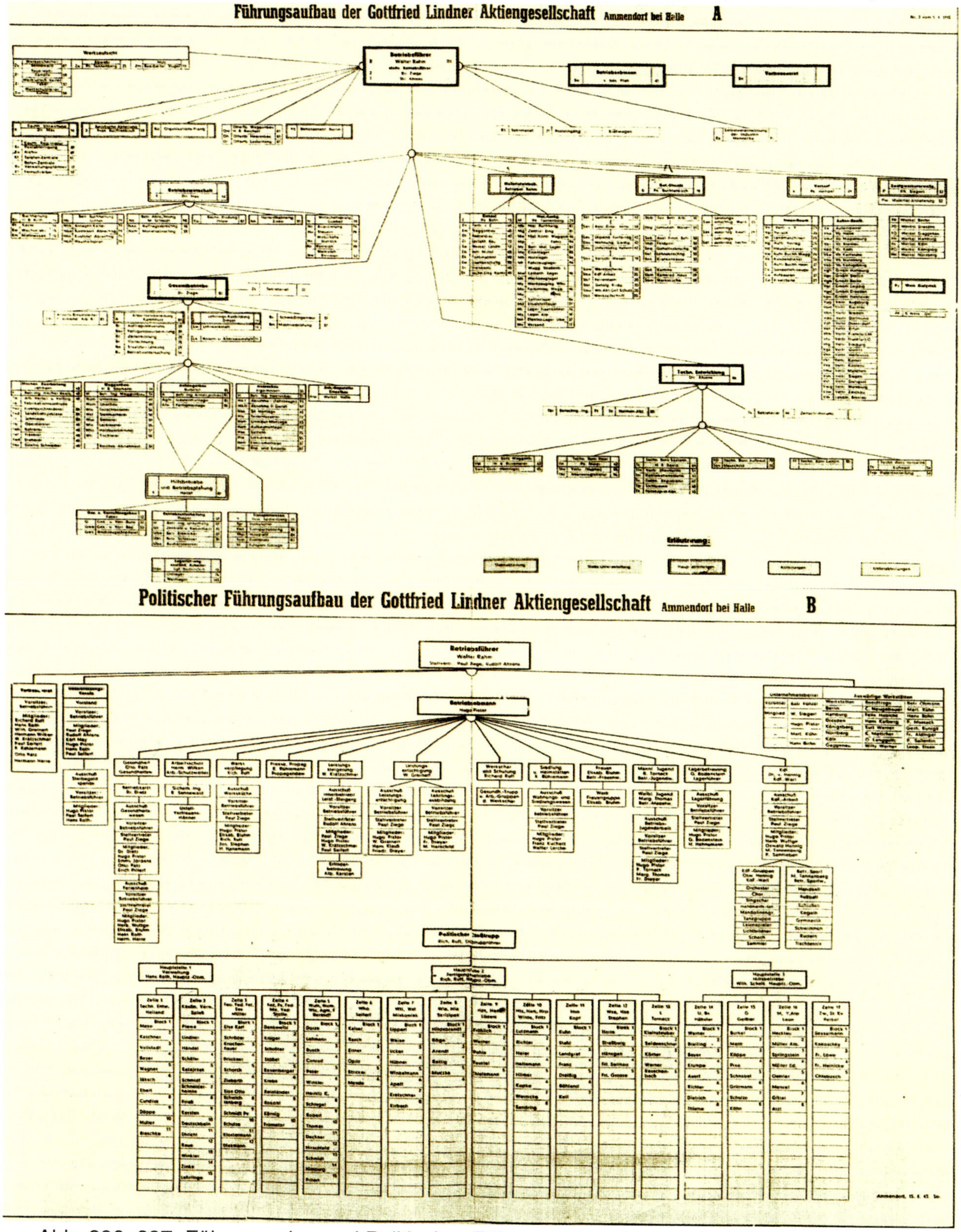

Abb. 286–287: Führungsplan und Politischer Führungsplan, Ammendorf, Stand: 1. 4. 1943.

286. Frotscher-Archiv, Halle.

Lehrausbildung bei Lindner 1940–1942

Die Lehrausbildung war im Berufserziehungswerk organisiert (Abb. 288–289).[287]

Abb. 288: Lehre bei Lindner, Ammendorf, 1942.

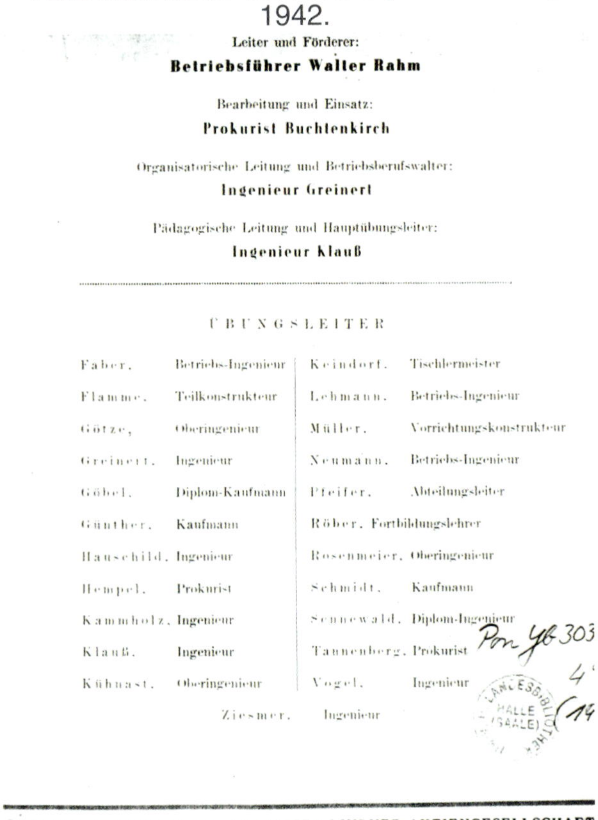

Leiter und Förderer:

Betriebsführer Walter Rahm

Bearbeitung und Einsatz:

Prokurist Buchtenkirch

Organisatorische Leitung und Betriebsberufswalter:

Ingenieur Greinert

Pädagogische Leitung und Hauptübungsleiter:

Ingenieur Klauß

ÜBUNGSLEITER

Faber.	Betriebs-Ingenieur	Keindorf.	Tischlermeister
Flamme.	Teilkonstrukteur	Lehmann.	Betriebs-Ingenieur
Götze,	Oberingenieur	Müller.	Vorrichtungskonstrukteur
Greinert.	Ingenieur	Neumann.	Betriebs-Ingenieur
Göbel.	Diplom-Kaufmann	Pfeifer.	Abteilungsleiter
Günther.	Kaufmann	Röber.	Fortbildungslehrer
Hauschild.	Ingenieur	Rosenmeier.	Oberingenieur
Hempel.	Prokurist	Schmidt.	Kaufmann
Kammholz.	Ingenieur	Sennewald.	Diplom-Ingenieur
Klauß.	Ingenieur	Tannenberg.	Prokurist
Kühnast.	Oberingenieur	Vogel.	Ingenieur

Ziesmer. Ingenieur

BETRIEBSGEMEINSCHAFT GOTTFRIED LINDNER AKTIENGESELLSCHAFT

Abb. 289: Lehre bei Lindner, Ammendorf, 1942.

Die Bilder illustrieren den Lehrbetrieb.[288]

Abb. 290: Lehre bei Lindner, Ammendorf, um 1938.

Abb. 291: Lehre bei Lindner, Ammendorf, um 1938.

287. Arbeitsprogramm des Berufserziehungswerk der Betriebsgemeinschaft Gottfried Lindner AG Ammendorf, Halle 1942.
288. LHASA, MER, Gottfried Lindner AG, Nr. 507.

Lehrausbildung bei Lindner 1940 Teil 2
Die Lehrausbildung galt zwar als wichtig, jedoch konnte sie natürlicher Weise nicht wichtiger sein als die Produktion. Deshalb gab es Probleme, ausreichend Raum für die Lehrausbildung zu schaffen. Bis zum Ende 1940 wurde die erweiterte Schlosser-Lehrwerkstatt eingeweiht.[289] Dagegen mussten die Stellmacher-Lehrlinge in der Tischler-Lehrwerkstatt mitunterrichtet werden.[290] Erwähnenswert fand der Bericht, dass eine Uhr und ein Ventilator für die warmen Tage in der Lehrwerkstatt angebracht wurden. Außerdem bekam die Lehre die Maschinen der aufgegebenen Landwirtschaftsmaschinenproduktion.

Abb. 292: Lehre bei Lindner, Ammendorf, um 1938.

»Schönheit der Arbeit«
Ein Slogan der Nazis in der Arbeitswelt war »Schönheit der Arbeit«. Für die Lehrwerkstatt von Lindner war damit folgendes gemeint: freundliche Gestaltung, helle Farbtöne der Decken und Wände, Blumenkästen und Blumenvasen. Hinzu kam peinlichste Sauberkeit am Arbeitsplatz.

Abb. 293: Lehre bei Lindner, Ammendorf, um 1938.

Elternabende im Schützenhaus
Selbst die Eltern wurden zu gemeinsamen Abenden eingeladen, um die Lehrzeit so erfolgreich wie möglich zu gestalten.

Wettbewerbe, Wettkämpfe und Co.
Frühsport für die Jungen und Bastelkurse für die Mädchen dienten der sogenannten

> *»Hebung der schöpferischen Arbeitsfreudigkeit«.*[291]

Auch Berufswettkämpfe waren Teil des Lehrprogramms:

> *»Sieger von Berufswettkämpfen und besonders tüchtige Lehrlinge sollen wie bisher, so auch künftig, durch Finanzierung von Kursen der DAF und durch sonstige Prämien von uns ausgezeichnet werden«.*[292]

Dem besten Lehrling winkte die Finanzierung eines Hochschulstudiums als Ingenieur oder Kaufmann. **Juden waren von allen diesen Lehrwohltaten ausgeschlossen.**

Abb. 294: Lehre bei Lindner, Ammendorf, um 1938.

290. LHASA, MER, Gottfried Lindner AG, Nr. 501.
291. LHASA, MER, Gottfried Lindner AG, Nr. 501.
292. LHASA, MER, Gottfried Lindner AG, Nr. 501.

Lehrausbildung bei Lindner 1938 Teil 3

Die folgenden Bilder illustrieren die Arbeit in der Lehrausbildung der Lindner AG um 1938 (Abb. 295–298).[293]

Abb. 295: Lehre bei Lindner, Ammendorf, um 1938.

Abb. 296: Lehre bei Lindner, Ammendorf, um 1938.

293. LHASA, MER, Gottfried Lindner AG, Nr. 501.

Abb. 297: Lehre bei Lindner, Ammendorf, um 1938.

Abb. 298: Lehre bei Lindner, Ammendorf, um 1938.

Lehrausbildung

Maßgeblich für die Lehrausbildung in der Nazizeit waren die Richtlinien der DAF (Deutsche Arbeits-Front). Die Gesamtlehrzeit dauerte 3 bis 3 1/2 Jahre. Sie begann jeweils am 1. April des Kalenderjahres. Dabei gab es zwei Hauptabschnitte:

1. Die Ausbildung in der Lehrwerkstatt (1. und 2. Lehrjahr).
2. Die Ausbildung im Betrieb.

Die LINDNER AG bildete folgende Berufe aus:

- Maschinenschlosser
- Eisenbauschlosser
- Werkzeugmacher
- Dreher
- Betriebselektriker
- Tischler
- Stellmacher
- Lackierer
- Sattler
- Schriftenmaler.
- Technischer Zeichner.

KVP bei Lindner 1944

KVP bedeutet kontinuierlicher Verbesserungs-Prozess der Produktion. In Japan wird es Kaizen und in den angelsächsischen Ländern CIP (continuous improvement process) genannt. Dieses KVP wurde auch bei Lindner ab etwa 1944 betrieben (Abb. 299–302).[294]

In einem einleitenden Artikel der sogenannten LINDNER-Blätter entwarf Direktor PAUL ZIEGE die Ansprüche an diese sogenannte Qualität der Arbeit anstelle von Qualitätsarbeit (Abb. 299):

> *»Wenn wir bis zum Ausbruch dieses Krieges und noch darüber hinaus unsere Erzeugnisse – trotz schwerster Auslandskonkurrenz – weit über die Grenzen unseres Landes in alle Welt verschicken konnten, dann nur deshalb, weil eben die Qualität unserer Erzeugnisse höher lag als die der anderen Erzeugerländer. Höhere Qualitäten nicht nur in bezug auf die Arbeitsausführung, sondern auch in bezug auf Material, Solidität und Komfort. Man brauchte sich beispielsweise nur ein Automobil einer deutschen Erzeugerfirma anzusehen und daneben einen Ford-Wagen oder dergleichen, um den Unterschied augenfällig in Erscheinung treten zu lassen.«*[295]

Kritisch geht Direktor PAUL ZIEGE mit den »Pfuscher« genannten Arbeitern um:

> *»Leider finden sich aber auch – wie überall – verantwortungslose Elemente, die entweder durch Oberflächlichkeit, Unmut, vielleicht auch gar durch böse Absichten diesen Gesetzen nicht Folge leisten und unter dem Sammelbegriff "Pfuscher" gekennzeichnet sind. In der Kette der Arbeitsvorgänge treten diese Pfuscher nicht offen in Erscheinung, teils aus falscher Scham, teils aus der bestimmten Absicht heraus, nicht erkannt zu werden. Sie stören und schädigen aber nicht nur die Fertigung, sondern darüber hin aus ihre eigenen Arbeitskameraden ...«*

Dieser KVP wurde durch zahlreiche Wettbewerbe und Sozialkontrolle unterstützt.

294. LHASA, MER, G. Lindner AG, Nr. 501.
295. LHASA, MER, G. Lindner AG, Nr. 501.

LINDNER-Blätter

FÜR DIE BETRIEBSGEMEINSCHAFT

4. Jahrgang · Januar/Februar 1944 · Folge 31

Nicht so, sondern so!

Qualitätsarbeit oder Qualität der Arbeit

Von Direktor Paul Ziege

Wenn in der Welt von „Qualitätsarbeit" die Rede ist, dann ist das ein Begriff, der irgendwie mit der Leistung des deutschen Volkes, mit der deutschen Werkmannsarbeit in Verbindung gebracht wird. Durch die vor allem uns Deutschen angeborene Gründlichkeit und Exaktheit in allem, was wir tun, haben wir uns diesen Ruf und Vorsprung erkämpft, eine Tatsache, die uns so leicht kein anderes Volk nachmachen kann.

Wenn wir bis zum Ausbruch dieses Krieges und noch darüber hinaus unsere Erzeugnisse — trotz schwerster Auslandskonkurrenz — weit über die Grenzen unseres Landes in alle Welt verschicken konnten, dann nur deshalb, weil eben die Qualität unserer Erzeugnisse höher lag als die der anderen Erzeugerländer. Höhere Qualitäten nicht nur in bezug auf die Arbeitsausführung, sondern auch in bezug auf Material, Solidität und Komfort. Man brauchte sich beispielsweise nur ein Automobil einer deutschen Erzeugerfirma anzusehen und daneben einen Ford-Wagen oder dergleichen, um den Unterschied augenfällig in Erscheinung treten zu lassen.

Hier war nicht nur der Gedanke der Zweckmäßigkeit vorherrschend, sondern das Gediegene und die Bequemlichkeit bestimmten die Richtung, und das ethische Gefühl des Schönen war besonders zum Ausdruck gebracht; kurz: die Harmonie des Ganzen wies keinerlei Lücken auf.

Wir stehen nun heute im fünften Kriegsjahr eines uns aufgezwungenen Krieges und kämpfen um unser nacktes Leben. Es ist selbstverständlich, daß sich inzwischen manches geändert hat. Wir haben persönliche Einschränkungen erfahren müssen und auf Annehmlichkeiten verzichten gelernt. Wir müssen uns damit abfinden, vieles uns Liebgewordene und zu unseren normalen Lebensbedürfnissen Zählende vorläufig zu entbehren, immer nur das eine Ziel im Auge: den Sieg zu erringen und damit unsere Lebensexistenz zu sichern!

So kann es nicht wundernehmen, daß auch in unseren Erzeugnissen und unserer Arbeit ein Wandel eingetreten ist, der, je länger der Krieg dauert, sich immer mehr seinen Erfordernissen anpassen muß. Es geht heute nicht mehr darum, daß unsere Erzeugnisse, sei es nun ein Automobil, sonst ein Fahrzeug oder Gerät, die die eingangs aufgezählten Merkmale einer Qualitätsarbeit in weitem Sinne aufweisen, sondern es geht darum, soviel wie möglich an solchen Fahrzeugen und Erzeugnissen herzustellen, mit denen wir insbesondere unsere Soldaten an der Front in die Lage versetzten, unsere Feinde im Schach zu halten und sie am Ende niederzuzwingen. Deshalb haben wir auch immer mehr die reine Zweckmäßigkeit unserer Erzeugnisse in den Vordergrund rücken müssen, um so der notwendigen Einsparung von Arbeitskräften und Material Rechnung zu tragen und die sogenannten Entfeinerungs- und Vereinfachungsmaßnahmen, die darauf abzielen, allen überflüssigen Komfort oder dem Schönheitsgefühl dienende Arbeiten fortzulassen, in weitgehendstem Maße durchzuführen.

Aus denselben Gründen entstehen heute Neukonstruktionen, bei denen ihr spezieller Einsatzzweck als tragende Idee des Konstrukteurs klar hervortritt. Aber nur der Einsatzzweck; alles Übrige ist beiseite gelassen. Es ist also sozusagen eine Entkleidung der Qualitätsarbeit von allen zur Zeit nicht erforderlichen Äußerlichkeiten und Feinheiten. Nur eines ist unverrückbar ge-

BETRIEBSNACHRICHTEN DER GOTTFRIED LINDNER AKTIENGESELLSCHAFT, AMMENDORF-HALLE

Abb. 299: Kontinuierlicher Verbesserungsprozess bei Lindner, Ammendorf, 1944.

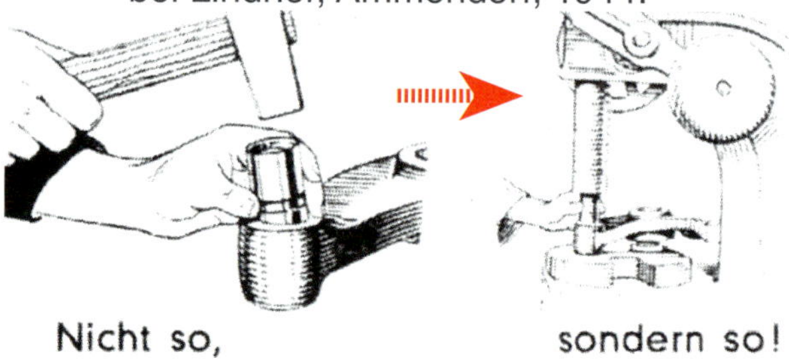

Abb. 300: Kontinuierlicher Verbesserungsprozess bei Lindner, Ammendorf, 1944.

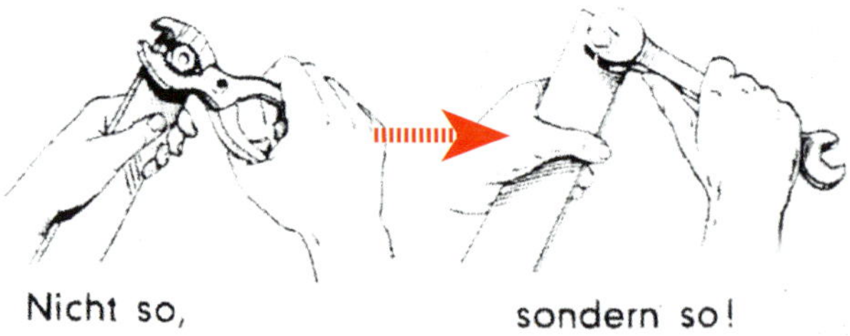

Abb. 301: Kontinuierlicher Verbesserungsprozess bei Lindner, Ammendorf, 1944.

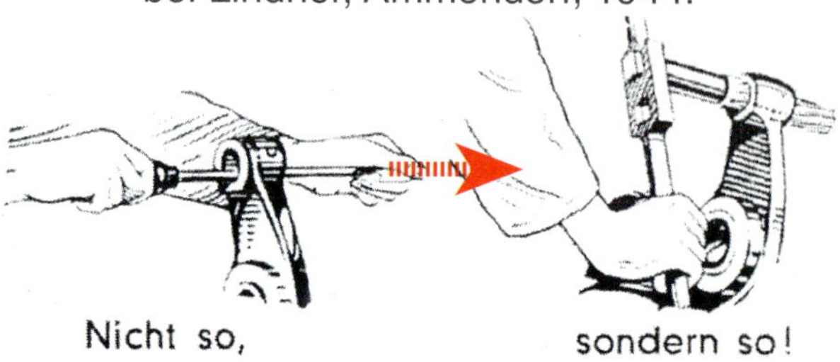

Abb. 302: Kontinuierlicher Verbesserungsprozess bei Lindner, Ammendorf, 1944.

Leistungswettbewerb bei Lindner 1940

Die Quellen über die Leistungswettbewerbe sind nicht vollständig erhalten geblieben.[296] Die Aktionen für die Leistungswettbewerbe dienten der Steigerung der Arbeitsproduktivität und der höheren Effizienz bei der Materialverwendung. Der Wettbewerb wurde jeweils unter ein bestimmtes Motto gestellt, z. B. Material-Ersparnis (Abb. 303).[297] Dabei wurden die Möglichkeiten der Ersparnis in 17 Fragen formuliert, z. B.:

> »*Wo sind irgendwelche Materialien in unseren neuesten Stücklisten verzeichnet, die in den Maßen zu reichlich berechnet sind?*«.[298]

Eine andere Frage lautete:

> »*Papierverwüstung.– Es werden so viel Mitteilungen geschrieben und Formulare hergestellt, die sich vereinheitlichen lassen. Auch hier muß ganz besonders gespart werden.*«[299]

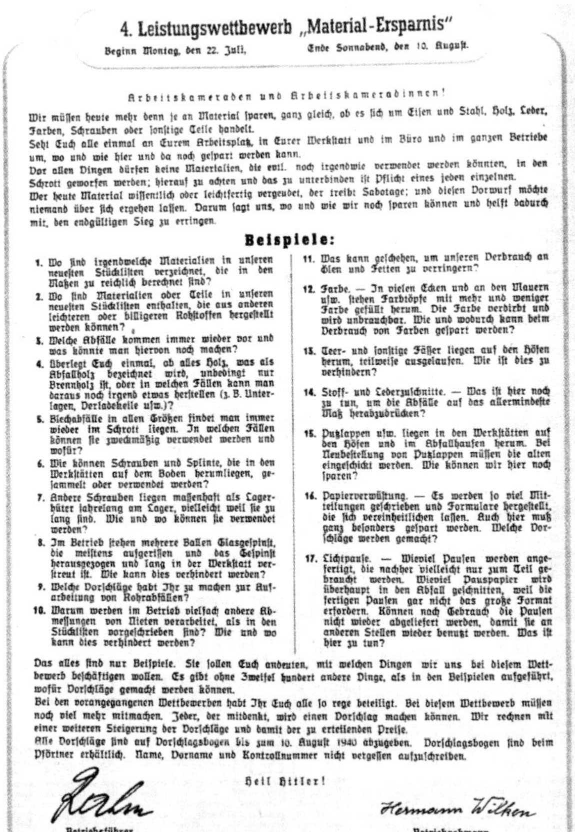

4. Leistungswettbewerb „Material-Ersparnis"

Beginn Montag, den 22. Juli, Ende Sonnabend, den 10. August.

Arbeitskameraden und Arbeitskameradinnen!

Wir müssen heute mehr denn je an Material sparen, ganz gleich, ob es sich um Eisen und Stahl, Holz, Leder, Farben, Schrauben oder sonstige Teile handelt.
Seht Euch alle einmal an Eurem Arbeitsplatz, in Eurer Werkstatt und im Büro und im ganzen Betriebe um, wo und wie hier und da noch gespart werden kann.
Vor allen Dingen dürfen keine Materialien, die evtl. noch irgendwie verwendet werden könnten, in den Schrott geworfen werden; hierauf zu achten und das zu unterbinden ist Pflicht eines jeden einzelnen.
Wer heute Material wissentlich oder leichtfertig vergeudet, der treibt Sabotage; und diesen Vorwurf möchte niemand über sich ergehen lassen. Darum sagt uns, wo und wie wir noch sparen können und helft dadurch mit, den endgültigen Sieg zu erringen.

Beispiele:

1. Wo sind irgendwelche Materialien in unseren neuesten Stücklisten verzeichnet, die in den Maßen zu reichlich berechnet sind?
2. Wo sind Materialien oder Teile in unseren neuesten Stücklisten enthalten, die aus anderen leichteren oder billigeren Rohstoffen hergestellt werden können?
3. Welche Abfälle kommen immer wieder vor und was könnte man hiervon noch machen?
4. Überlegt Euch einmal, ob alles Holz, was als Abfallholz bezeichnet wird, unbedingt nur Brennholz ist, oder in welchen Fällen kann man daraus noch irgend etwas herstellen (z. B. Unterlagen, Verladekeile usw.)?
5. Blechabfälle in allen Größen findet man immer wieder im Schrott liegen. In welchen Fällen können sie zweckmäßig verwendet werden und wofür?
6. Wie können Schrauben und Splinte, die in den Werkstätten auf dem Boden herumliegen, gesammelt oder verwendet werden?
7. Andere Schrauben liegen massenhaft als Lagerhüter jahrelang am Lager, vielleicht weil sie zu lang sind. Wie und wo können sie verwendet werden?
8. Im Betrieb stehen mehrere Ballen Glasgespinst, die meistens aufgerissen und das Gespinst herausgezogen und lang in der Werkstatt verstreut ist. Wie kann dies verhindert werden?
9. Welche Vorschläge habt Ihr zu machen zur Aufarbeitung von Rohrabfällen?
10. Warum werden im Betrieb vielfach andere Abmessungen von Nieten verarbeitet, als in den Stücklisten vorgeschrieben sind? Wie und wo kann dies verhindert werden?
11. Was kann geschehen, um unseren Verbrauch an Ölen und Fetten zu verringern?
12. Farbe. — In vielen Ecken und an den Mauern usw. stehen Farbtöpfe mit mehr und weniger Farbe gefüllt herum. Die Farbe verdirbt und wird unbrauchbar. Wie und wodurch kann beim Verbrauch von Farben gespart werden?
13. Teer- und sonstige Fässer liegen auf den Höfen herum, teilweise ausgelaufen. Wie ist dies zu verhindern?
14. Stoff- und Lederzuschnitte. — Was ist hier noch zu tun, um die Abfälle auf das allermindeste Maß herabzudrücken?
15. Putzlappen usw. liegen in den Werkstätten auf den Höfen und im Abfallhaufen herum. Bei Neubestellung von Putzlappen müssen die alten eingeschickt werden. Wie können wir hier noch sparen?
16. Papierverwüstung. — Es werden so viel Mitteilungen geschrieben und Formulare hergestellt, die sich vereinheitlichen lassen. Auch hier muß ganz besonders gespart werden. Welche Vorschläge werden gemacht?
17. Lichtpause. — Wieviel Pausen werden angefertigt, die nachher vielleicht nur zum Teil gebraucht werden. Wieviel Pauspapier wird überhaupt in den Abfall geschnitten, weil die fertigen Pausen gar nicht das große Format erfordern. Können nach Gebrauch die Pausen nicht wieder abgeliefert werden, damit sie an anderen Stellen wieder benutzt werden. Was ist hier zu tun?

Das alles sind nur Beispiele. Sie sollen Euch andeuten, mit welchen Dingen wir uns bei diesem Wettbewerb beschäftigen wollen. Es gibt ohne Zweifel hundert andere Dinge, als in den Beispielen aufgeführt, wofür Vorschläge gemacht werden können.
Bei den vorangegangenen Wettbewerben habt Ihr Euch alle so rege beteiligt. Bei diesem Wettbewerb müssen noch viel mehr mitmachen. Jeder, der mitdenkt, wird einen Vorschlag machen können. Wir rechnen mit einer weiteren Steigerung der Vorschläge und damit der zu erteilenden Preise.
Alle Vorschläge sind auf Vorschlagsbogen bis zum 10. August 1940 abzugeben. Vorschlagsbogen sind beim Pförtner erhältlich. Name, Vorname und Kontrollnummer nicht vergessen aufzuschreiben.

Heil Hitler!

Betriebsführer. Hermann Wilken Betriebsobmann.

Abb. 303: Leistungswettbewerb »Material-Ersparnis« bei Lindner, Ammendorf, August 1940.

296. LHASA, MER, G. Lindner AG, Nr. 501.
297. LHASA, MER, G. Lindner AG, Nr. 501.
298. LHASA, MER, G. Lindner AG, Nr. 501.
299. LHASA, MER, G. Lindner AG, Nr. 501.

Ein weiterer Leistungswettbewerb war unter das Motto »Transportwesen« gestellt (Abb. 304).[300] Hier ging es um die Vermeidung von Irrläufern und die heute just-in-time genannte zweckentsprechende Sicherstellung von Material für den Tagesbedarf.

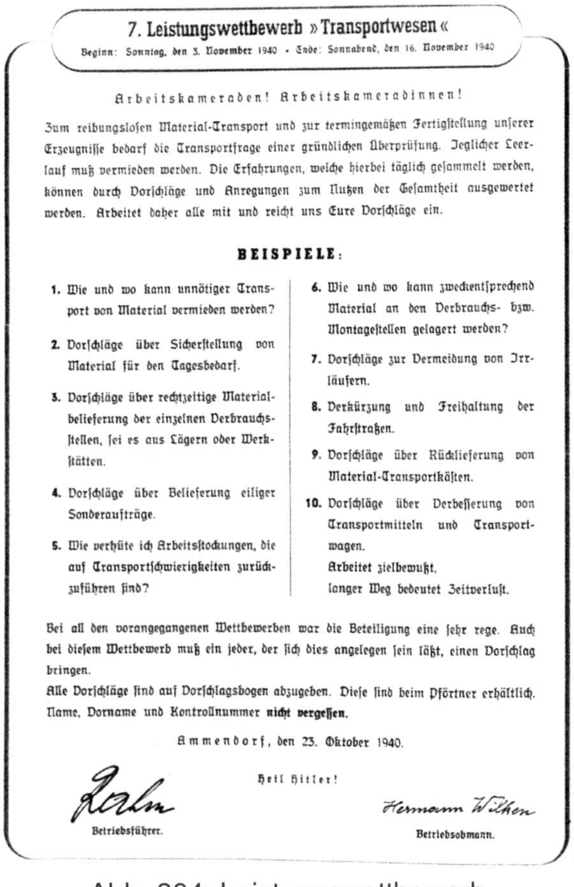

7. Leistungswettbewerb »Transportwesen«

Beginn: Sonntag, den 3. November 1940 • Ende: Sonnabend, den 16. November 1940

Arbeitskameraden! Arbeitskameradinnen!

Zum reibungslosen Material-Transport und zur termingemäßen Fertigstellung unserer Erzeugnisse bedarf die Transportfrage einer gründlichen Überprüfung. Jeglicher Leerlauf muß vermieden werden. Die Erfahrungen, welche hierbei täglich gesammelt werden, können durch Vorschläge und Anregungen zum Nutzen der Gesamtheit ausgewertet werden. Arbeitet daher alle mit und reicht uns Eure Vorschläge ein.

BEISPIELE:

1. Wie und wo kann unnötiger Transport von Material vermieden werden?
2. Vorschläge über Sicherstellung von Material für den Tagesbedarf.
3. Vorschläge über rechtzeitige Materialbelieferung der einzelnen Verbrauchsstellen, sei es aus Lägern oder Werkstätten.
4. Vorschläge über Belieferung eiliger Sonderaufträge.
5. Wie verhüte ich Arbeitsstockungen, die auf Transportschwierigkeiten zurückzuführen sind?
6. Wie und wo kann zweckentsprechend Material an den Verbrauchs- bzw. Montagestellen gelagert werden?
7. Vorschläge zur Vermeidung von Irrläufern.
8. Verkürzung und Freihaltung der Fahrstraßen.
9. Vorschläge über Rücklieferung von Material-Transportkästen.
10. Vorschläge über Verbesserung von Transportmitteln und Transportwagen.

Arbeitet zielbewußt,
langer Weg bedeutet Zeitverlust.

Bei all den vorangegangenen Wettbewerben war die Beteiligung eine sehr rege. Auch bei diesem Wettbewerb muß ein jeder, der sich dies angelegen sein läßt, einen Vorschlag bringen.
Alle Vorschläge sind auf Vorschlagsbogen abzugeben. Diese sind beim Pförtner erhältlich. Name, Vorname und Kontrollnummer **nicht vergessen.**

Ammendorf, den 23. Oktober 1940.

Heil Hitler!

Betriebsführer. Hermann Wilken Betriebsobmann.

Abb. 304: Leistungswettbewerb »Transportwesen« bei Lindner, Ammendorf, August 1940.

Die Auswertung erfolgte einerseits summarisch in den LINDNER-Blättern (Abb. 305). Hier wurden alle Vorschläge einer Periode zusammengerechnet und in einem Geldwert in Reichsmark ausgedrückt, z. B. RM 6721.–.[301]

Seit dem 1. Januar 1942 bis Ende September sind eingegangen:

449 Verbesserungsvorschläge
459 Leistungsvorschläge

zus. **908 Vorschläge.**

im **August** wurden
37 Leistungsvorschläge und
26 Verbesserungsvorschläge

zus. **63 Vorschläge** abgegeben.

im **September**
37 Leistungsvorschläge und
66 Verbesserungsvorschläge

zus. **103 Vorschläge.**

Von den insgesamt abgegebenen 908 Vorschlägen sind bisher 746 bearbeitet worden, 32 Vorschläge sind wohl brauchbar, konnten jedoch noch nicht endgültig bewertet werden, da die Genehmigung außerbetrieblicher Stellen hierzu erforderlich ist. Der Rest ist zur Zeit noch in Bearbeitung.

Durch die Leistungsvorschläge wurden seit dem 1. Januar 1942 **45 031 Arbeitsstunden** erspart.

An Material konnte auf Grund der eingereichten und bewerteten Vorschläge ab 1. Januar 1942 ein Betrag von **RM 27 534,76** auf die Jahresproduktion umgerechnet, eingespart werden.

Vom 1. Januar 1942 bis 30. September sind an Geldpreisen einschließlich der Buchpreise

RM 6721,—

ausgezahlt worden.

Abb. 305: Auswertung der Leistungswettbewerbe bei Lindner, Ammendorf, September 1942.

300. LHASA, MER, G. Lindner AG, Nr. 501.
301. LHASA, MER, G. Lindner AG, Nr. 501.

Leistungswettbewerb bei Lindner Teil 3

Besondere Vorschläge wurden mittels Vergleichsbildern und Fotos der Preisträger bekannt gemacht (Abb. 308).[303]

Aus der großen Zahl brauchbarer Vorschläge bringen wir heute
zwei besonders erfolgreiche Preisträger
und veranschaulichen gleichzeitig die Auswertung ihrer Vorschläge.

Emil Kopf,
Elektriker, brachte einen Vorschlag an den Elektroden für Punktschweißmaschinen, der jährlich 250 kg Kupfer einspart.

Text und Skizze veranschaulichen alles Weitere.

Paul Höllig.
Kalkulator, brachte einen Vorschlag für Cellonscheiben, durch den sich eine Arbeitszeitersparnis von 50% ergibt.

Text und Skizze veranschaulichen alles Weitere.

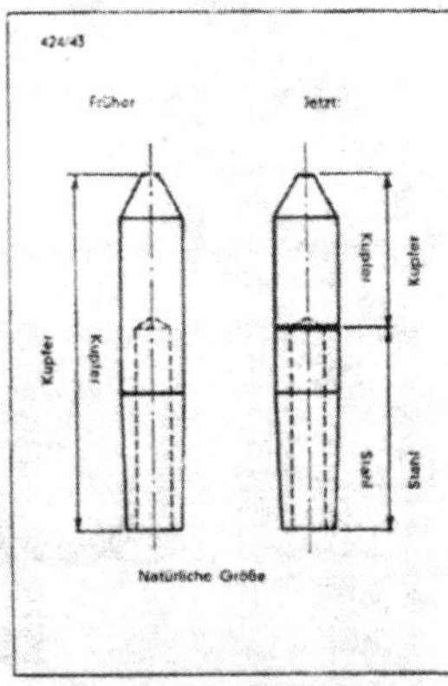

Früher: Wurden die Elektroden für Punktschweiß-Maschinen vollständig aus Kupfer hergestellt.
Jetzt: Werden nur Elektrodenköpfe aus Kupfer auf Stahlkerne hart aufgelötet.
Materialersparnis: . 50% Kupfer
Arbeitszeitersparnis: -/.
Einsparung: . . . 250 kg Kupfer jährlich

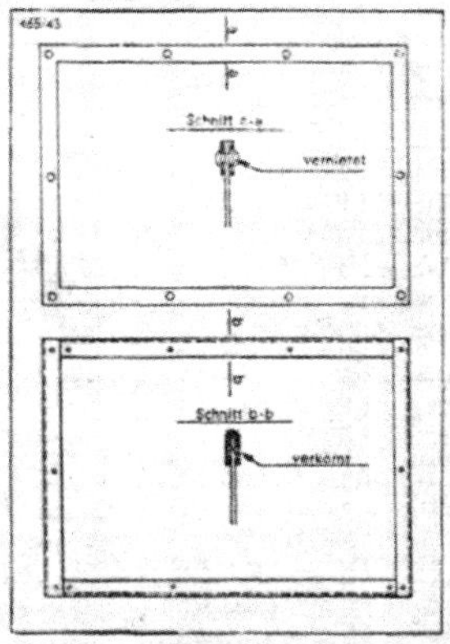

Früher: Cellonscheiben wurden mit Blechstreifen eingefaßt und vernietet.
Jetzt: Cellonscheiben werden mit Blechkappen eingefaßt und verkörnt.
Materialersparnis: -/.
Zeiteinsparung: ca. 50%

Abb. 303: Preisträger der Leistungswettbewerbe bei Lindner (Ausschnitt), Ammendorf, 1943.

Manchmal wurden wertlos gewordene Maschinen mit Tricks und Kniffen wieder arbeitsfähig gemacht (Abb. 309).[304]

Vier preisgekrönte und bereits durchgeführte Vorschläge

Wenn wir heute aus der großen Zahl der uns vorliegenden prämiierten Vorschläge vier herausgreifen und diese zum Abdruck bringen, so bedeutet dies in keiner Weise ein Werturteil.
Vielmehr haben wir uns bei der Wahl der 4 Vorschläge von rein sachlichen Gesichtspunkten leiten lassen und Vorschläge gebracht, die von Allgemeininteresse sind und bei denen ersichtlich ist, wie oft nur kleine Maßnahmen, richtig angesetzt, eine wertvolle Verbesserung der einen oder anderen Arbeitsbedingung mit sich bringen. Sie sollen und können als Musterbeispiele und Anregungen für ähnliches dienen.

Alte Ausführung

Neue Ausführung

Vorschlag Hugo Rümpler, Ordn.-Nr. 8831, Abt. Fez

Der Brenner von der Autogenschneidmaschine wurde reparaturbedürftig. Ersatzteile konnten nicht mehr geliefert werden. Die Maschine war wertlos. Kamerad Rümpler kam auf die Idee, einen gewöhnlichen Handschneidbrenner in die Maschine einzubauen. Dadurch konnte dieselbe wieder in Gebrauch genommen werden. Außerdem stellte sich heraus, daß jetzt eine erhebliche Menge von Sauerstoff gespart wird. Hierfür erhielt Kamerad Rümpler eine Prämie von **RM 100,—.**

Abb. 304: Preisträger der Leistungswettbewerbe bei Lindner, Ammendorf, 1942.

303. LHASA, MER, G. Lindner AG, Nr. 501.
304. LHASA, MER, G. Lindner AG, Nr. 501.

Kranken-Kontrolle bei Lindner

Den Krankheitsziffern versuchte man mit Kontrolle beizukommen (Abb. 310–311).[305]

WALTER RAHM
BETRIEBSFÜHRER
UND VORSITZER DES VORSTANDS
DER GOTTFRIED LINDNER A.-G.
AMMENDORF B. HALLE A. S.

15. März 1941

Ein offenes Wort zum „krank" sein!

Kameraden und Kameradinnen!

Ich weiß, daß ich Euch gegenüber auch einmal ein offenes Wort sprechen kann und daß Ihr mich dabei auch richtig versteht. Die Krankheitsziffer in unserem Betrieb steigt andauernd. Ich weiß, daß der eine Körper leichter für eine Krankheit empfänglich ist als der andere. Ich weiß, daß wir gerade in den letzten Wochen schlechtes und schwankendes Wetter hatten, das häufig die Veranlassung der Krankheiten war.

Wenn man krank ist, dann soll man einen Arzt befragen, sich ins Bett legen, die Vorschriften des Arztes befolgen und wenn man sich gesund fühlt und der Arzt dies bescheinigt, sofort wieder zur Arbeit gehen.

Nun gibt es Menschen, die z.B. wenn sie Husten oder Schnupfen haben, diese "Krankheit" mit alt bewährten Hausmitteln nebenbei auskurieren. Daneben gibt es wieder andere, die sich dann gleich 8 Tage ins Bett legen, zumindest aber zu Hause bleiben und dann vielleicht noch 8 Tage lang warten ob der Schnupfen oder der Husten tatsächlich weg ist oder ob er nicht doch noch einmal wiederkommt.

Dann gibt es welche, die sich bei einem Mückenstich gleich ein Dampfbad verschreiben lassen und wehmütig über sich selbst sich dann 8 Tage ins Bett legen.

Nun haben wir vor kurzem einen Krankenbesucher eingestellt. Das haben einige in den falschen Hals bekommen. Warum eigentlich? Es muss doch jeder verstehen können, daß ich ein Interesse daran habe, meine Kranken regelmässig besuchen zu lassen, denn wer einige Wochen richtig krank ist, der soll auch einmal von mir etwas hören und von mir z.B. eine Flasche Wein bekommen, damit er sich stärken kann.

Nun haben wir bei den Krankenbesuchen – allerdings nur bei einem kleinen Kreis und nicht etwa bei altbewährten Arbeitskameraden – festgestellt, daß solche dabei sind, die keine Flasche Wein verdient haben sondern eher eine recht grosse Flasche Rizinusöl. Da sind welche dabei, die gar nicht zu Hause waren, wo die Frau oder die Mutter gar nicht wußte, bei welchem Arzt sie in Behandlung waren und wo sich erfreulicherweise sofort heraus stellte, daß sie gerade am Tage des Besuches wieder gesund geworden waren und am anderen Tage wieder zur Arbeit kommen wollten.

Es scheint also immer noch jemand zu geben, der von dem Geist unserer Betriebsgemeinschaft noch nicht viel gefrühstückt hat und diese wollen wir uns natürlich alle gemeinsam aufs Korn nehmen.

Solche Kameraden und Kameradinnen scheinen tatsächlich nicht zu wissen, daß es besonders im Kriege auf jede Stunde Arbeitskraft ankommt, obwohl sie es nun allmählich wissen müßten.

Ich habe also die Bitte an Euch, helft mir alle bei der Beobachtung unserer kranken Arbeitskameraden! Helft mir dabei, daß jeder, der es verdient hat, recht schnell eine Flasche Wein, oder der andere, der es verdient, recht schnell eine Pulle Rizinusöl bekommt!

Ich weiß, daß Ihr mich – wie auch bisher immer – dabei unterstützt.

Heil Hitler!
Walter Rahm

Abb. 310: Ein offenes Wort zum »krank« sein!, Ammendorf, 15. März 1941.

2. **Aufsuchen des Gef.-Mitgl. in der Wohnung ist erfolgt am:**
   durch:
   Feststellungen: anwesend: ja / nein
   a) **falls nein,** wer wurde angetroffen:
   Aussage des Betreffenden:
   Besteht die Möglichkeit der Schwarzarbeit?
   gegebenenfalls wo?
   b) **falls ja,** Aussage des Gef.-Mitgl.:
   Sonstige Beobachtungen:
3. **Beratung im Vertrauensrat** am: Beschluß:
   Geldbuße verhängt am: Höhe: RM.
   evtl. wiederholte Geldbußen am:
   Bekanntmachung am schwarzen Brett am:
   Gef.-Mitgl. wurde gleichzeitig schärfere Maßnahmen im Wiederholungsfalle angedroht.
4. **Evtl. weitere Maßnahmen des Betriebes:**
5. **Sonstiges** (Charakter und Benehmen des Gef.-Mitgliedes. Auskunft der Krankenkasse über Arbeitsunfähigkeit usw.):
6. **Evtl. Entlassung am:** Grund:
   Die Zustimmung des Arbeitsamtes zur Entlassung wurde schriftlich / mündlich (mündlich durch Herrn) erteilt.
7. **Evtl. Anschrift des neuen Betriebes:**

Firmenstempel und Anschrift:

Abb. 311: Protokoll der Krankheitskontrolle bei Lindner, Ammendorf, o. J.

305. LHASA, MER, G. Lindner AG, Nr. 501.

Soziale Leistungen bei Lindner

Bei LINDNER gab es früh soziale Leistungen: im 19. Jh. eine Krankenkasse. Auch in der Nazi-Zeit war dies der Fall wie die Einrichtung eines Waschtages für verheiratete Frauen belegt (Abb. 306).[306] Weitere

Bekanntmachung.

Jede im Werk beschäftigte und verheiratete Frau, die in Hausgemeinschaft mit ihrem Ehemann lebt und somit für eine Familie zu sorgen hat, kann alle 4 Wochen einen freien Waschtag, den sie vorher im Lohnbüro anmelden muß, bekommen.

Eine Bezahlung für diesen Waschtag findet allerdings nicht statt.-

Ammendorf, den 13.4.1940
J/Bu/Ke.

Abb. 306: Einrichtung eines Waschtages für verheiratete Frauen, Ammendorf, 1940.

Leistungen und Aktivitäten zeigt der Ausschnitt aus einem Betriebsheft (Abb. 307).[307]

KdF-Gruppen

KdF-Wart: Oswald Hennig

Werkschar	Tanz
Werkfrauen	Laienspieler
Werkslied	Sammler
Handharmonika	Zeichnen und Malen
Mundharmonika	Foto
Mandolinen	Reisen und Wandern
Werksorchester	Schach
Singschar	

Anlage 7

Betriebs-Sportgemeinschaft

der Gottfried Lindner Aktiengesellschaft

Leiter: Betriebssportwart Prok. Max Tannenberg (M)

Sportgruppen

Gymnastik (Frauen)	Leichtathletik	Kleinkaliberschießen
Fußball	Schwimmen	Kegeln
Handball	Tisch-Tennis	Rudern

Anlage 8

DAF-Leistungen

Die wichtigsten Unterstützungseinrichtungen sind:

1. Erwerbslosenunterstützung bei Arbeitslosigkeit und Krankheit, mindestens nach 12 Monatsvolleistungen.
2. Invalidenunterstützung (nach Leistung von 240 Monatsvollbeiträgen).
3. Sterbegeld (ab 36 Monatsvollbeiträgen) Antrag spätestens 13 Wochen nach Eintritt des Todesfalles stellen.
4. Notfallunterstützung (Voraussetzung mindestens 12 Monatsbeiträge).
5. Heiratsbeihilfe (ab 36 Monatsvollbeiträgen) — Antrag spätestens 3 Monate nach erfolgter Eheschließung stellen.
6. Opfer der Arbeit (betr. größere Unglücksfälle, Naturkatastrophen).

Was wird zur Einreichung eines Unterstützungsantrages benötigt?
In jedem Falle: Das Mitgliedsbuch usw. (siehe letzte Seite 32 der Bestimmungen über die Zugehörigkeit zur DAF.).
Anträge können in Sel gestellt werden.

Abb. 307: Kraft-durch-Freude-Gruppen, Betriebssportgemeinschaften und Leistungen der Deutschen Arbeits-Front bei Lindner, Ammendorf, 1941.

306. Frotscher-Archiv, Halle.
307. Frotscher-Archiv, Halle.

Außerdem wurden Speiseräume eingerichtet, um den Mitarbeitern täglich warme Mahlzeiten anbieten zu können (Abb. 308–310).[308] Schaut man sich diese Bilder an, fällt auf, dass in aller Regel an den Tischen die Geschlechter getrennt saßen. Auf Abb. 308 erkennt man ein Hakenkreuz im Zahnkranz als Symbol DAF. **Von allen Sozialleistungen waren Juden und andere Minderheiten ausgeschlossen.**

Abb. 308: Speiseräume für die Lindner-Mitarbeiter, Ammendorf, 1940.

Abb. 309: Speiseräume für die Lindner-Mitarbeiter, Ammendorf, 1940.

Abb. 310: Speiseräume für die Lindner-Mitarbeiter, Ammendorf, 1940.

308. LHASA, MER, G. Lindner AG, Nr. 501.

»Unser Haus am Reitstein«

Am 15. Februar 1941 – mitten im Krieg – wurde in Thüringen am Reitstein das Ferienhaus der Gottfried Lindner-AG eröffnet, wie die Lindner-Blätter berichteten:

»Ursprünglich war die Einweihung unseres neuen Erholungs- und Ferienheims schon für Mitte Januar vorgesehen, jedoch bedingte der starkte Schneefall dieses Winters eine Verlegung der feierlichen Eröffnung des Hauses. Am 15. Februar war es dann aber so weit, und als sich am Morgen dieses Tages die vom Betriebsführer eingeladenen 30 Gäste, Mitglieder des Vorstandes, des Vertrauensrates, Prokuristen und Abteilungsleiter, unter denen sich als Ehrengäste die Pg. (Parteigenosse NSDAP, d. A.) Kreisobmann Pfeiffer und Gauhauptstellenleiter Riemer der DAF (Deutsche Arbeitsfront, d. A.) befanden, am Bahnhof Halle versammelten, machte auch die Sonne ein freundliches Gesicht.«[309]

Es folgen Bilder (Abb. 311–316).[310]

Abb. 311: Umgebung des Ferienhauses am Reitstein, Ammendorf, 1941.

Abb. 312: Die Lindner-Urlauber kommen mit dem Bus an, Ammendorf, 1941.

Abb. 313: Besprechung in der Veranda des Ferienhauses am Reitstein. 1941.

Abb. 314: Die Veranda des Ferienhauses am Reitstein, 1941.

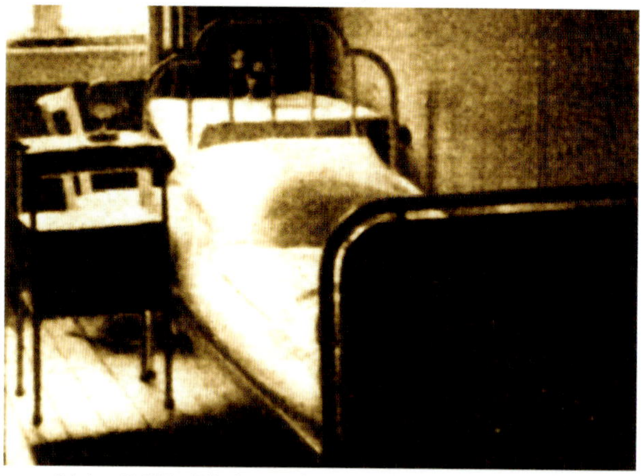

Abb. 315: Einbettzimmer im Ferienhaus am Reitstein, 1941.

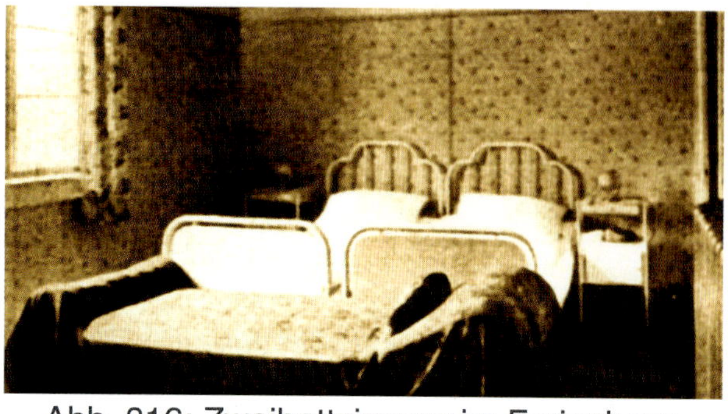

Abb. 316: Zweibettzimmer im Ferienhaus am Reitstein. 1941.

309. LHASA, MER, G. Lindner AG, Nr. 501, 11/1941.
310. LHASA, MER, G. Lindner AG, Nr. 501, 11/1941.

»Unser Haus am Reitstein« Teil 2

Der Bericht fährt mit der Schilderung fort:

> *»Nach der Begrüßung der Gäste durch das Wirtschafts-Ehepaar … wurde zunächst einmal alles gebührend besichtigt und bewundert.– Das Haus ist fabelhaft. Helle Holzverkleidung in der Diele und in den Gesellschaftsräumen und im strahlenden Sonnenlicht lag die große, über zwei Fronten des Hauses sich erstreckende Veranda, in der an Einzeltischen zu je 4 Personen verlockend gedeckt war … Während des Essens begrüßte der Betriebsführer* WALTER RAHM *seine Gäste – insbesondere die Ehrengäste – und schilderte in kurzen und treffenden Worten Sinn und Zweck des heutigen festlichen Beisammenseins und die Gründe, die Veranlassung gaben, dieses … Haus als Erholungs- und Ferienstätte für unsere Betriebsgemeinschaft zu bestimmen.«*[311]

Das Haus sollte vor allem verdienten Arbeitern, Jubiliaren und kinderreichen Familien für Urlaube auf Werkskosten zur Verfügung stehen. Für die zweite Jahreshälfte waren Aufenthalte der Leiter der Berufserziehung sowie der Jugendblockwalter vorgesehen. Am Ende der Feier sprachen noch der Kreisobmann der DAF und der Bürgermeister von Brotterode (Abb. 317–321).[312]

Abb. 317: Abendliche Festtafel im Ferienhaus am Reitstein, 1941.

Abb. 318: Der Betriebsführer begrüßt seine Gäste im Ferienhaus am Reitstein, 1941.

Abb. 319: Kreisobmann der Deutschen Arbeitsfront DAF Pg. Pfeiffer bei seiner Ansprache im Ferienhaus am Reitstein, 1941.

Abb. 320: Diskussion nach der Rede des Kreisobmanns der DAF im Ferienhaus am Reitstein, 1941.

Abb. 321: Bürgermeister Bickel überbringt die Grüße der Stadt Brotterode im Ferienhaus am Reitstein, 1941.

311. LHASA, MER, G. Lindner AG, Nr. 501, 11/1941.

312. LHASA, MER, G. Lindner AGH, Nr. 501, 11/1941.

Feldpostpäckchen für die Lindner-Soldaten
Seit dem Kriegsbeginn des von Deutschland verursachten zweiten Weltkrieges wurden zahlreiche Mitarbeiter der GOTTFRIED LINDNER AG mobilisiert und kämpften an der Front. Deshalb richtete man eine Versandstelle der Feldpostabteilung, deren Arbeit in den Lindner-Blätter beschrieben wurde (Abb. 322):

»Nachdem Ihr nun verschiedene Feldpostpäckchen und auch bereits die zweite Nummer der Lindner-Blätter erhalten habt, sollt Ihr einmal hören und sehen, wo und wie sich dieser ganze Versand abwickelt. Zunächst muß ja immer etwas da sein zum Verschicken und dafür hat die Feldpostabteilung bisher gut gesorgt, obwohl es nicht immer leicht fällt, das Richtige zu wählen, zumal ja Eure eigenen Wünsche nach Möglichkeit Berücksichtigung finden sollen ... Die Hauptsache ist ja wohl, daß die Rauchwaren an erster Stelle stehen, und auch dafür ist ein kleiner Bestand sichergestellt. Und nun zum Versand selbst. Um die Mitte jeden Monats erwartet die Versandstelle von der Feldpostabteilung den Auftrag: Neue Sendung vorbereiten! Freudig geht es nun an die Arbeit. Zuerst erfolgt der Versand der Lindner-Blätter. Die Briefumschläge werden an Hand einer Kartothek von einigen Arbeitskameradinnen mit den Adressen versehen, während die anderen das Falzen und Einstecken besorgen.«[313]

Abb. 322: Feldpostpäckchen für die Lindner-Soldaten an der Front, 1940.

313. LHASA, MER, G. Lindner AG, Nr. 501, 3/1940.

»Etwas mehr Arbeit bringen die Vorbereitungen zum Versand der Feldpostpäckchen. Während hier als erste Arbeit die Beschriftung der Schachteln vorgenommen wird, erfolgt dann das Einpacken und Verschnüren durch alle verfügbaren Kräfte. Hand in Hand, wie am laufenden Band, ist auch diese Arbeit bald bewältigt.« (Abb. 323).[314]

Abb. 323: Feldpostpäckchen für die Lindner-Soldaten an der Front, 1940.

Der Bericht der LINDNER-Blätter weiter:

»Noch einmal überfliegen unsere Blicke den Haufen der Päckchen und fort geht es mittels eines "Goliath" zur Post, während unsere besten Wünsche auf einen guten Empfang diese Sendung begleiten. Wir nehmen an, daß Ihr an der Verpackung nichts zu bemängeln habt und die Sendungen bisher wohlbehalten in Eure Hände gelangt sind. Sollten sich doch einmal Mängel zeigen, so schreibt auch hierüber, damit diese berücksichtigt werden können.« (Abb. 324).[315]

Abb. 324: Feldpostpäckchen für die Lindner-Soldaten an der Front, 1940.

314. LHASA, MER, G. Lindner AG, Nr. 501, 3/1940.
315. LHASA, MER, G. Lindner AG, Nr. 501, 3/1940.

Besuch im Stadttheater Halle

1940 organisierte die Gottfried Lindner AG einen Besuch der Belegschaft im Stadttheater (Abb. 325–327). Gespielt wurde das Stück »Drei alte Schachteln«:

> *»An je zwei dafür eingesetzten Sonnabend- und Sonntagnachmittagen stand unserer Gemeinschaft diese Kunststätte zur Verfügung ... Derartige Erlebnisstunden geben dem schaffenden Menschen Freude und Kraft für die folgenden Arbeitsstunden.«*

heißt es in den Lindner-Blättern dazu.[316]

Abb. 325: Besuch der Mitarbeiter der Gottfried Lindner AG im Stadttheater Halle, 1940.

Abb. 326 Besuch der Mitarbeiter der Gottfried Lindner AG im Stadttheater Halle, 1940.

Abb. 327: Besuch der Mitarbeiter der Gottfried Lindner AG im Stadttheater Halle, 1940.

316. LHASA, MER, G. Lindner AG, Nr. 501, 5/1940.

Geburten, Hochzeiten und Trauerfälle

Die Gottfried Lindner AG veröffentlichte regelmäßig Ereignisse, die die Familien ihrer Mitarbeiter betraf:

> *»Gemeinsam mit den glücklichen Eltern freuen wir uns, das Erscheinen junger Erdenbürger ... melden zu können«*

heißt es da zum Beispiel (Abb. 328–329).[317]

Geburten

Gemeinsam mit den glücklichen Eltern freuen wir uns, das Erscheinen junger Erdenbürger bei nachstehenden Arbeitskameraden melden zu können:

Arnold Nowak, Elektriker, am 28. April 1940 — ein Sohn,
Lieselotte Böttcher am 24. Mai 1940 — eine Tochter,
Karl Walther, Schneidemüller, am 7. Juni 1940 — ein Sohn,
Erich Jorcke, Schlosser, am 11. Juni 1940 — ein Sohn,
Kurt Wolf, Schlosser, am 15. Juni 1940 — ein Sohn,
Gerhard Romann, Schlosser, am 15. Juni 1940 — ein Sohn,
Hermann Müller, Stellmacher, am 18. Juni 1940 — eine Tochter,
Friedrich Sickel, Maschinentischler, am 19. Juni 1940 — ein Sohn.

Abb. 328: Veröffentlichung von Geburten der Mitarbeiterfamilien der Gottfried Lindner AG, 1940.

Hochzeiten

Den Bund fürs Leben schlossen in den letzten Wochen die Kameraden und Kameradinnen:

Maschinenarbeiter Georg Hasler, Ammendorf, mit Frieda Stoye am 1. Juni 1940
Hans Pankrantz, Werkstatt Nürnberg, zur Zeit im Felde, mit Frau Rosa Meisel geb. Weber am 6. Juni 1940
Schlosser Harry Seitenglanz, Werkstatt Dresden, zur Zeit im Felde, am 18. Juni 1940
Schlosser Eduard Bierschenk, Ammendorf, mit Adelheid Stoye, am 21. Juni 1940

Wir gratulieren auch an dieser Stelle herzlichst und übermitteln zugleich unsere besten Wünsche zum ferneren Lebenswege!

Abb. 329: Veröffentlichung von Hochzeiten der Mitarbeiter der Gottfried Lindner AG, 1940.

Trauerfälle †

Wir gedenken hierdurch in Ehrfurcht unseres verstorbenen Arbeitskameraden und nehmen aufrichtigen Anteil an dem herben Leid, das die Angehörigen betroffen hat:

Johannes Altendorf, Dreher, Werkstatt Berlin, † 7. Juni 1940.

Abb. 330: Veröffentlichung von Trauerfällen unter den Mitarbeitern der Gottfried Lindner AG, 1940.

317. LHASA, MER, G. Lindner AG, Nr. 501, 5/1940.

Kriegsbeginn und Personalwechsel

105

1939 begannen die Deutschen den zweiten Weltkrieg. Der Geschäftsbericht der AG verdreht die Tatsachen (Abb. 331):

> *»des unserem Volk im Kampf um sein Lebensrecht aufgezwungenen Krieges«*
>
> und schreibt weiter:
>
> *»Die erweiterten Aufgaben ... trafen uns vorbereitet«*[318]

Es ist also klar, dass auch LINDNER auf den Krieg vorbereitet worden war. Diese Vorbereitung des Krieges war mit einem Personalwechsel verbunden. 1939 trat der langjährige Generaldirektor DR. TRAUS in den Ruhestand. Sein Nachfolger wurde WALTER RAHM, ein Bekannter HERMANN GÖRINGS.

Abb. 332: Der Aufsichtsrat in der Nazizeit, rotes Kreuz als kommunistisches Zeichen der Ausradierung des kapitalistischen Aufsichtsrats, Halle 1969.

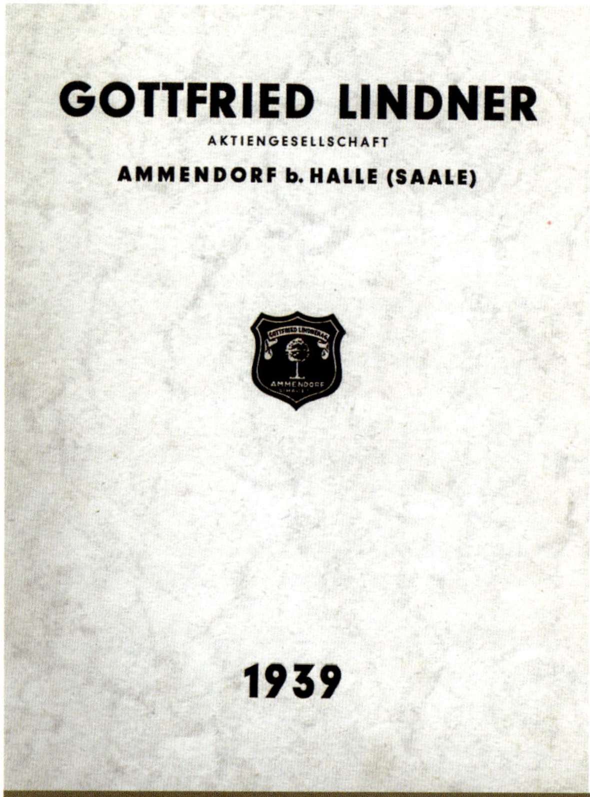

Auf einer Industrieschau in Berlin bot RAHM an, Drehgestelle in *»kurzer Lieferfrist für einen großen Heeresauftrag«* schaffen zu können.[319] Der Reichsleiter der Deutschen Arbeitsfront (DAF) ROBERT LEY weilte oft in der Villa RAHM im Nordosten von Halle.[320] Die Generaldirektoren wurden in Betriebsführer umbenannt. Außerdem gab es politische Mitglieder der Geschäftsleitung[321] (Abb. 332).[322] LEY verlieh der AG auch das »Gaudiplom für hervorragende Leistungen« (Abb. 333).[323]

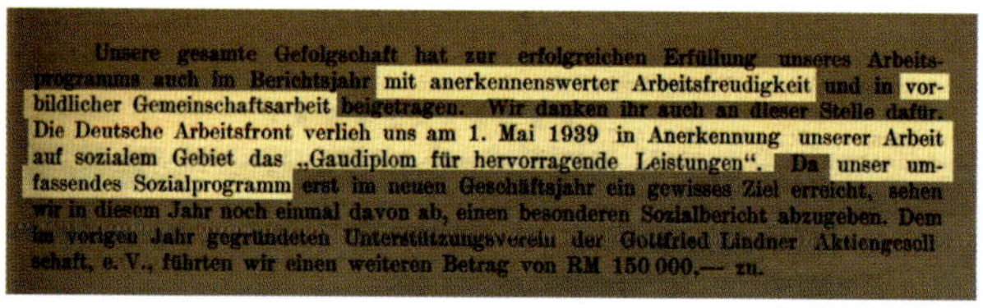

Unsere gesamte Gefolgschaft hat zur erfolgreichen Erfüllung unseres Arbeitsprogramms auch im Berichtsjahr mit anerkennenswerter Arbeitsfreudigkeit und in vorbildlicher Gemeinschaftsarbeit beigetragen. Wir danken ihr auch an dieser Stelle dafür. Die Deutsche Arbeitsfront verlieh uns am 1. Mai 1939 in Anerkennung unserer Arbeit auf sozialem Gebiet das „Gaudiplom für hervorragende Leistungen". Da unser umfassendes Sozialprogramm erst im neuen Geschäftsjahr ein gewisses Ziel erreicht, sehen wir in diesem Jahr noch einmal davon ab, einen besonderen Sozialbericht abzugeben. Dem im vorigen Jahr gegründeten Unterstützungsverein der Gottfried Lindner Aktiengesellschaft, e. V., führten wir einen weiteren Betrag von RM 150 000,— zu.

Abb. 333: DAF verleiht Gaudiplom, Geschäftsbericht der Gottfried Lindner AG, Halle, 1939.

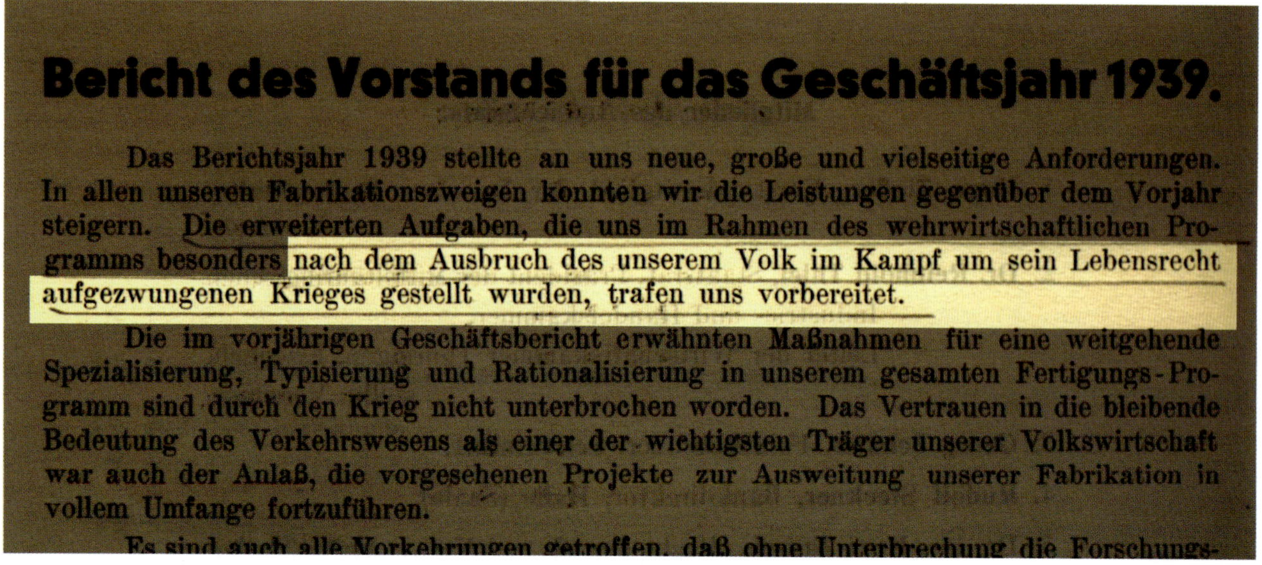

Bericht des Vorstands für das Geschäftsjahr 1939.

Das Berichtsjahr 1939 stellte an uns neue, große und vielseitige Anforderungen. In allen unseren Fabrikationszweigen konnten wir die Leistungen gegenüber dem Vorjahr steigern. Die erweiterten Aufgaben, die uns im Rahmen des wehrwirtschaftlichen Programms besonders nach dem Ausbruch des unserem Volk im Kampf um sein Lebensrecht aufgezwungenen Krieges gestellt wurden, trafen uns vorbereitet.

Die im vorjährigen Geschäftsbericht erwähnten Maßnahmen für eine weitgehende Spezialisierung, Typisierung und Rationalisierung in unserem gesamten Fertigungs-Programm sind durch den Krieg nicht unterbrochen worden. Das Vertrauen in die bleibende Bedeutung des Verkehrswesens als einer der wichtigsten Träger unserer Volkswirtschaft war auch der Anlaß, die vorgesehenen Projekte zur Ausweitung unserer Fabrikation in vollem Umfange fortzuführen.

Es sind auch alle Vorkehrungen getroffen, daß ohne Unterbrechung die Forschungs-

Abb. 331: Geschäftsbericht der Gottfried Lindner AG, Halle, 1939.

318. Gottfried Lindner AG Ammendorf b. Halle (Saale), Geschäftsbericht für das 35. Geschäftsjahr 1939, Halle, 1939, S. 6.

319. ebenda. Die im weiteren Text genannten Typisierungen waren von Göring am 24. 11. 1938 den Rüstungsbetrieben aufgetragen worden, darunter Lindner-Vertreter, M 488, Landeshauptarchiv Magdeburg.

320. Schoepe, G.: Im Archiv geblättert, Halle 1965, S. 64.

321. ebenda, S. 65.

322. Hauske, K.: VEB Waggonbau Ammendorf, Halle 1969, S. 14.

323. Gottfried Lindner AG Ammendorf b. Halle (Saale), Geschäftsbericht für das 35. Geschäftsjahr 1939, Halle, 1939, S. 7.

Abschiedsfeier für Hermann Traus

In der Abschiedsrede vom 1. Juni 1939 würdigte der neue erste Mann der GOTTFRIED LINDNER AG, WALTER RAHM, den Jubiliar (Abb. 334–335)[324]:

>*»Heute, am 1. Juni 1939, jährt sich der Tag zum 40. Male, ab dem unser Jubilar, Herr Dr. Hermann Traus, seine Tätigkeit bei unserem Werk begann…*
>*Am 27. Januar 1899 zerstörte ein großer Brand sämtliche Fabrik- und Werkgebäude in Halle und unmittelbar danach war auch der Zeitpunkt, an dem unser Jubilar seine Tätigkeit im Rahmen unseres Werkes begann, der 1. Juni 1899. ... «*

Abb. 334: Dr. h. c. Hermann Traus, Generaldirektor bis 31. Dezember 1939, Berlin 1940.

Sogar ein Gedicht anlässlich der 100-Jahrfeier wurde über HERMANN TRAUS veröffentlicht:

>*»Zu Herrn Traus und Wendenburg kommt ins Kontor, klipp, klapp, Herr Knust und flüstert beiden ins Ohr, klipp, klapp. "Prost Kinder", der Montag nimmt seinen Lauf. Wir frischen den Kater von gestern auf! Prost Prost!«*

Offenbar war Traus dem Alkohol nicht abgeneigt. WALTER RAHM kommentierte dazu:

>*»Der Vers kennzeichnet die behagliche Gemütlichkeit jener Zeit, die sich mit der heutigen wahrscheinlich nicht mehr vergleichen lässt.«*

Am 21. Mai 1908 erhielt HERMANN TRAUS Prokura und im gleichen Jahr fiel auch der Beschluss, den Automobilkarosseriebau zu betreiben. Dies war vor allem seiner Arbeit zu verdanken. Am 16. Dezember 1919 erfolgte die Bestellung von TRAUS zum Vorstandsmitglied und am 16. Mai 1922 zum Generaldirektor. Die Aufgabe des Karosseriebaus war für ihn eine Niederlage:

>*»Dem Jubilar ist es schwer gefallen, sich von diesem lieb gewonnenen Fabrikationszweig zu trennen. Die seinerzeitige Lage ließ es als ein dringendes Gebot der Gegenwart erscheinen, sich von dieser Abteilung zu trennen und das großzügige Angebot dieser mit ausländischem Geld seinerzeit arbeitenden Gesellschaft anzunehmen, und es ist ein Verdienst unseres am 2. Juni 1937 verstorbenen ... Aufsichtsratsvorsitzenden, ... Dr. Kurt Steckner, dass diese Entscheidung, die in wenigen Tagen und Stunden gefällt werden musste, zum Glück des Unternehmens rechtzeitig erfolgte.«*

Nur wenige Mitarbeiter erreichten damals eine 40jährige Betriebszugehörigkeit:

>*»Vor unserem heutigen Jubilar haben wir nur zwei, die 40 Jahre lang in unserem Betrieb arbeiten konnten und derer wir heute ebenfalls ehrend gedenken …«*

Abb. 335: Verabschiedung von Hermann Traus durch Walter Rahm, Ammendorf, 1940.

324. LHASA, MER, Gottfried Lindner AG Halle, Nr. 7, passim.

Rahm als Betriebsführer von Lindner

Der Kaufmann Walter Rahm (Abb. 336) begann bei Lindner 1914 als kaufmännischer Lehrling. Bereits 10 Jahre später erhielt er Prokura und wurde 1929 kaufmännischer Direktor und Vorstandsmitglied der Gottfried Lindner AG. Walter Rahm beschäftigte sich vor allem mit dem Außenhandel der AG. Er war Organisator und Mitbegründer von mehreren deutschen Exportvereinigungen, z. B. der DELAPORT und der Exportgemeinschaft deutscher Landmaschinen und Spezialfabriken in Hamburg EDALA. Weiter war er der Leiter des Ausschusses der Deutschen Automobil-Treuhand, Leiter der Fachgruppe Anhänger, Omnibus und Nutzwagenaufbauten, Mitglied des Beirates der Wirtschaftsgruppe Fahrzeugindustrie sowie Vorsitzender der Vereinigung Deutscher Lastanhänger-Fabriken. 1940 stellte er der Gottfried Lindner AG das Ziel, Nationalsozialistischer Musterbetrieb zu werden (Abb. 337).

Abb. 336: Walter Rahm, Betriebsführer und Wehrwirtschaftsführer der Gottfried Lindner AG, Ammendorf, 1940.

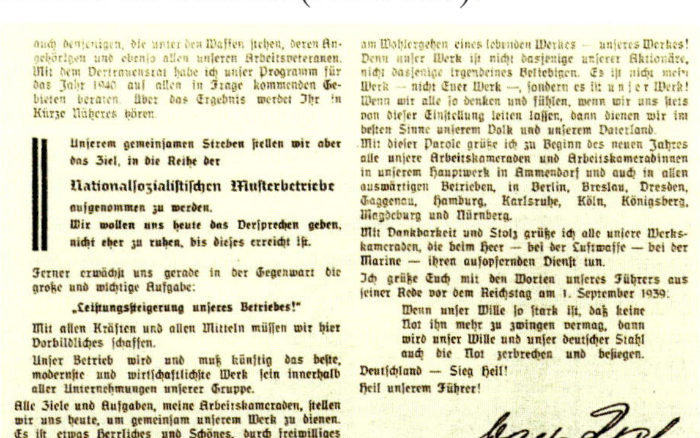

auch denjenigen, die unter den Waffen stehen, deren Angehörigen und ebenso allen unseren Arbeitsveteranen. Mit dem Vertrauensrat habe ich unser Programm für das Jahr 1940 auf allen in Frage kommenden Gebieten beraten. Über das Ergebnis werdet Ihr in Kürze Näheres hören.

Unserem gemeinsamen Streben stellen wir aber das Ziel, in die Reihe der

Nationalsozialistischen Musterbetriebe

aufgenommen zu werden.

Wir wollen uns heute das Versprechen geben, nicht eher zu ruhen, bis dieses erreicht ist.

Ferner erwächst uns gerade in der Gegenwart die große und wichtige Aufgabe:

„Leistungssteigerung unseres Betriebes!"

Mit allen Kräften und allen Mitteln müssen wir hier Vorbildliches schaffen.

Unser Betrieb wird und muß künftig das beste, modernste und wirtschaftlichste Werk sein innerhalb aller Unternehmungen unserer Gruppe.

Alle Ziele und Aufgaben, meine Arbeitskameraden, stellen wir uns heute, um gemeinsam unserem Werk zu dienen. Es ist etwas Herrliches und Schönes, durch freiwilliges und freudiges Dienen teilzuhaben an der Förderung und am Wohlergehen eines lebenden Werkes — unseres Werkes! Denn unser Werk ist nicht dasjenige unserer Aktionäre, nicht dasjenige irgendeines Beliebigen. Es ist nicht mein Werk — nicht Euer Werk —, sondern es ist u n s e r Werk! Wenn wir alle so denken und fühlen, wenn wir uns stets von dieser Einstellung leiten lassen, dann dienen wir im besten Sinne unserem Volk und unserem Vaterland.

Mit dieser Parole grüße ich zu Beginn des neuen Jahres alle unsere Arbeitskameraden und Arbeitskameradinnen in unserem Hauptwerk in Ammendorf und auch in allen auswärtigen Betrieben, in Berlin, Breslau, Dresden, Gaggenau, Hamburg, Karlsruhe, Köln, Königsberg, Magdeburg und Nürnberg.

Mit Dankbarkeit und Stolz grüße ich alle unsere Werkskameraden, die beim Heer — bei der Luftwaffe — bei der Marine — ihren aufopfernden Dienst tun.

Ich grüße Euch mit den Worten unseres Führers aus seiner Rede vor dem Reichstag am 1. September 1939:

Wenn unser Wille so stark ist, daß keine Not ihn mehr zu zwingen vermag, dann wird unser Wille und unser deutscher Stahl auch die Not zerbrechen und besiegen.

Deutschland — Sieg Heil!
Heil unserem Führer!

Abb. 337: Gottfried Lindner AG soll Musterbetrieb werden, Ammendorf 1940.

325. LHASA, MER, Gottfried Lindner AG Halle, Nr. 7.

Dafür wurde ein Investitionsprogramm gestartet, um neue Fabrikhallen zu errichten. Während des Richtfestes am 15. Juni 1940 betonte Rahm zynisch: *»Wir alle haben in Friedenszeiten schon manches Richtfest gefeiert in einer anderen Form. Das heutige Richtfest ist aber schöner, denn es ist für uns alle ein erhebendes Gefühl, dass wir miten im Krieg das Richtfest für diese neuen großen Hallen begehen können, – in einem Krieg, wo in anderen Ländern Städte und Fabriken und ihre Hallen zertrümmert werden.«*[325]

Ein privater Brief (Abb. 338) ist das letzte Dokument über ihn. Er soll in einem russischen Kriegsgefangenenlager umgekommen sein.

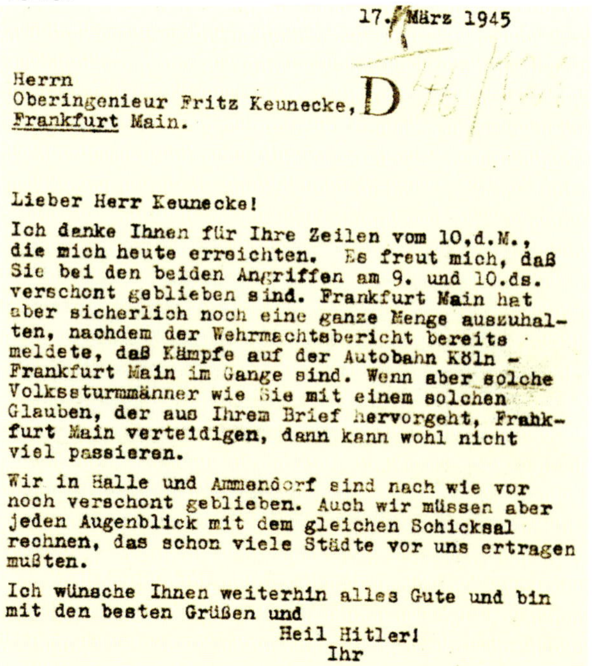

17. März 1945

Herrn
Oberingenieur Fritz Keunecke,
Frankfurt Main.

Lieber Herr Keunecke!

Ich danke Ihnen für Ihre Zeilen vom 10.d.M., die mich heute erreichten. Es freut mich, daß Sie bei den beiden Angriffen am 9. und 10.ds. verschont geblieben sind. Frankfurt Main hat aber sicherlich noch eine ganze Menge auszuhalten, nachdem der Wehrmachtsbericht bereits meldete, daß Kämpfe auf der Autobahn Köln - Frankfurt Main im Gange sind. Wenn aber solche Volkssturmmänner wie Sie mit einem solchen Glauben, der aus Ihrem Brief hervorgeht, Frankfurt Main verteidigen, dann kann wohl nicht viel passieren.

Wir in Halle und Ammendorf sind nach wie vor noch verschont geblieben. Auch wir müssen aber jeden Augenblick mit dem gleichen Schicksal rechnen, das schon viele Städte vor uns ertragen mußten.

Ich wünsche Ihnen weiterhin alles Gute und bin mit den besten Grüßen und

Heil Hitler!
Ihr

Abb. 338: Brief von Walter Rahm an Fritz Keunecke, Ammendorf, 17. März 1945.

Walter Rahm in der Presse und als Autor

Die Übergabe der Leitung der Gottfried Lindner AG an Walter Rahm wurde auch in der Presse verbreitet (Abb. 339).[326] Rahm schrieb wie sein Vorgänger Bücher, die die deutsche Industrie anspornten, effizienter zu arbeiten, zu verwalten und er forderte die stärkere Verbreitung von mechanischen Lohnabrechnungssystemen. Neben den Büchern »Die Unkosten im Fabrikbetrieb« und »Der Verkauf und seine Organisation im Fabrikbetrieb« schrieb er das Buch »Der Lohn im Fabrikbetrieb«. Daraus stammt die Abbildung eines Vorgängers der Stechuhr (Abb. 341).[327]

Gottfried Lindner AG unter neuer Leitung

Generaldirektor Rahm als Nachfolger von Dr. Traus berufen

Wie wir gestern bereits meldeten, hat an Stelle von Generaldirektor Dr.-Ing. e. h. Traus, der in den Ruhestand getreten ist, Direktor Walter Rahm die Betriebsführung der Gottfried Lindner A.-G. übernommen.

Generaldirektor Walter Rahm, der bereits am 1. April 1939 sein 25jähriges Arbeitsjubiläum bei der Gottfried Lindner A.-G. begehen konnte, ist infolge besonderer Begabung schon in jungen Jahren in eine leitende Stellung berufen worden. 1923 wurde ihm Handlungsvollmacht, 1924 Prokura erteilt und 1929 wurde er zum Vorstandsmitglied bestellt. Auch fachwissenschaftlich ist er hervorgetreten; er ist u. a. Verfasser folgender Bücher: „Die Unkosten im Fabrikbetrieb“, „Die industrielle Selbstberechnung“, „Der Verkauf und seine Organisation im Fabrikbetrieb“.

Der neue Betriebsführer hat sich seit Jahren die Steigerung der Ausfuhr angelegen sein lassen, auf seinen Auslandsreisen konnte er wertvolle Geschäftsverbindungen anknüpfen. Auf seine Initiative wurde vor einigen Jahren die Deutsche Lastanhänger- und Aufbauten-Exportgemeinschaft, Delaport, in Hamburg, und im vorigen Jahre auch die Exportgemeinschaft Deutscher Landmaschinen-Spezialfabriken in Hamburg gegründet. Außerdem ist Generaldirektor Rahm an leitender Stelle in verschiedenen anderen Organisationen der gewerblichen Wirtschaft tätig; er ist Leiter der Fachgruppe Anhänger, Omnibus- und Nutzwagenaufbauten, Mitglied des Beirats der Wirtschaftsgruppe Fahrzeugindustrie und des Hauptausschusses der Deutschen Automobil-Treuhand G. m. b. H. sowie Vorsitzender der Vereinigung Deutscher Lastanhänger-Fabriken. Außerdem wurde er im vorigen Jahre als Leiter der Außenhandelsstelle Anhänger und Aufbauten beim Generalbevollmächtigten für das Kraftfahrwesen Oberst von Schell berufen und durch Generalfeldmarschall Göring eingeführt.

Abb. 339: Gottfried Lindner AG unter neuer Leitung, Saalekurier 1939.

DER LOHN IM FABRIKBETRIEB

VON WALTER RAHM

Mit 40 Abbildungen und zahlreichen Tabellen

1 9 2 9

C. E. POESCHEL VERLAG · STUTTGART

Abb. 340: Titelblatt des Buches “Der Lohn im Fabrikbetrieb” von Walter Rahm, Stuttgart 1929.

Abb. 341: Arbeitszeitkontrollapparat, aus: “Der Lohn im Fabrikbetrieb” von Walter Rahm, Stuttgart 1929.

326. Saalekurier 1939, aus: Stadtarchiv Halle, Häuserarchiv.

327. Rahm, W.: Der Lohn im Fabrikbetrieb, Stuttgart 1929, S. 17, Abb. 1.

Der Lohn im Fabrikbetrieb

In dem Buch von Walter Rahm geht es ihm um die Möglichkeiten der Wieder-Eroberung des Weltmarktes:

109 *»Die Grundlage eines jeden Fabrikbetriebes ist die Fertigung oder mit anderen Worten, die Werte schaffende und Gegenstände zeugende Arbeit. Die klingende Münze dieser Arbeitsleistung, die Zahl, um die sich alles dreht, ist der Lohn. Das Lohnproblem steht im Brennpunkt der Wirtschaft. Heute noch genau so wie seit langen Jahren. Der Lohn steht im Mittelpunkt des Existenzkampfes der Arbeitnehmer. Er ist die Triebfeder des Konkurrenzkampfes im freien Wettbewerb der Unternehmer. Er ist die Seele des Ringens der deutschen Wirtschaft um die Wiedereroberung des Weltmarktes.«*[328]

Insbesondere der Lohn ist für Rahm die Stellschraube für diese Wiedereroberung:

»Die Kostenelemente der Fertigung sind immer wieder: Materialien oder Rohstoffe, Löhne und Unkosten in Gestalt von Material-, Fertigungs-, Verwaltungs- und Vertriebsunkosten. Selbstverständlich kann auch Material gespart werden. ... Die Unkosten lassen sich ebenfalls bei scharfer Kontrolle und genauer Statistik bis ins einzelne verfolgen und vermindern. Aber der Lohn ist am meisten von allen Kostenelementen einer Kontrolle und einer Einsparung zugänglich.«[329]

Schaut man sich das Inhaltsverzeichnis an (Abb. 342–343)[330] fällt die systematische Struktur des Buches auf. Bis hin zu Lohnpfändung und Überstunden werden alle damals wichtigen Themen abgehandelt. Interessant sind die verschiedenen Entlöhnungsmethoden wie zum Beispiel der Zeitlohn, der Stücklohn, der Akkordzettel, der anormale Akkordzettel, die Kolonnen- und Gruppenakkorde sowie die Prämienlöhne. Auch die verschiedenen Lohnabrechnungssysteme der damaligen Zeit werden ausführlich behandelt. Auf den folgenden Seiten werden einige dieser mechanischen Systeme vorgestellt.

328. Rahm, W.: Der Lohn im Fabrikbetrieb, Stuttgart 1929, S. VII–VIII.

329. Rahm, W.: Der Lohn im Fabrikbetrieb, Stuttgart 1929, S. VII–VIII.

INHALTSVERZEICHNIS

VII

Abb. 342: Inhalt des Buches "Der Lohn im Fabrikbetrieb" von Walter Rahm, Teil 1, Stuttgart 1929.

Abb. 343: Inhalt des Buches "Der Lohn im Fabrikbetrieb" von Walter Rahm, Teil 2, Stuttgart 1929.

Deutsche Industrie-Pioniere

1940 erschien in der Druck- und Verlagsanstalt H. Wigankow in Berlin das Buch »Deutsche Industrie Pioniere« von Ernst Quadt (Abb. 344–345). Aus heutiger Sicht erfreulich ist die Einbeziehung von Gottfried Lindner in die

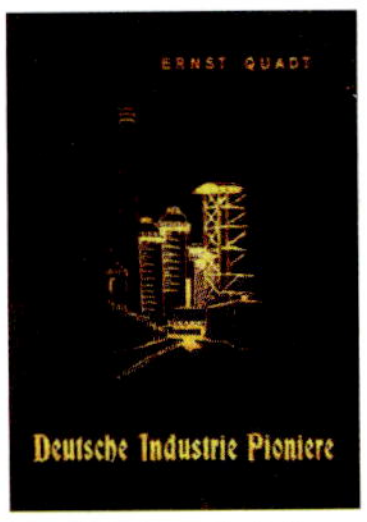

Abb. 344

Reihe berühmter Industriepioniere. Lindner neben weithin bekannten Persönlichkeiten wie Robert Bosch oder Carl Zeiss zu nennen, ist historisch richtig.[330] Offenbar sank die Bekanntheit Lindners nach der Umbenennung in Waggonbau Ammendorf.

Abb. 345: Deutsche Industrie Pioniere, Berlin 1940.

330. Quadt, Ernst: Deutsche Industrie Pioniere, Berlin 1940.

Technologische Entwicklungen um 1940

Lindner war nicht der einzige innovative Waggonbauer in Deutschland. Insbesondere die Maschinenfabrik Esslingen zeigte in der Nazizeit Neuheiten für die Schiene (Abb. 346–349).[331]

Neue Rollbock-Technik

Neu an dem in Abb. 346 gezeigten Rollbock war die Hohlträgerstruktur mit geschweißtem Tragrahmen und Querträger. Nur die Verschleiß- und Austauschteile waren verschraubt oder mit Bolzen und Splinten versehen, um sie relativ schnell wechseln zu können. Die Konstruktionspläne sahen für diese Bauart Radstände für 1 000 mm Spurweite auf 1 200 mm und für 750 mm Spurweite auf 1 100 mm vor. Diese Rollböcke, die mit durchgehender Bremsleitung ausgestattet waren, eigneten sich für nahezu alle Regelspurwagentransporte, sofern der Achsstand der Wagen mindestens 1 800 mm betrug.

Abb. 346: Rollbock mit Hohlträgerrahmen, Esslingen, 1940.

Der zweite abgebildete Rollbock (Abb. 347) war einer der letzten Konstruktionen vor Kriegsende. Es handelt sich um einen der am besten ausgerüsteten Rollböcke jener Zeit. Der Meterspur-Rollbock war konstruktiv auch für andere Spurweiten verwendbar. Er besaß eine Luftsaugebremse und Zangenöffnungen, die mittels Schraubspindeln verstellbar waren. Traverse und Rahmen dieses Rollbocks waren bereits elektrisch geschweißt. Dieses zweiachsige Fahrwerk konnte aufgeladene Regelspurwagen bis zu 20 t Achsdruck aufnehmen.

331. Landeshauptarchiv Sachsen-Anhalt, MER, G. Lindner AG, Ammendorf, Nr. 507, S. 34–36.

Abb. 347: Schmalspur-Rollbock, Esslingen, 1941.

Die ersten Güterwagen im Austauschbau

Mit der Industrialisierung kam auch der Austauschbau auf. Dies bedeutet, dass

> *»beliebig viele, zu verschiedenen Zeiten, an verschiedenen Orten gefertigte Teile A müssen zu beliebig vielen, ebenso gefertigten Teilen B ohne Nacharbeit passen.«*

In der Waggon-Industrie machten sich besonders die Vereine und die Reichsbahn für den Austauschbau stark. Unten sieht man einen der ersten offenen Güterwagen der Gattung Omm gehörte zu den ersten voll in Austauschbau-Technik gebauten Waggons (Abb. 348).

Abb. 348: Offener Güterwagen, Esslingen, 1941.

Der ganz unten abgebildete Waggon wurde in Ganzstahl-Technik gebaut. Diese Waggons waren sehr robust (Ladegewicht 30 t) und wurden in der deutschen Schwerindustrie eingesetzt (Abb. 349).

Abb. 349: Offener Güterwagen 341 und 342, Esslingen, 1943.

Von der Friedenswirtschaft zur Kriegswirtschaft

Aus dem Herbst 1940 stammt ein streng vertrauliches Redemanuskript (Abb. 350).

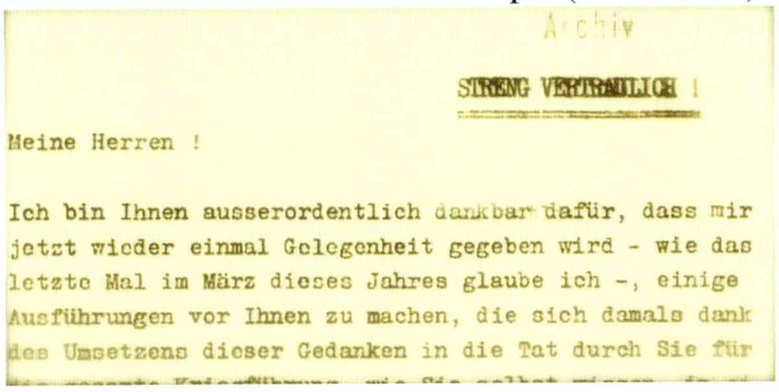

Archiv

STRENG VERTRAULICH !

Meine Herren !

Ich bin Ihnen ausserordentlich dankbar dafür, dass mir jetzt wieder einmal Gelegenheit gegeben wird - wie das letzte Mal im März dieses Jahres glaube ich -, einige Ausführungen vor Ihnen zu machen, die sich damals dank des Umsetzens dieser Gedanken in die Tat durch Sie für

Abb. 350: Rede-Manuskript, Konversion von der Friedens- zur Kriegs-Wirtschaft, Ammendorf 1940.

Die Rede wendet sich an das Führungspersonal der deutschen Kraftfahrzeugswirtschaft. Leider sind weder Name noch Funktion des Redners bekannt. Der häufige Bezug auf die persönliche Rückendeckung durch ADOLF HITLER und der recht offene Stil deuten auf eine Person aus dem Umfeld HITLERS hin, möglicherweise ROBERT LEY, der 1940 Ammendorf besuchte.

Der Redner beginnt mit einer Würdigung der Kraftfahrtindustrie:

> *»Was das aber bedeutet hat, was die Leistungen der Kraftfahrt überhaupt für die Kriegführung bedeutet haben, das wird einer späteren Geschichtsschreibung vorbehalten bleiben müssen, zumal unter der Berücksichtigung, dass - wie Sie ja alle wissen - wir mit einem schon überdehnten Gummiband der Kraftfahrt in den Krieg eingetreten sind, und dass diese Mangellage im Kriege heute noch nicht zum Riss geführt hat, sondern immer noch die Möglichkeiten schafft und aufrecht erhält ... Das ist vielen Leuten, die mit grosser Sorge dem Beginn auf diesem Gebiet zugesehen haben, heute schon wie ein Wunder.«*[332]

Der Redner war ein Jahr vor Kriegsbeginn in sein Amt gekommen und schildert seine Aufgabe so:

> *»Sie wissen, dass mein hauptsächlichster Auftrag im Jahre 1938 im November, der mir ja vom Führer gesetzt war, ungefähr dahin lautete: Förderung und Zusammenfassung aller notwendigen Maßnahmen für die Erzeugung, Verbesserung der Organisation, äußerste Typenbeschränkung und weitestgehende Normung sowie einheitliche Ausrichtung und Zielsetzung aller am deutschen Kraftfahrwesen beteiligten Dienststellen und Organisationen von Staat, Partei und Wirtschaft.«*[333]

Hier wird deutlich, dass es nach der früheren Vielfalt der Produkte nun staatlich gelenkt darum ging, Produktionssicherheit und hohe Skaleneffekte durch Typenbereinigung und Normierung zu erreichen. Diese Ausrichtung der Industrie machte sie auch im Export schlagkräftig und einige Wirtschaftshistoriker sind der Meinung, dass sie auch Anteil am Wirtschaftswunder nach dem Krieg hatte. Zum Zeitpunkt der Rede 1940 war die Typenbereinigung bereits fortgeschritten (Tabelle).

Kraftfahrzeug	vorher	1940
PKW	52	30
LKW	113	19
Krafträder	150	30
Drei- und Vierräder	20	2
Anhänger	unendlich	5

Aber es gab auch Schwierigkeiten mit der Typenbereinigung:

> *»Es sollten nach den ursprünglichen Gedankengängen von den verbleibenden Typen nunmehr je nach der Güte in Konkurrenz gewisse Dinge ausgeschieden und andere nachgebaut werden, um auf diese Weise zu der vom Führer verlangten geringen Typenzahl zu kommen. Es stellte sich dann sehr bald heraus, dass dieser Weg anscheindend nicht der ganz zweckmäßige war, weil durch den Begriff des Baues und des Nachbaues von vornherein gewisse Fabriken und Fabrikate diffamiert würden, auch in eine Abhängigkeit gerieten, die weder ihrer Produktion noch ihrer Verkaufsmöglichkeit gerecht wurde.«*[334]

Die Nazis wussten um das Problem der Planwirtschaft. Sie wollten lenken, aber trotzdem die Triebkräfte des Marktes nutzen.

332. LHASA, MER, Gottfried Lindner AG, Ammendorf, Nr. 450, S. 1.

333. LHASA, MER, Gottfried Lindner AG, Ammendorf, Nr. 450, S. 2.

334. LHASA, MER, Gottfried Lindner AG, Ammendorf, Nr. 450, S. 3.

Gruppenbildung

Das oben geschilderte Problem wurde mit Hilfe der Gruppenbildung gelöst:

> »*Das heisst, dass sich eben mehrere Firmen zusammenschlossen und durch gemeinsamen Beitrag einen gemeinsamen Typ schufen, der nun auch gebaut wurde, wobei die äußere Form unwesentlich, aber die Seele des Fahrzeugs dieselbe war. Gleichzeitig wurden durch gemeinsamen Einkaufszwang auch jedem die Vorteile der Massenherstellung zugänglich gemacht.*«[335]

Dies Methode nennt man heute Plattformstrategie. Sie ist besonders in der Automobilindustrie anzutreffen.

Kriegsprogramm und Auslaufprogramm

Mit dem Beginn des Krieges wurde die deutsche Industrie vor völlig andere Aufgaben gestellt:

> »*Es handelte sich auf dem Gebiet des Kraftfahrwesens damals sofort darum: Was brauchen wir für den Krieg? Das muss geschafft werden, in höchstem Maße, und zwar im Umfang bestimmt durch den Teil des Materials, das am knappsten ist. Daneben muss aber der Industrie die Möglichkeit geschaffen werden, den Übergang zu einem so aufzustellenden Kriegsprogramm möglichst reibungslos zu finden ... damit das wertvolle Material, was vorhanden war, auch richtig eingesetzt wurde und nicht der Verschrottung anheim fiel, und damit nicht letzten Endes ein Vakuum entstünde, was naturnotwendig zur Arbeiterabziehung führen musste, die man unter den Kriegsverhältnissen nie wieder bekommen hätte. Aus diesen Überlegungen heraus entstand das Kriegsprogramm und das Auslaufprogramm …* «[336]

Dies bedeutete, dass sich die Produktion allein auf die Kraftfahrzeuge konzentrierte, die für den Krieg benötigt wurden:

> »*Dazu gehörten eine ganze Menge Typen nicht, obwohl sie für die Einzelindustrie beinahe lebenswichtig waren.*«[337]

335. LHASA, MER, Gottfried Lindner AG, Ammendorf, Nr. 450, S. 3.
336. LHASA, MER, Gottfried Lindner AG, Ammendorf, Nr. 450, S. 3.
337. LHASA, MER, Gottfried Lindner AG, Ammendorf, Nr. 450, S. 4.

Auf der Schokoloadenseite

Die Kraftfahrzeugindustrie war bei Kriegsbeginn offenbar zu wenig kriegswichtig eingestuft und erhielt deshalb zu gering angesetzte Kontingente. Trotzdem sah der Redner sie auf der Schokoladenseite:

> »*Alle die Dinge wie Munition, Flugzeuge, Geschütze, Gewehre, Maschinengewehre usw. traten an sich vielmehr in den Vordergrund. Dass aber alle diese Dinge erst zum Einsatz gebracht werden können, wenn der Kraftwagen sowohl die Beförderungs- als auch die Nachschubmöglichkeiten schafft, das sind Dinge, die sich nicht so vordrängen … Aus dem Grunde musste vom ersten Beginn an der Kampf umd die Stellung … der Kraftfahrzeugindustrie innerhalb der Kriegswirtschaft von uns aufgenommen werden. … Meine Herren! Sie wissen es auch selbst, dass Sie … auf der verflucht dicken Schokoladenseite liegen gegenüber sehr vielen anderen Industriezweigen.*«[338]

Dringlichkeitsklassen

Um die schon zu Friedenszeiten knappen Ressourcen wurde in Kriegszeiten erst recht hart gekämpft. Die Nazis versuchten dies durch Dringlichkeitsklassen zu lösen, die sie nach politischer Wichtigkeit kategorisierten, was jedoch eigene Probleme mit sich brachte:

> »*In dieselbe Richtung gehörte nun die Einstufung in Dringlichkeitsklassen … und ebenfalls in das noch nicht erwähnte Stillhalteabkommen (nämlich das Nichtherausziehenkönnen von Arbeitern). Diese Dringlichkeitsstufe wird immer ein Kampf bleiben; denn es ist ganz selbstverständlich: In dem Moment, wo man eine Dringlichkeitsstufe 1, 2 oder 3 hat, drängt jeder irgendwie nach einer höheren Einstufung, und nach und nach gelingt das auch einer Reihe von Leuten. Es ist klar: Jeder, der in der obersten Dringlichkeitsstufe ist, versucht, die Tür hinter sich zuzumachen und keinen weiter hereinzulassen …*«[338]

338. LHASA, MER, Gottfried Lindner AG, Ammendorf, Nr. 450, S. 7.

Stillhalteabkommen

Der zweite Weltkrieg war noch ein Massenkrieg, bei dem die Anzahl der Soldaten eine wichtige Rolle spielte. Deshalb gab es seit der Mobilmachung eine Knappheit der Ressource Mensch, der mit einem Stillhalteabkommen begegnet werden sollte.

> *»Ähnlich ist es mit dem Stillhalteabkommen. Dieses Abkommen ist jetzt in diesen Tagen bis Ende dieses Jahres verlängert worden und mit demjenigen, der das entschieden hat, habe ich sehr eingehend darüber gesprochen. Dauert der Krieg länger, wird das Stillhalteabkommen wieder verlängert werden müssen; darüber ist kein Zweifel. Ich habe darüber hinaus wirklich die absolut bindende Zusicherung, dass der Kraftfahrzeugindustrie unter gar keinen Umständen von dieser Seite her irgendwelche Schwierigkeiten in der Produktion gemacht werden dürfen …«*[339]

20 000 LKW in zweieinhalb Monaten

Der Redner war sichtlich stolz, eine Stückzahl nennen zu können, die nie zuvor erreicht worden war:

> *»Diese 'Aktion Frühjahr 40' hat durch ungeheuer scharfe und intensive Zusammenfassung der Arbeitsleistungen und der Arbeitsmöglichkeiten … dazu geführt … ungeheure Zahlen an Kraftfahrzeugen herauszubekommen, die vorher beinahe für unmöglich gehalten wurden. ich darf die Zahl rund nennen: Es sind damals in zweieinahlb Monaten beinahe 20 000 Lastkraftfahrzeuge … geschaffen worden.«*[340]

Unterschätzung der Länge des Krieges

Heute, lange Zeit nach Beendigung des zweiten Weltkrieges, ist die Geschichte klar und viele Bücher haben zahlreiche Aspekte durchleuchtet. 1940 jedoch war weder die Länge noch der Ausgang bekannt:

> *»Meine Herren! Ich muss nun zwei Dinge betrachten, einmal die weitere Arbeit im Kriege und zweitens die spätere Friedensarbeit. Während wir alle vor noch nicht allzu langer Zeit wohl der Auffassung sein konnten, der Krieg würde in verhältnismässig kurzer Zeit entschieden werden, eine Auffassung, die auch in anderen Industriekreisen, mit denen ich von anderen Aufgabenstellungen her zu tun habe, bestand, so kann doch keiner von Ihnen und auch ich nicht sagen, ob das sein wird oder nicht. Ich stehe auf dem Standpunkt, dass ein zu frühes Abgehen von den Notwendigkeiten des Krieges uns unter Umständen die letzte Stunde gerade in die grössten Schwierigkeiten bringen kann, so dass man sich theoretisch wohl mit den Möglichkeiten der Nachkriegszeit beschäftigen sollte, aber praktisch unter allen Umständen alles auf den Krieg einstellt … Denn wenn wir das nicht tun, dann versäumen wir bestimmt die eine oder die andere Möglichkeit, die uns unter Umständen fünf Minuten vor Toresschluss den Atem ausgehen lässt. und es ist in einem Kriege doch eigentlich immer so gewesen: Derjenige gewinnt, der das letzte Bataillon noch frisch einzusetzen hat. Militärisch gesprochen und von uns aus gesprochen: Derjenige gewinnt, der kraftfahrzeugmässig den längeren Atem hat.«*[341]

Der amerikanische Verteidigungsminister Donald Rumsfeld drückte das im Umfeld des Irak-Krieges einmal sinngemäß so aus, dass er deshalb keine Exit-Strategie entwickeln lasse, damit die Soldaten mit aller Kraft kämpfen würden. Eine Exit-Strategie würde sie nur daran hindern und sie verwirren. Stalin ließ sogar hinter den Frontlinien Soldaten auf die Deserteure und Rückzügler schießen, um einen Vorwärts-Druck zu erzeugen.

Schließlich gibt der Redner auch bekannt, um wieviel der Bedarf die Kapazitäten der Kraftfahrzeugindustrie überschreitet:

> *»Die Anforderungen auf dem Lastkraftwagengebiet … übersteigen um 800% die Möglichkeit der Herstellung«*[342]

339. LHASA, MER, Gottfried Lindner AG, Ammendorf, Nr. 450, S. 8.
340. LHASA, MER, Gottfried Lindner AG, Ammendorf, Nr. 450, S. 9.
341. LHASA, MER, Gottfried Lindner AG, Ammendorf, Nr. 450, S. 10.
342. LHASA, MER, Gottfried Lindner AG, Ammendorf, Nr. 450, S. 11.

Beute des Krieges
Die Kriegsrhetorik des Redners ist eindeutig, es geht um einen Angriffskrieg zum Zwecke des Beutemachens:

> *»Es hat sich nun aus dem bisherigen Verlauf des Krieges und auch der Beute an Rohstoffen ergeben, dass wir etwas mehr Gummi einsetzen können.*
> *Da Gummi auch weiterhin der Engpass bleiben wird, so hat die Erhöhung der Gummieinsatzmöglichkeit sofort die Erhöhung der Produktionsmöglichkeit nach sich gezogen, und es ist infolgedessen, umgerechnet auf Eisen und Stahl, auch gelungen, die entsprechende Erhöhung der Kontingente zu bekommen, und zwar um 45 000 t im Quartal.«*[343]

Keiner wird im Kontingentsegen ersticken
Dennoch warnte der Redner vor falschen Hoffnungen:

> *»Ich bitte nur vor einem dringendst warnen zu dürfen: Das bedeutet nicht, dass jedes Werk nun plötzlich in einem Kontingentsegen ersticken wird, sondern wir haben eine ganze Menge kontingentsmäßige Schulden abzutragen, und wir haben durch die infolge der Operationen sich steigernden Instandsetzungen verhältnismässig viel mehr Kontingente in die Instandsetzung hineinzutun als in normalen Zeiten.«*[344]

Wie sieht der Wirtschaftsraum nach dem Krieg aus der Sicht von 1940 aus?
Sehr interessant sind die Ausführungen über die geplante Friedenswirtschaft nach dem erhofften Sieg. Es ging offenbar nicht um die Weltherrschaft, sondern um die europäische Herrschaft oder mindestens die Erweiterung des deutschen Wirtschaftsraumes:

> *»Meine Herren! Wir werden nach diesem Kriege einen ganz anderen Wirtschaftsraum, eine ganz andere politische und damit selbstverständlich auch wirtschaftliche Stellung haben als vor dem Kriege. Währungsmässig wirkt es sich jetzt schon aus, politisch wirkt es sich so aus, dass unsere Gegner nicht herankönnen, und wirtschaftlich wird es sich in einem ungeheuren Masse nach dem Kriege auswirken. Wir werden einen ungeheuren Wirtschaftsraum bekommen, den wir zu versorgen haben, der uns aber auch verpflichtet. Wir werden nicht mehr deutsch denken in diesen Dingen, sondern europäisch.«*[345]

Erstaunlich für eine Rede eines führenden Nazis im Jahre 1940, als nichts anderes in Frage kam als ein Sieg, ein deutscher Sieg.

Wie wird nach dem Krieg die französische Autoindustrie aussehen?
Interessant sind auch die Ausführungen des Redners zur Lenkung der französischen Automobilbauer:

> *»Ich habe mich auf den Standpunkt gestellt, dass die französische Kraftfahrzeugindustrie bei dem ungeheuren Mangel, den wir haben, so viel Fahrzeuge wie irgendmöglich herstellen muss. Das ist auch gar keine Konkurrenz für Sie, das ist eine Selbstverständlichkeit, denn Sie wissen: Die Möglichkeiten Ihrer Produktion sind längst noch nicht ausgeschöpft, und es reicht leider nicht, weil Sie es zur Zeit nicht können. …«*[346]

Soll man die Franzosen eindeutschen oder sie wirtschaften lassen?
»Vom Fleck weg verhaftet« werde, wer Maschinen aus Frankreich entfernt, war das Motto des von HITLER gedeckten Redners:

> *»Es wäre nämlich der grösste Unsinn. Wir wollen weiter denken: Wenn wir jetzt den französischen Arbeiter brotlos machen, indem wir ihm die Möglichkeit nehmen, zu arbeiten, dann haben wir ihn doch zu ernähren und zu beschäftigen. Wenn wir die Franzosen, die bisher arbeiten konnten, auch noch auf die Straße setzen, so belastet uns das politisch derartig, dass es gar nicht tragbar ist …*
> *Es kommt gar nicht darauf an, sondern darauf, dass wir fahren können.«*[347]

343. LHASA, MER, Gottfried Lindner AG, Ammendorf, Nr. 450, S. 11.
344. LHASA, MER, Gottfried Lindner AG, Ammendorf, Nr. 450, S. 12.
345. LHASA, MER, Gottfried Lindner AG, Ammendorf, Nr. 450, S. 13.
346. LHASA, MER, Gottfried Lindner AG, Ammendorf, Nr. 450, S. 16.
347. LHASA, MER, Gottfried Lindner AG, Ammendorf, Nr. 450, S. 16.

Rohstofflieferant bleibt Rohstofflieferant!
Interessant sind auch die Ausführungen des Redners zu Bestrebungen anderer Länder, eigene Kraftfahrzeugindustrien aufzubauen (wie es nach dem zweiten Weltkrieg zum Beispiel in Korea tatsächlich geschah):

> *»Es ist kein Zweifel, dass eine Reihe von Ländern … nachher versuchen werden, mit unserer Hilfe Kraftfahrzeugindustrien einzeln großzuziehen. … Das gibt wohl der einen oder anderen Fabrik … bei uns für eine gewisse Zeit eine sehr gute Verdienstmöglichkeit, schneidet aber auf die Dauer den Export unserer Kraftfahrzeuge nach dorthin ab und amcht uns selbst Konkurrenzen im Auslande groß. Man sollte … auf dem Standpunkt stehen: Ein Land, dass jetzt unsere Rohstoffe liefert, soll Rohstofflieferant bleiben, und wir liefern dafür Kraftfahrzeuge, also fertige Wagen. Und kann man nicht daran vorbeigehen, dann sollte man ihnen Zusammensetzfabriken bauen, die sie meinetwegen auch mit dem eigenen Namen versehen könnten, aber nicht die Möglichkeit geben, von vornherein alles selbst zu produzieren und uns damit den Exportmarkt zu verschließen«*[347]

Ähnlich war die Herangehensweise bei der Integration Chinas in die Weltwirtschaft nach der Öffnung durch Deng Xiaoping ab 1979. Natürlich liegen die Interessen der sogenannten Rohstoff- oder Billiglohnländer diesen Ausführungen diametral entgegen. Diese wollen auf der Technologie-Leiter schnell voran schreiten und sich nicht als Zusammensetzer und Rohstofflieferanten degradiert wissen.

Lindner und das Heer
Wie sah nun konkret die Verbindung Lindners zum Heer aus? Obwohl der Aufsichtsrat 1935 beschloss, keine Rüstungsfirma werden zu wollen, war Lindner seit 1914 eng mit dem deutschen Heer verbunden.[348] Der bei Lindner auch in der Blütezeit des Waggonbaus und der Produktion von Straßenbahnwagen nicht gänzlich aufgegebene Bau von Straßenfahrzeugen erlebte angesichts des ersten Weltkrieges einen Boom. Es gab seitens des deutschen Heeres einen großen Bedarf an pferdebespannten Fahrzeugen wie Feldwagen, Feldküchen, Feldbäckereien und Protzen. Insbesondere Anhänger wurden in großer Stückzahl gebaut, da sie stark subventioniert und später deshalb »Subventions-Anhänger« genannt wurden.

Attrappen-Seilzüge für die Reichswehr
Für Mannöver-Zwecke wurden ein- und zweiachsige Anhänger mit eingebauten Maschinenanlagen geschaffen. Diese konnten mittels einer Seiltrommel lange Seile einziehen oder ausrollen lassen. Daran befestigte man Attrappen von Panzerkampfwagen für die Schulung der Soldaten.

Die Entwicklung ab 1930
1930 begann eine tiefere Zusammenarbeit mit dem Waffenamt der Reichswehr. Lindner fertigte nun nach den Richtlinien des Waffenamtes. Typisch für die deutschen Anhänger-Konstruktionen waren die Bettungen (Unterlafetten) der Anhänger, in welche verschiedene Geräte flexibel eingebaut wurden. So konnte man sowohl Flaks als auch die 150 cm großen Such-Scheinwerfer einbauen. 1931 wurden so die beiden Sonderanhänger 101 (klein) und 102 (groß) in größeren Stückzahlen gebaut.

Nachbaufirmen
Wie es der Redner bereits dargestellt hatte, musste auch Lindner die Konstruktionszeichnungen und die Produktionstechnologie für die Anhänger Nachbaufirmen zur Verfügung stellen. So wurden große Kreuzlafetten und der noch größere Sonderanhänger 206 ab 1944 von mehreren Firmen in großen Stückzahlen hergestellt.[349]

Waggonbau auch zu Kriegszwecken
Auch der Waggonbau produzierte für das Waffenamt: Tieflader für Panzertransporte und Flak-Waggons.

347. LHASA, MER, Gottfried Lindner AG, Ammendorf, Nr. 450, S. 18.
348. LHASA, MER, Gottfried Lindner AG, Ammendorf, Nr. 18, passim.
349. LHASA, MER, Gottfried Lindner AG, Ammendorf, Nr. 18, passim.

Beschäftigtenmeldung

Archiv D 50/3

1 Betrieb	2 Stichtag		
Gottfr. Lindner, A. G. Ammendorf	15. Oktober 1942.		
3 Reichsbetriebs-Nr 01032/1/0004	Verantwortlicher Bearbeiter	Halle Fernruf 27781	Hausruf 14

4

Beschäftigtengruppen	Kennziffer	männlich: Bestand Stichtag Vormonat	männlich: Bestand Stichtag Berichtsmonat	weiblich: Bestand Stichtag Vormonat	weiblich: Bestand Stichtag Berichtsmonat	Beim Arbeitsamt angemeldeter, noch nicht gedeckter Bedarf: männlich	Beim Arbeitsamt angemeldeter, noch nicht gedeckter Bedarf: weiblich	männlich: Zugang Berichtszeit	männlich: Abgang Berichtszeit	männlich: dav. zur Wehrmacht einber.	weiblich: Zugang Berichtszeit	weiblich: Abgang Berichtszeit
	13	14	15	16	17	18	19	20	21	22	23	24
Tätige Inhaber, Mitinhaber, leitende Angestellte	110	10	10	–	–	–	–	–	–	–	–	–
Angestellte, Praktikanten, Lehrlinge (außergewerbl.)	120	258	258	114	110	–	3	3	3	3	–	4
Facharbeiter u. Angelernte	131	960	937	20	19	247	–	–	23	23	–	1
Hilfsarbeiter (Ungelernte)	132	408	397	120	114	5	5	–	11	11	–	6
Gewerbliche Lehrlinge und Anlernlinge	133	139	136	–	–	–	–	–	3	–	–	–
Kriegsgefangene	140	209	208	–	–	–	–	–	1	–	–	–
Gesamt-Beschäftigte 110 bis 140	190	1984	1946	254	243	252	8	3	41	37	–	11

5

	Kennziffer	14	15	16	17	18	19	Metall-Facharbeiter und Angelernte männl.+wbl.	Sonst. Facharbeiter und Angelernte männl.+wbl.
Inländer	210	1524	1486	254	243	16	6	650	319
Ostarbeiter	221	251	252	–	–	236	2	–	–
Sonstige zivile Ausländer	222	–	–	–	–	–	–	–	–
Juden	223	–	–	–	–	–	–	–	–
Russische Kriegsgefangene	231	–	–	–	–	–	–	–	–
Sonstige Kriegsgefangene	232	209	208	■	■	–	■	–	–
Gesamt-Beschäftigte 210 bis 232 = 190	290	1984	1946	254	243	252	8	650	319
In 290 enthalt. f. SS- u. S-Fertigung	300	1899	1861	253	243	252	8		

6 Nur ausfüllen von Betrieben, die besondere Anweisung haben

	Kennziffer	14	15	16	17	18	19
Beschäftigte in der Grundstoff-Industrie	500						
Fertigung für Heer	510						
Fertigung für Luftwaffe	520						
Fertigung für Kriegsmarine	530						
Fertigung für Verwaltung (Bekleid. u. Truppenausrüstg.) *	540						
Fertigung für Sonstige **	550						
Gesamt-Beschäftigte 500 bis 550 = 190	590						

7

400 Von den Gesamtbeschäftigten sind sichergestellt als	Jahrgang 07 und älter	Jahrgang 08 und jünger
13	14/16/18	15/17/19
Schlüsselkräfte	311	
Fachkräfte	62	
Rüstungswehrmänner	58	

Bedarfsgruppe (11 12)	—	Bestand am Stichtag männlich	Bestand am Stichtag weiblich	Beim Arbeitsamt angemeldeter, noch nicht gedeckter Bedarf, m+w
	600			
	600			
	600			
	600			
	600			
	600			
	600			
	600			

Ort und Datum

Ammendorf, den 16. Nov. 1942.

Firmenstempel und rechtskräftige Unterschrift

*) Hier sind aufzuführen: Fertigung für Wehrmachtbeschaffungsämter, Wehrmachtunterkünfte und -Verpflegung, sonstige Aufträge mit OKW-Nummer, ausgenommen 510 bis 530.
**) Sonstige öffentliche Bedarfsträger (Reichsbahn, Reichspost usw.), zivile Aufträge, Export.

8 Genehmigt gem. VO vom 13. 2. 1939 Statistischer Zentralausschuß, Verfügung vom 1. 8. 1942

Abb. 351: Beschäftigtenmeldung, Ammendorf, Stand: 15. 10. 1942

Beschäftigtenmeldung
Die Wirtschaftsstatistik bestand aus zwei Teilen, der Beschäftigtenmeldung und dem Industriebericht. Die hier vorgestellte Beschäftigtenmeldung diente der Allokation der Arbeitskräfte, die in der Nazi-Zeit knapp waren. Obwohl mit einer hohen Arbeitslosigkeit gestartet, war es ADOLF HITLER und seiner Führung gelungen, durch Arbeitszwang (Reichsarbeitsfront) und Infrastrukturprogrammen (Autobahn) die Arbeitslosigkeit in eine Arbeitskräfteknappheit zu wandeln. Es gibt Historiker, die behaupten, dass es überall auf der Welt Adolf-Hitler-Denkmäler gegeben hätte, wäre der Diktator 1938 gestorben, weil er bis dahin wegen dieser Beseitigung der Arbeitslosigkeit überall bewundert worden war. Freilich kannten die Bewunderer wohl nicht die sich immer mehr zuspitzende Rassenpolitik und die Kriegsvorbereitungen der Nazis, die hinter einer Friedens-Rhetorik versteckt wurden. Im folgenden wird die Beschäftigtenmeldung detailliert erklärt. Die Zahlen beziehen sich auf die Ziffernkästchen der Abbildung 351.

1 Betrieb
Im Feld Betrieb wurde vom verantwortlichen Bearbeiter GOTTFRIED LINDNER A. G. Ammendorf eingetragen.

2 Stichtag
Stichtag, also der Vergleichstag zur vorhergehenden oder nachfolgenden Beschäftigtenmeldung ist der 15. Oktober 1942.

3 Reichsbetriebs-Nr.
Die Reichsbetriebsnummer zeigt an, dass das Deutsche Reich unter den Nazis jeden Betrieb mit einer Nummer erfasst hat, um schnell andere Daten und Fakten zu dieser Nummer zu finden. Die Reichsbetriebs-Nr. der GOTTFRIED LINDNER AG Ammendorf war 010321/0004. Die Wehrmacht verbot ab 1942 die Herstellerbezeichnung auf Wehrmachtsmaterial. Auch aus diesem Grund gab es die Reichsbetriebsnummer.

4 Beschäftigtengruppen
Die Kategorisierung der Beschäftigtengruppen erfolgt in drei Kästen. Diese Einteilungen erscheinen auf den ersten Blick willkürlich. Aber es ging der Industriepolitik offenbar in diesem ersten Kasten um die Erfassung der Facharbeitertiefe. Dies war für den allgemeinen Bildungsstand und die Entwicklung der beruflichen Bildung und die Berufsfindung, die beide politisch gelenkt wurden, von Bedeutung.

5 Rassistische Kategorisierung
Interessant ist die rassistische Kategorisierung. Die Einteilung in Inländer, Ostarbeiter, sonstige zivile Ausländer, Juden, Russische Kriegsgefangene und Ssonstige Kriegsgefangene wirkt unsystematisch und willkürlich. Sie diente wohl der Einschätzung der Kräfteverhältnisse im Betrieb. Möglicherweise sollten zu starke Ballungen von bspw. Juden oder russischen Kriegsgefangenen so vermieden werden.

6 Militärische Kategorisierung
Die militärische Kategorisierung betraf LINDNER nicht direkt. Sie galt wohl nur für Betriebe mit direkten Anweisungen aus der Wehrmacht.

7 Verfügbarkeits-Kategorisierung
Die Verfügbarkeits-Kategorisierung diente wohl der Frage der Sicherstellung, also der Kriegswichtigkeit und damit Unabkömmlichkeit der Arbeitskräfte.

8 Verordnungshinweise
Die Beschäftigtenmeldung basiert auf einer staatlichen Verordnung vom 13. Februar 1939, die der Statistische Zentralausschuss erlassen hatte. In der vorliegenden Form wurden die Details am 1. August 1942 verfügt. Dies zeigt, dass das Erlass- und Verfügungsverhalten der nationalsozialistischen Führung in Deutschland sehr dynamisch war und sich machtpolitisch schnell den sich ändernden Gegebenheiten anzupassen versuchte.

119

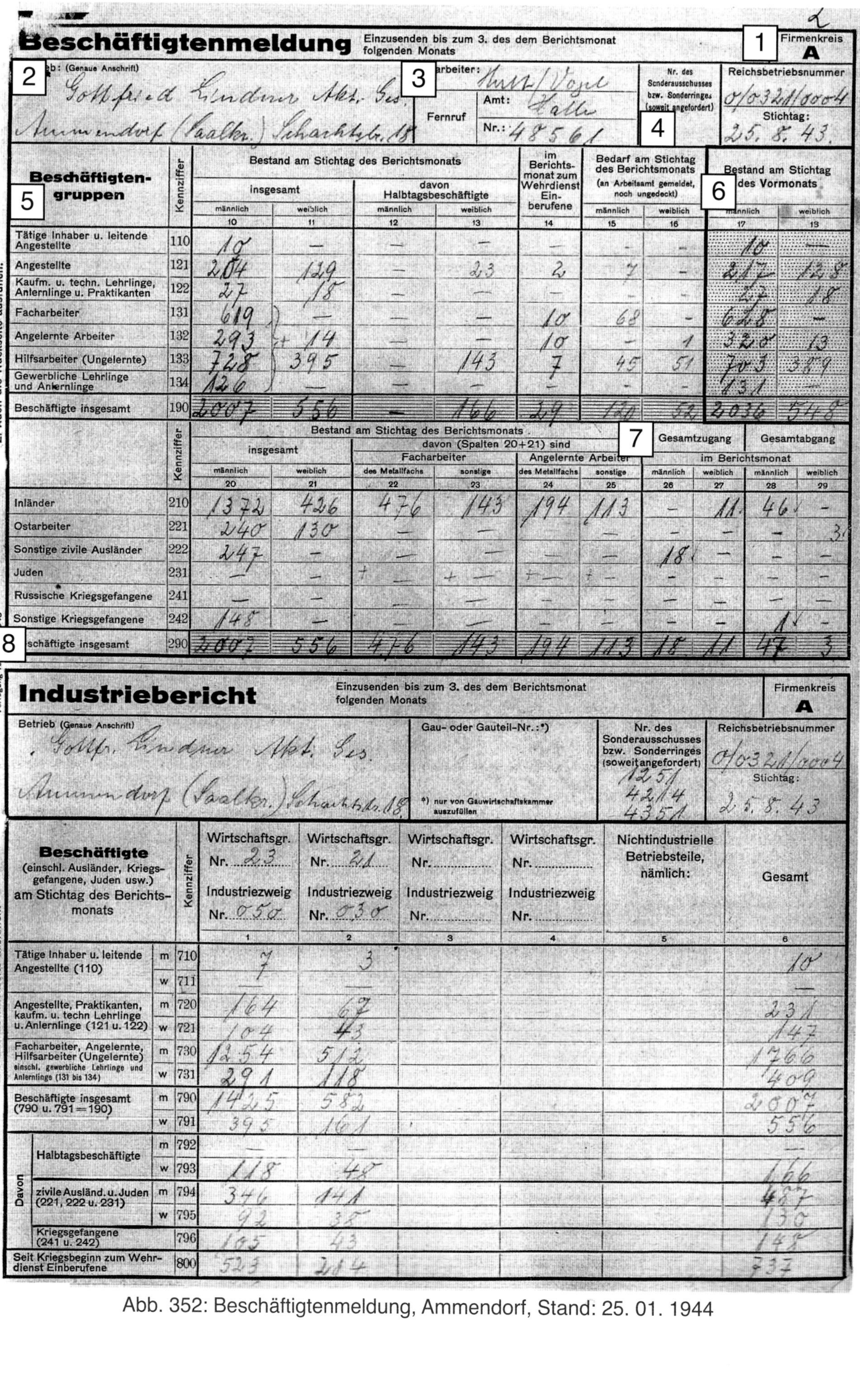

Beschäftigtenmeldung

Einzusenden bis zum 3. des dem Berichtsmonat folgenden Monats

Firmenkreis A

Betrieb: (Genaue Anschrift) Gottfried Lindner Akt.-Ges. Ammendorf (Saalkr.) Schachtstr. 18

Sachbearbeiter: Kurt/Vogel — Fernruf Amt: Halle Nr.: 48561

Nr. des Sonderausschusses bzw. Sonderringes (soweit angefordert)

Reichsbetriebsnummer 0/0321/0004 — Stichtag: 25. 8. 43.

Beschäftigtengruppen	Kennziffer	Bestand am Stichtag des Berichtsmonats: insgesamt männlich (10)	insgesamt weiblich (11)	davon Halbtagsbeschäftigte männlich (12)	Halbtagsbeschäftigte weiblich (13)	im Berichtsmonat zum Wehrdienst Einberufene (14)	Bedarf am Stichtag des Berichtsmonats (an Arbeitsamt gemeldet, noch ungedeckt) männlich (15)	weiblich (16)	Bestand am Stichtag des Vormonats männlich (17)	weiblich (18)
Tätige Inhaber u. leitende Angestellte	110	10	–	–	–	–	-	-	10	–
Angestellte	121	204	129	–	23	2	7	-	217	128
Kaufm. u. techn. Lehrlinge, Anlernlinge u. Praktikanten	122	27	18	–	–	–	-	-	27	18
Facharbeiter	131	619	–	–	–	10	68	-	628	–
Angelernte Arbeiter	132	293	+ 14	–	–	10	–	1	320	13
Hilfsarbeiter (Ungelernte)	133	728	395	–	143	7	45	51	703	389
Gewerbliche Lehrlinge und Anlernlinge	134	126	–	–	–	–	-	-	131	–
Beschäftigte insgesamt	190	2007	556	–	166	29	120	52	2036	548

	Kennziffer	Bestand am Stichtag des Berichtsmonats: insgesamt männlich (20)	insgesamt weiblich (21)	davon (Spalten 20+21) sind Facharbeiter des Metallfachs (22)	Facharbeiter sonstige (23)	Angelernte Arbeiter des Metallfachs (24)	Angelernte Arbeiter sonstige (25)	Gesamtzugang im Berichtsmonat männlich (26)	Gesamtzugang weiblich (27)	Gesamtabgang im Berichtsmonat männlich (28)	Gesamtabgang weiblich (29)
Inländer	210	1372	426	476	143	194	113	–	11	46	-
Ostarbeiter	221	240	130	–	–		–	–	–	–	3
Sonstige zivile Ausländer	222	247	–	–	–	–	–	18	–	–	–
Juden	231	–	–	+ –	+ –	+ –	+ –	-	–	–	–
Russische Kriegsgefangene	241	–	–	–	–	–	–	–	–	–	–
Sonstige Kriegsgefangene	242	148	–	–	–	–	–	–	–	1	-
Beschäftigte insgesamt	290	2007	556	476	143	194	113	18	11	47	3

1. Ausfüllungs-Richtlinien beachten. 2. Auch die Rückseite ausfüllen.

Genehmigt gem. VO vom 13. 2. 39 — Statistischer Zentralausschuß Verfügung vom … 1943

Industriebericht

Einzusenden bis zum 3. des dem Berichtsmonat folgenden Monats

Firmenkreis A

Betrieb (Genaue Anschrift) Gottfr. Lindner Akt. Ges. Ammendorf (Saalkr.) Schachtstr. 18

Gau- oder Gauteil-Nr.:*)

*) nur von Gauwirtschaftskammer auszufüllen

Nr. des Sonderausschusses bzw. Sonderringes (soweit angefordert) 1251 4214 4351

Reichsbetriebsnummer 0/0321/0004 — Stichtag: 25. 8. 43

Beschäftigte (einschl. Ausländer, Kriegsgefangene, Juden usw.) am Stichtag des Berichtsmonats		Kennziffer	Wirtschaftsgr. Nr. 23 Industriezweig Nr. 050 (1)	Wirtschaftsgr. Nr. 21 Industriezweig Nr. 030 (2)	Wirtschaftsgr. Nr. Industriezweig Nr. (3)	Wirtschaftsgr. Nr. Industriezweig Nr. (4)	Nichtindustrielle Betriebsteile, nämlich: (5)	Gesamt (6)
Tätige Inhaber u. leitende Angestellte (110)	m	710	7	3				10
	w	711						–
Angestellte, Praktikanten, kaufm. u. techn Lehrlinge u. Anlernlinge (121 u. 122)	m	720	164	67				231
	w	721	104	43				147
Facharbeiter, Angelernte, Hilfsarbeiter (Ungelernte) einschl. gewerbliche Lehrlinge und Anlernlinge (131 bis 134)	m	730	1254	512				1766
	w	731	291	118				409
Beschäftigte insgesamt (790 u. 791 = 190)	m	790	1425	582				2007
	w	791	395	161				556
Davon: Halbtagsbeschäftigte	m	792	–	–				–
	w	793	118	48				166
Davon: zivile Ausländ. u. Juden (221, 222 u. 231)	m	794	346	141				487
	w	795	92	38				130
Davon: Kriegsgefangene (241 u. 242)		796	105	43				148
Seit Kriegsbeginn zum Wehrdienst Einberufene		800	523	214				737

Abb. 352: Beschäftigtenmeldung, Ammendorf, Stand: 25. 01. 1944

Beschäftigtenmeldung 1944
Die Beschäftigtenmeldungen änderten sich über die Jahre. Auf der Abbildung 352 sieht man die Beschäftigtenmeldung und den Industriebericht auf einer Seite. Es finden sich nun neue Zuordnungen zu bestimmten Gruppen, zum Beispiel den Firmenkreis (Ziffer 1) oder die Nummer des Sonderausschusses (Ziffer 4). Diese Konfusion ist Ausdruck des fortlaufenden Krieges und der hektischen Aktivität der Führung mit immer neuen Ideen, neuen Zuordnungen, um Kontrolle über den Kriegsprozess zu erlangen, die zu diesem Zeitpunkt bereits entglitten war.

1 Firmenkreis A
Nach 1942 wurden die deutschen Firmen sogenannten Firmenkreisen zugeordnet, was einer groben Brancheneinteilung gleich kam.

2 Betrieb
Hier wurde nun nicht nur der allgemeine Name des Betriebes verlangt wie zum Beispiel GOTTFRIED LINDNER AG, sondern in Klammern darauf verwiesen, dass man die genaue Anschrift schnell griffbereit haben möchte: (Genaue Anschrift).

3 Mitarbeiter/Fernruf
Im Kopf der Beschäftigtenmeldung findet sich neben den Namen der Mitarbeiter, die die Meldung verfasst haben auch die Angabe Fernruf, Amt und Nummer. Dies zeigt an, dass Geschwindigkeit und schnelle Erreichbarkeit wichtiger geworden waren.

4 Nr. des Sonderausschusses bzw. Sonderringes
Auch bei dieser Kategorisierung ging es um eine besondere Zugehörigkeit. Sonderausschüsse bzw. Sonderringe wurden gebildet, um schnell durchgreifen zu können in besonderen Kriegssituationen. Allerdings wird auch sichtbar, dass diese vielen Kategorisierungen in Firmenkreis, Sonderausschuss u. a. oft Chaos verursachten.

5 Beschäftigtengruppen
Kernpunkt der nationalsozialistischen Führungsideologie war immer noch die Klassifizierung der Menschen in Gruppen, hernach ihre Hierarchisierung und damit die Ausnutzung der Arbeitskraft dieser hierarchisierten Gruppe. Die Statistik benötigte deshalb diese Zahlen. 1942 wie auch 1944 waren etwas über 2 000 Männer und etwa 550 Frauen bei der GOTTFRIED LINDNER AG beschäftigt.

6 Bestand am Stichtag des Vormonats
Die Forderung nach dieser Angabe ist neu. Es ging wohl um einen genaueren Blick auf die Beschäftigtendynamik im Prozess, um drohende Engpässe oder Schocks in der Beschäftigtenlage auf jeden Fall zu vermeiden.

7 Gesamtzugang und Gesamtabgang
Diese neue Kategorie wurde eingeführt, um die Dynamik des Arbeitskräfteflusses innerhalb der Volkswirtschaft des Deutschen Reiches genauer abbilden und damit auch kontrollieren und lenken zu können.

8 Verordnungshinweise
Die Beschäftigtenmeldung basiert auf einer staatlichen Verordnung vom 13. Februar 1939, die der Statistische Zentralausschuss erlassen hatte. In der vorliegenden Form wurden die Details am 1. Juli 1943 verfügt. Dies zeigt, dass das Erlass- und Verfügungsverhalten der nationalsozialistischen Verwaltung in Deutschland sehr dynamisch war und sich machtpolitisch schnell den sich ändernden Gegebenheiten anpassen musste. Dies war insbesondere angezeigt, weil die Ereignisse und die Dynamik während des zweiten Weltkrieges chaotische Zustände offenbarten, die unter Kontrolle zu bringen waren. Die Vervielfältigung der Kategorien zeigt zudem, dass dieses Ansinnen der Kontrolle der dynamischen Ströme von Informationen und Material zunehmend im Verlauf des zweiten Weltkrieges verloren gingen.

Innenkommunikation bei Lindner

Die Aufgabe der Betriebsführung war es, die zentral in Berlin ausgegebene Strategie umzusetzen und im Werk zu vermitteln. Dafür gab es Spruchbänder an den Fronten der Betriebsgebäude, Plakate an den Tafeln der innerbetrieblichen Werbung sowie Sonderappelle (Abb. 353–356).[350]

Abb. 353: Hart – entschlossen – siegreich!, Transparent der Lindner AG Ammendorf 1942.

Abb. 354: Deutsche Volksgenossen zu Hause! Arbeitet, schafft Waffen, schafft Munition, schafft wieder Waffen und wieder Munition! Transparent der Lindner AG Ammendorf 1942.

Abb. 355: Erläuterung der neuen Strategie der Vereinfachung der Produkte und Produktion, Ammendorf 1942.

350. LHASA, MER, Gottfried Lindner AG, Ammendorf, Nr. 501, S. 3–4.

Öffentliche Auszeichnungen spornen an

Daneben gab es zahlreiche Wettbewerbe, deren Sieger in öffentlichen Veranstaltungen ausgezeichnet wurden, um der gesamten Belegschaft dadurch Ansporn und Richtung zu geben (Abb. 356).[351]

Abb. 356: Auszeichnungsveranstaltung, Ammendorf 1942.

Statistik als Grundlage der Lageanalyse

Die Statistik spielte seit Gründung der Gottfried Lindner AG eine bedeutende Rolle insbesondere für die Rationalisierungsvorhaben. Es wurden Zeiten gestoppt und Akkorde bestimmt. All dies war ohne Statistik nicht möglich. Während die Statistik in der Zeit vor 1933 jedoch eher eine innerbetriebliche Angelegenheit war, wurde die Industrie unter Adolf Hitler mittels ausgefeilter Berichterstattungspflichten von oben durchrationalisiert. Schnell merkte die Regierung, wo sich die schwachen Betriebe der Waggonindustrie befanden. Allerdings war so eine Industriepolitik nur solange erfolgreich, solange die notwendige Struktur bekannt war (Industrialisierung). Eine schöpferische Zerstörung und einen freien Strukturwandel ließ sie nicht zu, was zur späteren Erstarrung führen musste. Die Finanzdaten für die Jahre 1933–1944 zeigt die unten stehende Tabelle (alle Zahlen in Reichsmark RM).

Jahr	Reingewinn	Dividende	Grundkapital
1933	239245	211000	3500000
1934	262611	210000	3500000
1935	282000	210000	3500000
1936	355469	280000	3500000
1937	361606	280000	3500000
1938	367883	280000	3500000
1939	364876	280000	3500000
1940	363322	280000	3500000
1941	478191	400000	8000000
1942	476234	400000	8000000
1943	476887	400000	8000000
1944	478758	unbekannt	8000000

351. LHASA, MER, Gottfried Lindner AG, Ammendorf, Nr. 501, S. 3.

Beschäftigte zwischen 1937 und 1945

Die Gottfried Lindner AG beschäftigte zwischen 1937 und 1945 eine unterschiedliche Anzahl von produktiven und sogenannten unproduktiven (Verwaltung) Arbeitskräften. An der folgenden Tabelle mit den zusammengefassten Zahlen wird deutlich, dass ab 1941 eine Aufstockung erfolgte. Dies waren offenbar die französischen, russischen oder tschechischen Fremdarbeiter (Tabelle).[352]

Jahr	Beschäftigte insgesamt
1937	2324
1938	2445
1939	2606
1940	2656
1941	2805
1942	2720
1943	2956
1944	2885
1945	2406

Die Waggon-Produktion 1937–1945

Die in der folgenden Aufstellung genannten Produktionszeiten beziehen sich auf die Zeit von der Auftragserteilung über die Entwicklung und Konstruktion bis hin zur Fertigung. Es handelt sich dabei nur um die von der Deutschen Reichsbahn bestellten Produkte:

20 normalspurige Steuerwagen
Geschwindigkeit: 120 km/h
Plätze: 75 Sitz- und Stehplätze
Bauzeit: etwa 15 Monate
Preis pro Wagen: 53 380 RM

25 normalspurige Steuerwagen
Geschwindigkeit: 120 km/h
Plätze: 87 Sitz- und Stehplätze
Bauzeit: 12 Monate
Preis pro Wagen: 52 018 RM

306 normalspurige Güterwagen
Typ: 2 Om
Ladegewicht: 20 t
Bauzeit: 9 Monate
Preis pro Wagen: 3 720 RM

5 normalspurige Bahnpostwagen
Wagenlänge über Puffer: 16,4 m
Inneneinrichtung: Briefabfertigung
Bauzeit: 12 Monate
Preis pro Wagen: 44 400 RM

150 normalspurige Großraumgüterwagen
Typ: Olrha
Länge über Puffer: 11,8 m
Bauzeit: 9 Monate
Preis pro Wagen: 5 160 RM

2205 doppelspurige Großraumgüterwagen
Länge über Puffer: 9,1 m
Bauzeit: 18 Monate
Preis pro Wagen: 4 550 RM

1800 normalspurige gedeckte Güterwagen
Typ: 2 Grhs mit Heizleitung
Bauzeit: 12 Monate
Preis pro Wagen: 4 260 RM

800 normalspurige gedeckte Güterwagen
Typ: 2 Ghhs
Länge über Puffer: 9,1 m
Bauzeit: 9 Monate
Preis pro Wagen: anfangs 4 480 RM, später 3 920 RM

90 angelieferte Güterwagen mit doppelter Verschalung ausgerüstet
Bauzeit: 3 Monate
Preis pro Wagen: 950 RM

2400 Personenzug-Gepäckwagen
Typ: Pwgs
Länge über Puffer: 10 m
Bauzeit: 15 Monate
Preis pro Wagen: 4 580 RM

50 angelieferte gedeckte Güterwagen mit Lazarett-Einrichtung versehen
Bauzeit: 1 Monat
Preis pro Wagen: 1 800 RM

75 normalspurige Rungenwagen mit Mannschafts- und Turmaufbauten versehen
Bauzeit: 3 Monate
Preis pro Wagen: 400 RM

20 angelieferte gedeckte Güterwagen als Maschinenwagen einrichten
Bauzeit: 3 Monate
Preis pro Wagen: 1 490 RM

144 Behelfspersonenwagen mit verschiedenen Einrichtungen versehen
Verzögerungen durch die Verschiedenheit der gewünschten Ausführungen seitens der Deutschen Reichsbahn
Typ: Hc1
Bauzeit: 9 Monate
Preis pro Wagen: 1 670 RM

352. Landeshauptarchiv Sachsen-Anhalt, MER, G. Lindner AG, Ammendorf, Nr. 18.

160 Großraum-Güterwagen
Typ: 1 GGths
Länge über Puffer: 18 m
Art: selbsttraged mit gewölbtem Dach
Stirnwand mit Türen ausgerüstet, damit Autos in den Wagen geschoben werden können, mit Übergangsbrücken, so dass der ganze Zug mit Autos befahrbar ist.
Bauzeit: 3 Monate
Preis pro Wagen: 17 900 RM
60 Behelfspersonenwagen
Typ: Mci
Bauzeit: 3 Monate
Preis pro Wagen: 1 520 RM
150 normalspurige Behelfspersonenwagen mit Holzverschalung ausrüsten
Typ: Mei
Bauzeit: 1,5 Monate
Preis pro Wagen: 550 RM

Weitere Produkte, andere Auftraggeber …
Neben Wagen wurden auch Lokomotivschuppen für die Reichsbahn gebaut. Außerdem werden die Wagen für andere Auftraggeber als die Reichsbahn aufgelistet. Interessant sind die viel höheren Preise für die ausländischen Kunden.

5 Lokomotivschuppen in Holzkonstruktion
Länge: 30 m
Bauzeit: 3 Monate
Preis pro Stück: 10 430 RM
23 normalspurige Kesselwagen
Auftraggeber: Industrie
Inhalt 26 cbm
Bauzeit: 6 Monate
Preis pro Wagen: 6 750 RM
12 normalspurige Personenwagen
Auftraggeber: Türkei
Plätze: 60 Sitzplätze
Länge über Puffer: 13,62 m
Bauzeit: 9 Monate
Preis pro Wagen: 36 080 RM
10 offene normalspurige Güterwagen
Typ: 2 Om
Auftraggeber: Industrie
Bauzeit: 6 Monate
Preis pro Wagen: 5 882 RM
150 normalspurige gedeckte Großgüterwagen mit hochgewölbtem Dach
Auftraggeber: Bulgarien
Länge über Puffer: 11,8 m
Bauzeit: 15 Monate
Preis pro Wagen: 8 545 RM
9 gedeckte Güterwagen
Auftraggeber: Industrie
Typ: 2 Grhs
Länge über Puffer: 9,1 m
Bauzeit: 6 Monate
Preis pro Wagen: 7 650 RM
8 normalspurige Postgepäckwagen
Auftraggeber: Bulgarien
Länge über Puffer: 14 m
Bauzeit: 18 Monate
Preis pro Wagen: 44 625 RM
32 normalspurige Untergestelle für Kesselwagen
Auftraggeber: Industrie
Länge über Puffer: 11,7 m
Bauzeit: 6 Monate
Preis pro Wagen: 12 190 RM
100 normalspurige gedeckte Güterwagen
Auftraggeber: Tschechoslowakei
Länge über Puffer: 9,1 m
Bauzeit: 6 Monate
Preis pro Wagen: 6 695 RM
310 angelieferte Kesselwagen mit Tarnumbau versehen
Bauzeit: 2 Monate
Preis pro Wagen: 460 RM

Darüber hinaus wurden 46 Einzelwagen aller Art, wie zum Beispiel Triebwagen, Versuchswagen sowie Erstwagen zum Anlauf einer Serie gebaut. Der Gesamtwert dieser Produktion betrug 423 326 RM. Die Gottfried Lindner AG hatte besonders bei den Reparaturen und den Umbauten in Deutschland einen guten Ruf. Unter den 23 damaligen Waggonbauern war insbesondere die bewegliche Auftragsabwicklung ein Markenzeichen Lindners. Diese Aufzählung umfasst nur Bestellungen ab 1937 und nur größere Bestellungen von bestimmten Typen. Einzelanfertigungen und andere Produkte sind nicht aufgeführt.

Produkte für den Heeresbau

Die Produkte für den Heeresbau nahmen seit Beginn des Krieges einen immer größeren Raum ein.

Dies ging so weit, dass in Ammendorf Heeresabnahmestellen eingerichtet wurden, um unnötige Friktionen in der Kooperation zu vermeiden. LINDNER nahm in einem Beitrag im SPEZIAL ARCHIV DER DEUTSCHEN WIRTSCHAFT für sich in Anspruch:

> »*... bei der Fahrbarmachung insbesondere der Flak-Geräte maßgebend mitgewirkt zu haben ...*«[353]

Bereits seit 1930 wurde mit dem Waffenamt eng kooperiert. Daraus ergaben sich die Fertigungen der Sonderanhänger 101 und später 102, der die 150-cm-Scheinwerfer zu tragen hatte. Die Vereinheitlichung beider Anhänger ergab den Sonderanhänger 104, der eine lange Zeit von Lindner und später sogar von Nachbaufirmen für den Krieg gefertigt wurde. Neben der Scheinwerferbettung stammte auch die Bettung für den Ringtrichter-Richtungshörer von LINDNER. Der größere Sonderanhänger 204, der für schwere und schwerste Flak gebaut wurde, ist auch in hohen Stückzahlen während des Krieges produziert worden, und zwar gleichfalls von LINDNER und Nachbaufirmen. Daneben fertigte man kleinere Fahrzeugkonstruktionen, zum Beispiel 1-Achser für den Munitionstransport, Verladerampen, Bettungen sowie verschiedene Fahrzeugaufbauten für Spezialzwecke.

Selbstfahrlafetten

Aus der Sicht des am 8. Juli 1944 erstellten Berichts nahmen die Selbstfahrlafetten eine großen Raum ein bei Lindner.[354] Insbesondere wurden die sogenannten Zugkraftwagen-Fahrgestelle gebaut. Sie besaßen vorn gelenkte Kraftwagenräder und hinten Gleisketten haben. Um diese Lafetten sicherer zu machen, wurden Techniken vom Panzerbau abgeschaut: Fahrerhaus und Kühler wurden mit Behelfspanzerungen versehen.

353. Landeshauptarchiv Sachsen-Anhalt, MER, G. Lindner AG, Ammendorf, Nr. 18.
354. Landeshauptarchiv Sachsen-Anhalt, MER, G. Lindner AG, Ammendorf, Nr. 18.

Lehr-Aufträge

Seit 1933 erhielt Lindner auch einige Lehr-Aufträge von Geräten, die nicht direkt mit dem Fahrzeugbau in Verbindung standen. Dazu gehörten Protzen, die in der Folgezeit in großer Stückzahl gefertigt wurden.

Aufbauten

Die Aufbauten-Entwicklung sowie ihre Fertigung, die beide wohl nicht ganz den Umfang der Anhänger-Produktion während der Nazi-Zeit erreichten, erhielten laufend neue Aufgaben, wie Fahrzeuge für Funk-, Nachrichten-, Artillerie- und Pionierzwecke, mit offenen und mit geschlossenen Aufbauten. Auch Fertigungen von Fahrzeugen für den Transport schwerer Geschützrohre kamen von LINDNER.

Kriegs-Waggons und Karren

Wegen der bei LINDNER vorliegenden großen Erfahrungen im Waggonbau entstanden in Zusammenarbeit mit dem Wehramt Entwicklungen von umfangreichen Umbauten bestehender Waggons zum Zwecke der Aufnahme von schweren Flak-Geräten. Auch in die Fertigung von Tiefladeanhängern zum Transport von Panzerkampfwagen war LINDNER zeitweilig eingeschaltet. Ebenso wurden kleine Karren gefertigt zum Transport von Kabelrollen.

Zusammenarbeit mit anderen Firmen

Die guten Geschäftsverbindungen mit großen deutschen Firmen wie SIEMENS, AEG, ZEISS, MATRA usw. brachte für LINDNER die verschiedensten Zulieferaufgaben mit sich. So wurde gemeinsam mit diesen Firmen nach Lateinamerika, China, Japan, Siam, Finnland, Holland, Ungarn, die Schweiz und nach allen Balkan-Ländern exportiert.

Vereinfachungen

Das Waffenamt legte großen Wert auf Vereinfachungen: Verzicht auf hochwertiges Material, effiziente Arbeitszeitausnutzung und Vermeidung von Wälzlagern waren die Hauptforderungen.

Drehgestelle für die Wunderwaffe

Die Gottfried Lindner AG war auch in die Entwicklung von Hitlers »Wunderwaffen« V 1/V 2 – den sogenannten Vergeltungswaffen – eingebunden. In Halle wurden die Drehgestelle für die V 1 gebaut (Abb. 356).

Abb. 356: V-Waffe wird auf Lindnerlafette zum Abschussplatz transportiert, Ammendorf 1944.

Wie sehr die gesamte Arbeit auf die Kriegsproduktion ausgerichtet war, zeigt die Umsatzverteilung 1944 (Abb. 357).

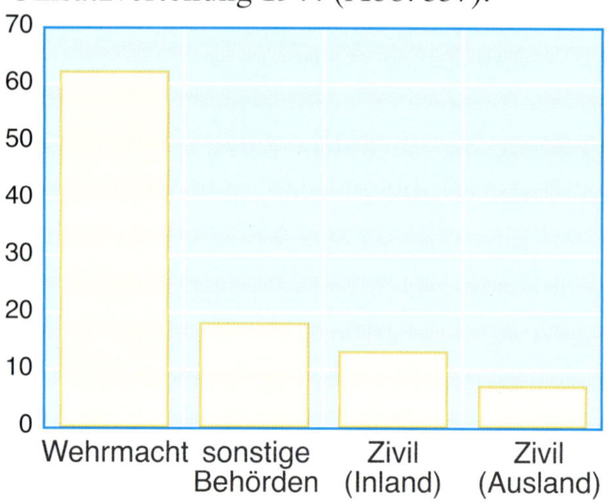

Abb. 357: Umsatzverteilung der Gottfried Lindner AG, Ammendorf 1944.

Unter den zur Front abgezogenen Waggonbauern gab es auch Tote. Sie wurden in den Lindner-Blättern veröffentlicht (Abb. 358). Die Verluste und die anhaltend hohen Rüstungsaufträge führten zu einem Arbeitskräftemangel. Dieser sollte auch durch Fremdarbeiter aus Italien beseitigt werden. Die Anwerbung verlief jedoch nicht in gewünschtem Maße:

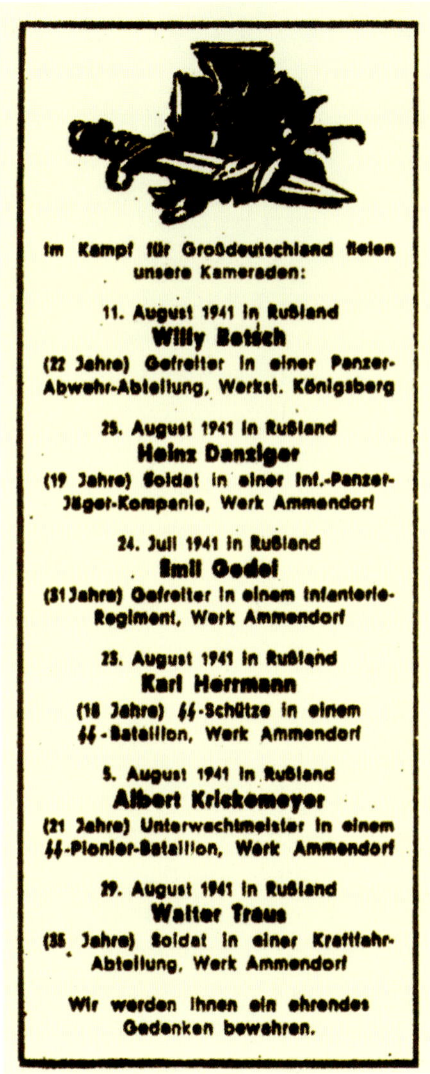

Im Kampf für Großdeutschland fielen unsere Kameraden:

11. August 1941 in Rußland
Willy Betsch
(22 Jahre) Gefreiter in einer Panzer-Abwehr-Abteilung, Werkst. Königsberg

25. August 1941 in Rußland
Heinz Danziger
(19 Jahre) Soldat in einer Inf.-Panzer-Jäger-Kompanie, Werk Ammendorf

24. Juli 1941 in Rußland
Emil Gedel
(31 Jahre) Gefreiter in einem Infanterie-Regiment, Werk Ammendorf

28. August 1941 in Rußland
Karl Herrmann
(18 Jahre) ϟϟ-Schütze in einem ϟϟ-Bataillon, Werk Ammendorf

5. August 1941 in Rußland
Albert Kriekemeyer
(21 Jahre) Unterwachtmeister in einem ϟϟ-Pionier-Bataillon, Werk Ammendorf

29. August 1941 in Rußland
Walter Traus
(35 Jahre) Soldat in einer Kraftfahr-Abteilung, Werk Ammendorf

Wir werden ihnen ein ehrendes Gedenken bewahren.

Abb. 358: Todesanzeigen in den Lindner-Blättern, Ammendorf 1941.

»Die Anwerbung von Arbeitskräften bzw. die Durchführung von Dienstverpflichtungen geht nicht so glatt, wie man sich das aus der Entfernung vorstellt. Italien ist nun einmal ein Land, wo seit dem Septemberverrat die staatliche Autorität, die die Bevölkerung für eine Idee begeistern kann, völlig fehlt. Die Leute sind kriegsmüde ... Der Begriff des totalen Krieges ist absolut unbekannt. Auch heute noch sind enorme Kontingente waffenfähiger Männer in Zivilberufen als Straßenbahnschaffner, Kellner, Friseur, Händler, Eisverkäufer tätig oder sie arbeiten in Fertigungen, die bei uns längst eingestellt sind.«[355]

355. M 436/3, Landeshauptarchiv Magdeburg.

Wohnungsbau während des Krieges – Not macht erfinderisch

In der Gottfried Lindner AG gab es es eine ausgeprägte Wohnungsfürsorge für die Mitarbeiter. Zunächst sporadisch im Aufsichtsrat besprochen, wurde mit der politischen Neustrukturierung in der Nazizeit der Betriebsausschuss »Wohnungs- und Siedlungswesen« gebildet.

In diesem Betriebsausschuss war in Zusammenarbeit mit zwei Wohnungsbaugesellschaften ein Plan zur Erstellung neuer Werkswohnungen erarbeitet worden. Nach Kriegsbeginn konnten diese Pläne aus Mangel an Material nicht verwirklicht werden. Trotzdem wurde die Wohnungskartei mit den wohnungssuchenden Mitarbeitern weiter geführt. In den Lindner-Blättern von 1944 heißt es dazu:

> *»Wenn man ... an eine große Serie heran geht, ist es notwendig, sich von vornherein darüber klar zu werden, welches Baumaterial in genügender Menge zur Verfügung steht, denn Ziegelsteine und Zement sind heute besonders rar.*
> *Durch die Beratung der Baufachleute fanden wir ein Bindemittel, das sich durchaus für den Bau von Behelfsheimen als geeignet erwies ... Schlacke, Kalk und Vockeroder Staub- bzw. Flugasche. ...*
> *Um nun aber den Bau zu beschleunigen, gelang es uns, eine Verschalung von einer Wohnungsbaugesellschaft zu erwerben und eine weitere Verschalung konnten wir zusätzlich aus Abfallholz ... herstellen. So ist es uns möglich, jetzt ... wöchentlich drei bis vier Behelfsheime im Rohbau zu erstellen. ... Für die Anrührung des Innen- und Außenputzes steht Kalk nicht genug zur Verfügung, so daß wir zu dem Entschluss gekommen sind, Karbidschlamm zu verwenden.«*[356]

Nach Fertigstellung der Behelfsheime (Abb. 359–362) konnte Lindner nicht frei über die Vergabe verfügen. Die Verordnungen zur Wohnraumlenkung mussten eingehalten werden. Trotzdem wurde durch Verhandlungen mit Stadt und Gemeinden erreicht, dass in die Behelfsheime weitgehend Lindner-Mitarbeiter zogen. Zu den Aufgaben des Betriebsausschusses gehörten weiterhin die Schaffung von Splitterschutzgräben für den Luftschutz sowie die Bereitstellung von Mülltonnen, die die alten Müllgräben ersetzen sollten.

Abb. 359: Aufbau von Behelfsheimen, Ammendorf 1944.

Abb. 360: Aufbau von Behelfsheimen, Ammendorf 1944.

Abb. 361: Aufbau von Behelfsheimen, Ammendorf 1944.

Abb. 362: Aufbau von Behelfsheimen, Ammendorf 1944.

356. Landeshauptarchiv Sachsen-Anhalt, MER, G. Lindner AG, Ammendorf, Nr. 501, 4. Jahrgang, September/Oktober 1044. S. 2–3.

Das Ende des Krieges bei Lindner

Am 31. August 1944 tagte der Aufsichtsrat der GOTTFRIED LINDNER AG im Hotel KAISERIN AUGUSTA in Weimar. Aus der Tagesordnung kann man gut den Lauf der geschichtlichen Ereignisse erkennen, wie z. B. den Einfluss des OKH und den Krieg:

1. Verlesung der Niederschrift über die letzte Aufsichtsratssitzung,
2. Stellungnahme zum Bericht des Wirtschaftsprüfers über das letzte Geschäftsjahr,
3. Bericht über die Geschäftslage an Hand des letzten Monatsberichts,
4. Bericht über die Prüfung unserer Ergebnisrechnung durch das OKH (Oberkommando des Heeres, d. A.),
5. Bericht über die Auswirkungen der Terrorangriffe auf die Zweigwerke Hamburg und Berlin-Tempelhof,
6. Bericht über die Räumung unseres Schwesterwerkes Bialystok,
7. Verschiedenes (Abb. 363).[357]

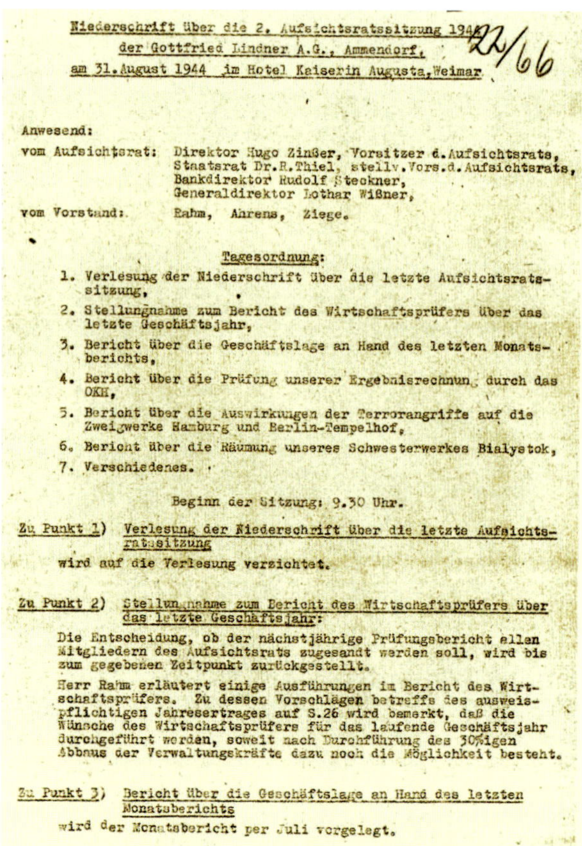

Niederschrift über die 2. Aufsichtsratssitzung 1944
der Gottfried Lindner A.G., Ammendorf,
am 31. August 1944 im Hotel Kaiserin Augusta, Weimar

22/66

Anwesend:
vom Aufsichtsrat: Direktor Hugo Zinßer, Vorsitzer d. Aufsichtsrats,
Staatsrat Dr. R. Thiel, stellv. Vors. d. Aufsichtsrats,
Bankdirektor Rudolf Steckner,
Generaldirektor Lothar Wißner,
vom Vorstand: Rahm, Ahrens, Ziege.

Tagesordnung:

1. Verlesung der Niederschrift über die letzte Aufsichtsratssitzung,
2. Stellungnahme zum Bericht des Wirtschaftsprüfers über das letzte Geschäftsjahr,
3. Bericht über die Geschäftslage an Hand des letzten Monatsberichts,
4. Bericht über die Prüfung unserer Ergebnisrechnung durch das OKH,
5. Bericht über die Auswirkungen der Terrorangriffe auf die Zweigwerke Hamburg und Berlin-Tempelhof,
6. Bericht über die Räumung unseres Schwesterwerkes Bialystok,
7. Verschiedenes.

Beginn der Sitzung: 9.30 Uhr.

Zu Punkt 1) Verlesung der Niederschrift über die letzte Aufsichtsratssitzung
wird auf die Verlesung verzichtet.

Zu Punkt 2) Stellungnahme zum Bericht des Wirtschaftsprüfers über das letzte Geschäftsjahr:
Die Entscheidung, ob der nächstjährige Prüfungsbericht allen Mitgliedern des Aufsichtsrats zugesandt werden soll, wird bis zum gegebenen Zeitpunkt zurückgestellt.
Herr Rahm erläutert einige Ausführungen im Bericht des Wirtschaftsprüfers. Zu dessen Vorschlägen betreffs des ausweispflichtigen Jahresertrages auf S.26 wird bemerkt, daß die Wünsche des Wirtschaftsprüfers für das laufende Geschäftsjahr durchgeführt werden, soweit nach Durchführung des 30%igen Abbaus der Verwaltungskräfte dazu noch die Möglichkeit besteht.

Zu Punkt 3) Bericht über die Geschäftslage an Hand des letzten Monatsberichts
wird der Monatsbericht per Juli vorgelegt.

Abb. 363: Niederschrift über die 2. Aufsichtsratssitzung 1944 der Gottfried Lindner AG, Ammendorf, 31. August 1944.

357. LHASA, MER, G. Lindner AG, Ammendorf, Nr. 212, S. 1.

Gewinnabschöpfungsfreiheit

Wie aus dem Aufsichtsratsbericht hervorgeht, gab es verschiedene Gruppenpreislisten, wobei die Gruppenpreise der Gruppe I gewinnabschöpfungsfrei waren.[358] Dabei handelte es sich um besonders kriegswichtige Güter. Hier wurde ein Anreiz geschaffen, vor allem diese Güter herzustellen.

»Terrorangriffe« auf Hamburg und Berlin

Aus heutiger Sicht ist die Bezeichnung »Terrorangriffe« interessant. Sie erinnert an den sogenannten »Krieg gegen den Terror«. Offenbar ist das Wort Terror sehr lange bereits negativ konnotiert, so dass seine Verwendung grundsätzlich die Schuld im sogenannten Terroristen vermutet. Gegen Terror ist jeder. Es war jedoch Krieg. Im Aufsichtsratsbericht heißt es dazu:

> *»... berichtet Herr Rahm, daß der Kriegssachschaden in Hamburg mit M 246.740.-- angemeldet worden ist, wovon bisher M 140.000.-- vergütet wurden. In den nächsten Tagen ist auf Grund unserer weiteren Verhandlungen eine Zahlung von M 50.000.-- zu erwarten, so daß noch M 56.740.-- verbleiben, die wir erst erhalten, wenn wir die zerstörten Maschinen und Betriebseinrichtungen wieder beschaffen.«*[359]

Bialystok wird aufgelöst

Interessant ist auch die Betriebsräumung. Dazu heißt es im Bericht:

> *»Das bisherige Bild ergibt, dass sämtliche Maschinen gerettet werden konnten, ebenso der größte Teil der Warenvorräte mit Ausnahme der Holzbestände und des Inventars. Den Verlust schätzen wir auf M 200.000.-- bis M 250.000.--, der schnellstens zur Anmeldung kommt. Einen Teil der Aufträge wird unser Zweigwerk Dresden fertig ausliefern. Die übrigen Aufträge haben wir zurückgegeben. Dem Antrag des Vorstandes, die Lindner Fahrzeugwerke Ost GmbH ab 1. Oktober 1944 in Liquidation zu nehmen, wird entsprochen.«*[360]

358. LHASA, MER, G. Lindner AG, Ammendorf, Nr. 212, S. 2.
359. LHASA, MER, G. Lindner AG, Ammendorf, Nr. 212, S. 2.
360. LHASA, MER, G. Lindner AG, Ammendorf, Nr. 212, S. 2.

Die nächste Aufsichtsratssitzung

Am 6. März 1945 tagte der Aufsichtsrat der Gottfried Lindner AG in Oberhof in Thüringen. Die Situation wird bereits dramatischer (Abb. 364).[361]

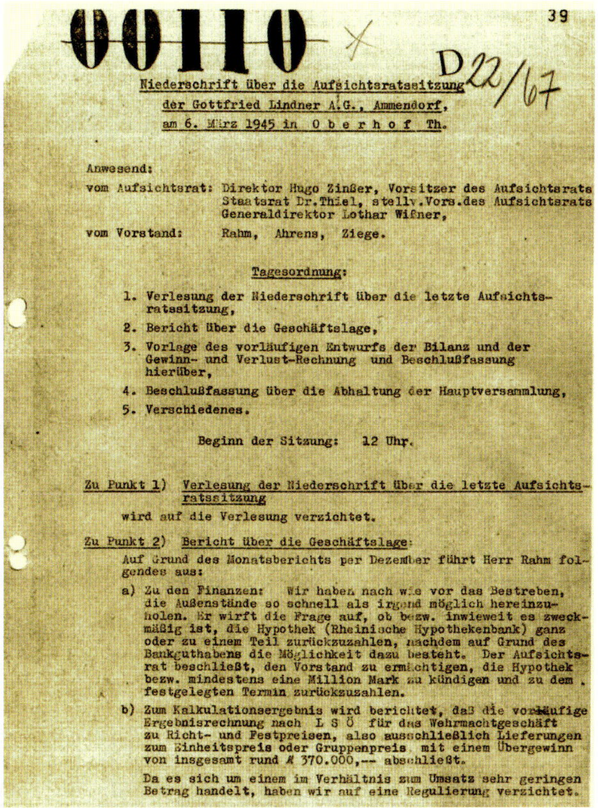

00110 39

D22/67

Niederschrift über die Aufsichtsratssitzung
der Gottfried Lindner A.G., Ammendorf,
am 6. März 1945 in Oberhof Th.

Anwesend:

vom Aufsichtsrat: Direktor Hugo Zinßer, Vorsitzer des Aufsichtsrats
Staatsrat Dr. Thiel, stellv. Vors. des Aufsichtsrats
Generaldirektor Lothar Wißner,

vom Vorstand: Rahm, Ahrens, Ziege.

Tagesordnung:

1. Verlesung der Niederschrift über die letzte Aufsichtsratssitzung,
2. Bericht über die Geschäftslage,
3. Vorlage des vorläufigen Entwurfs der Bilanz und der Gewinn- und Verlust-Rechnung und Beschlußfassung hierüber,
4. Beschlußfassung über die Abhaltung der Hauptversammlung,
5. Verschiedenes.

Beginn der Sitzung: 12 Uhr.

Zu Punkt 1) Verlesung der Niederschrift über die letzte Aufsichtsratssitzung

wird auf die Verlesung verzichtet.

Zu Punkt 2) Bericht über die Geschäftslage:

Auf Grund des Monatsberichts per Dezember führt Herr Rahm folgendes aus:

a) Zu den Finanzen: Wir haben nach wie vor das Bestreben, die Außenstände so schnell als irgend möglich hereinzuholen. Er wirft die Frage auf, ob bezw. inwieweit es zweckmäßig ist, die Hypothek (Rheinische Hypothekenbank) ganz oder zu einem Teil zurückzuzahlen, nachdem auf Grund des Bankguthabens die Möglichkeit dazu besteht. Der Aufsichtsrat beschließt, den Vorstand zu ermächtigen, die Hypothek bezw. mindestens eine Million Mark zu kündigen und zu dem festgelegten Termin zurückzuzahlen.

b) Zum Kalkulationsergebnis wird berichtet, daß die vorläufige Ergebnisrechnung nach LSÖ für das Wehrmachtgeschäft zu Richt- und Festpreisen, also ausschließlich Lieferungen zum Einheitspreis oder Gruppenpreis mit einem Übergewinn von insgesamt rund ℛℳ 370.000,-- abschließt.

Da es sich um einem im Verhältnis zum Umsatz sehr geringen Betrag handelt, haben wir auf eine Regulierung verzichtet.

Abb. 364: Niederschrift über die Aufsichtsratssitzung 1944 der Gottfried Lindner AG, Ammendorf, 6. März 1944.

Finanzen und Kalkulationsergebnis

Aufgrund der zunehmenden Unübersichtlichkeit der Ereignisse strebte man die Reduzierung der Außenstände an:

> *»Wir haben nach wie vor das Bestreben, die Außenstände so schnell als irgend möglich hereinzuholen.*
> *Er (Rahm, d. A.) wirft die Frage auf, ob bzw. inwieweit es zweckmäßig ist, die Hypothek (Rheinische Hypothekenbank) ganz oder zu einem Teil zurückzuzahlen, nachdem auf Grund des Bankguthabens die Möglichkeit dazu besteht. Der Aufsichtsrat beschließt, den Vorstand zu ermächtigen, die Hypothek bzw. mindestens eine Million Mark zu kündigen und zu dem festgelegten Termin zurückzuzahlen.«*[362]

Zur Materialbewegung

> *»Zur Materialbewegung werden die Bestände an Holz und Eisen sowie sonstigen Waren mit den Vorjahren vergleichsweise betrachtet. Danach ist ein größerer Posten Hölzer im Augenblick vorrätig, weil die Aufträge auf Güterwagen voraussichtlich nur zu einem geringeren Teil zur Ablieferung kommen. Die Eisenbestände sind auf Grund der jüngsten Verordnungen, wonach die Bestände nicht mehr als 5 Monate reichen dürfen, erheblich reduziert.«*[363]

Lohn- und Gemeinkosten, Umsatz

Die Zahl der Ausländer im Betrieb ist sehr hoch und es gibt Gefallene und Vermisste:

> *»Zur Lohn- und Gemeinkosten-Bewegung wird darauf hingewiesen, dass der Anteil der Ausländer in Ammendorf zurzeit rund 40% beträt. Von unseren zur Wehrmacht einberufenen Arbeitskameraden sind, soweit Unterlagen bisher bei uns vorliegen, 166 gefallen, 141 vermisst und 56 in Gefangenschaft geraten.*
> *Der durchnittliche Unkostensatz ist aus den bekannten Ursachen von 236,1% im Jahre 1943 auf 255,7% im Jahre 1944 gestiegen. ... Der Umsatz des Jahres 1944 konnte erfreulicherweise auf M 40.700.000.-- erneut gesteigert werden, wozu noch der Umsatz von Bialystok mit M 1.500.00.-- kommt.«*[364]

Bombenschäden

Es gab Bombenschäden in Berlin, Hamburg, Köln und Gaggenau:

> *»Der Gesamtschaden Hamburg beläuft sich nach wie vor auf M 247.000.-- ... Erhalten haben wir inzwischen M 175.000.-- ... Der Bombenschaden 3 Berlin ... wurde mit M 680.000.-- angemeldet, wovon M 570.000.-- erstattet sind. ... Köln ist restlos umgezogen. ...*
> *Der Schaden Gaggenau wurde mit M 551.000.-- angemeldet. Nachgewiesen wurden bisher M 300.000.--, erstattet M 275.000.--«*[365]

361. LHASA, MER, G. Lindner AG, Ammendorf, Nr. 212, S. 39.
362. LHASA, MER, G. Lindner AG, Ammendorf, Nr. 212, S. 39.
363. LHASA, MER, G. Lindner AG, Ammendorf, Nr. 212, S. 40.
364. LHASA, MER, G. Lindner AG, Ammendorf, Nr. 212, S. 40.
365. LHASA, MER, G. Lindner AG, Ammendorf, Nr. 212, S. 40.

Personelle Veränderungen im Aufsichtsrat

Am 6. Juni 1945 tagte der Aufsichtsrat der Gottfried Lindner AG. Die politische Lage – die Amerikaner haben die Macht in Halle – schlägt auf die personelle Zusammensetzung des Aufsichtsrates durch (Abb. 365).[366]

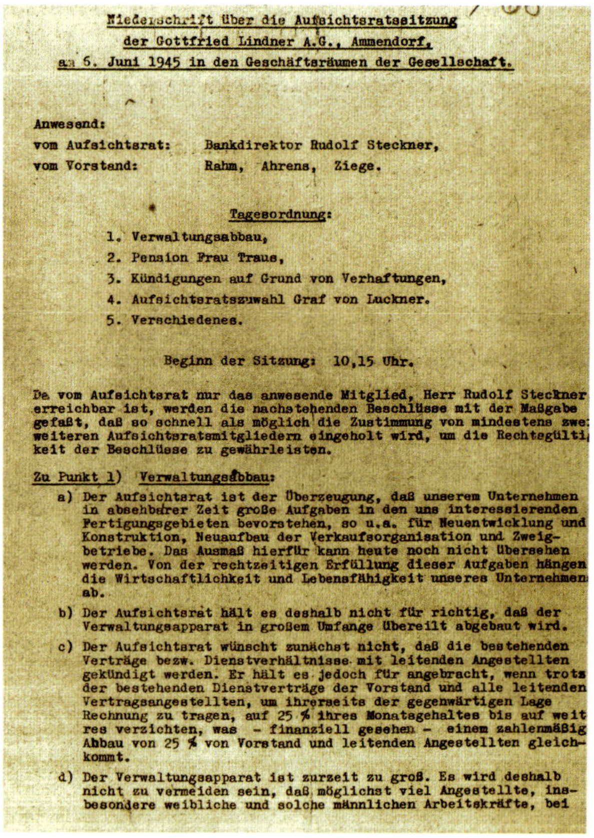

Niederschrift über die Aufsichtsratssitzung
der Gottfried Lindner A.G., Ammendorf,
am 6. Juni 1945 in den Geschäftsräumen der Gesellschaft.

Anwesend:
vom Aufsichtsrat: Bankdirektor Rudolf Steckner,
vom Vorstand: Rahm, Ahrens, Ziege.

Tagesordnung:

1. Verwaltungsabbau,
2. Pension Frau Traus,
3. Kündigungen auf Grund von Verhaftungen,
4. Aufsichtsratszuwahl Graf von Luckner.
5. Verschiedenes.

Beginn der Sitzung: 10,15 Uhr.

Da vom Aufsichtsrat nur das anwesende Mitglied, Herr Rudolf Steckner erreichbar ist, werden die nachstehenden Beschlüsse mit der Maßgabe gefaßt, daß so schnell als möglich die Zustimmung von mindestens zwe weiteren Aufsichtsratsmitgliedern eingeholt wird, um die Rechtsgülti keit der Beschlüsse zu gewährleisten.

Zu Punkt 1) Verwaltungsabbau:

a) Der Aufsichtsrat ist der Überzeugung, daß unserem Unternehmen in absehbarer Zeit große Aufgaben in den uns interessierenden Fertigungsgebieten bevorstehen, so u.a. für Neuentwicklung und Konstruktion, Neuaufbau der Verkaufsorganisation und Zweigbetriebe. Das Ausmaß hierfür kann heute noch nicht übersehen werden. Von der rechtzeitigen Erfüllung dieser Aufgaben hängen die Wirtschaftlichkeit und Lebensfähigkeit unseres Unternehmen ab.

b) Der Aufsichtsrat hält es deshalb nicht für richtig, daß der Verwaltungsapparat in großem Umfange übereilt abgebaut wird.

c) Der Aufsichtsrat wünscht zunächst nicht, daß die bestehenden Verträge bezw. Dienstverhältnisse mit leitenden Angestellten gekündigt werden. Er hält es jedoch für angebracht, wenn trotz der bestehenden Dienstverträge der Vorstand und alle leitenden Vertragsangestellten, um ihrerseits der gegenwärtigen Lage Rechnung zu tragen, auf 25 % ihres Monatsgehaltes bis auf weit res verzichten, was - finanziell gesehen - einem zahlenmäßig Abbau von 25 % von Vorstand und leitenden Angestellten gleichkommt.

d) Der Verwaltungsapparat ist zurzeit zu groß. Es wird deshalb nicht zu vermeiden sein, daß möglichst viel Angestellte, insbesondere weibliche und solche männlichen Arbeitskräfte, bei

Abb. 365: Niederschrift über die Aufsichtsratssitzung Juni 1945 der Gottfried Lindner AG, Ammendorf, 6. Juni 1945.

Tagesordnung

Es war vom alten Aufsichtsrat nur noch Bankdirektor Rudolf Steckner erreichbar. Die anderen Aufsichtsratsmitglieder hielten sich wegen der unsicheren politischen Lage offenbar versteckt.

Die Tagesordnung illustriert die damalige politische Lage, die von Verwaltungsabbau-Forderungen gekennzeichnet war:

1. Verwaltungsabbau
2. Pension Frau Traus
3. Kündigungen auf Grund von Verhaftungen
4. Aufsichtsratszuwahl Graf von Luckner
5. Verschiedenes.

366. LHASA, MER, G. Lindner AG, Ammendorf, Nr. 212, S. 39.

Verwaltungsabbau: Haustarifvertrag …

Offenbar gab es sowohl von politischer Machtseite als auch von der Belegschaft her Forderungen nach einem Abbau des Verwaltungsapparates. Rudolf Steckner versuchte jedoch, die personellen Strukturen stabil zu halten:

»Der Aufsichtsrat hält es deshalb nicht für richtig, dass der Verwaltungsapparat in großem Umfange übereilt abgebaut wird. ... Der Aufsichtsrat wünscht zunächst nicht, dass die bestehenden Verträge bzw. Dienstverhältnisse mit leitenden Angestellten gekündigt werden. Er hält es jedoch für angebracht, wenn trotz der bestehenden Dienstverträge der Vorstand und alle leitenden Vertragsangestellten, um ihrerseits der gegenwärtigen Lage Rechnung zu tragen, auf 25% ihres Monatsgehaltes bis auf weiteres verzichten, was – finanziell gesehen – einem zahlenmäßigen Abbau von 25% von Vorstand und leitenden Angestellten gleichkommt.«[367]

Kündigungen wegen Verhaftungen

Die amerikanische Besatzungsmacht verhaftete zwei Mitarbeiter der Gottfried Lindner AG:

»Bezüglich der ... verhafteten Angestellten Tannenberg und Algermissen wird festgelegt, dass die Genannten ... bis zum Abschluss des schwebenden Verfahrens aus den bestehenden Dienstverhältnissen suspendiert werden sollen und ihnen bis auf weiteres eine monatliche Familienunterstützung von M 300.-- einzuräumen ist.«[368]

Graf von Luckner

»Mit Rücksicht auf die dem Unternehmen vollkommen fehlenden Verbindungen zu amerikanischen Wirtschaftskreisen, die Herrn Graf von Luckner ... zur Verfügung stehen, haben ... diesen um seine Mitarbeit im Aufsichtsrat gebeten. ... Herr Graf von Luckner hat sein Einverständnis hierzu erklärt.«[369]

367. LHASA, MER, G. Lindner AG, Ammendorf, Nr. 212, S. 42.
368. LHASA, MER, G. Lindner AG, Ammendorf, Nr. 212, S. 43.
369. LHASA, MER, G. Lindner AG, Ammendorf, Nr. 212, S. 43.

Im Juli übernahmen die Russen das Ruder

Am 10. Juni 1945 wurde durch die Sowjetische Militäradministration der Freie Deutsche Gewerkschaftsbund FDGB zugelassen. Nach der Bildung eines Betriebsausschusses, wendete sich dieser an den FDGB Halle, Am Harz 42/44 (Abb. 366).[370]

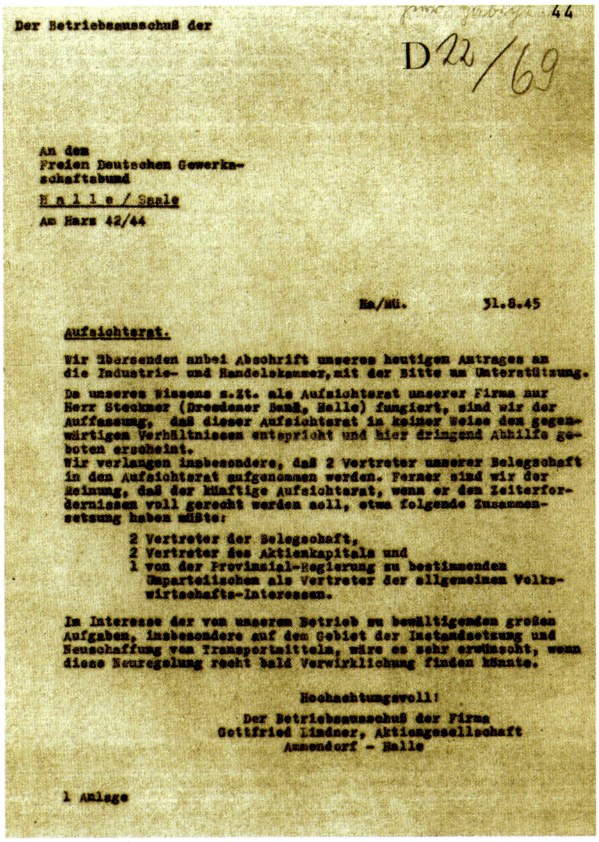

Der Betriebsausschuß der

44

D 22/69

An den
Freien Deutschen Gewerkschaftsbund
Halle / Saale
Am Harz 42/44

Ha/Mü. 31.8.45

Aufsichtsrat.

Wir übersenden anbei Abschrift unseres heutigen Antrages an die Industrie- und Handelskammer, mit der Bitte um Unterstützung.

Da unseres Wissens s.Zt. als Aufsichtsrat unserer Firma nur Herr Steckner (Dresdener Bank, Halle) fungiert, sind wir der Auffassung, daß dieser Aufsichtsrat in keiner Weise den gegenwärtigen Verhältnissen entspricht und hier dringend Abhilfe geboten erscheint.
Wir verlangen insbesondere, daß 2 Vertreter unserer Belegschaft in den Aufsichtsrat aufgenommen werden. Ferner sind wir der Meinung, daß der künftige Aufsichtsrat, wenn er den Zeiterfordernissen voll gerecht werden soll, etwa folgende Zusammensetzung haben müßte:

2 Vertreter der Belegschaft,
2 Vertreter des Aktienkapitals und
1 von der Provinzial-Regierung zu bestimmenden Unparteiischen als Vertreter der allgemeinen Volkswirtschafts-Interessen.

Im Interesse der von unserem Betrieb zu bewältigenden großen Aufgaben, insbesondere auf dem Gebiet der Instandsetzung und Neuschaffung von Transportmitteln, wäre es sehr erwünscht, wenn diese Neuregelung recht bald Verwirklichung finden könnte.

Hochachtungsvoll!
Der Betriebsausschuß der Firma
Gottfried Lindner, Aktiengesellschaft
Ammendorf - Halle

1 Anlage

Abb. 366: Brief des Betriebsausschusses der Gottfried Lindner AG an den FDGB Halle, Ammendorf, 31. August 1945.

Änderungsvorschlag

Der Betriebsausschuss kritisierte die Zusammensetzung des Aufsichtsrats:

> »... *sind wir der Auffassung, dass dieser Aufsichtsrat in keiner Weise den gegenwärtigen Verhältnissen entspricht ... Ferner sind wir der Meinung dass der künftige Aufsichtsrat, wenn er den Zeiterfordernissen voll gerecht werden soll, etwa folgende Zusammensetzung haben müsste: 2 Vertreter der Belegschaft, 2 Vertreter des Aktienkapitals und 1 von der Provinzial-Regierung zu bestimmenden Unparteiischen als Vertreter der allgemeinen Volkswirtschafts-Interessen.*«

370. LHASA, MER, G. Lindner AG, Ammendorf, Nr. 212, S. 39.

Die Kammer soll helfen

Obwohl weltweit Aufsichtsräte in Aktiengesellschaften in aller Regel durch die Hauptversammlung bestimmt werden, versuchte der Betriebsausschuss die Gunst der Stunde zu nutzen und wandte sich nicht nur an die Gewerkschaften, sondern auch an die Industrie- und Handelskammer Halle mit der Bitte um Änderung der Zusammensetzung (Abb. 367).[371]

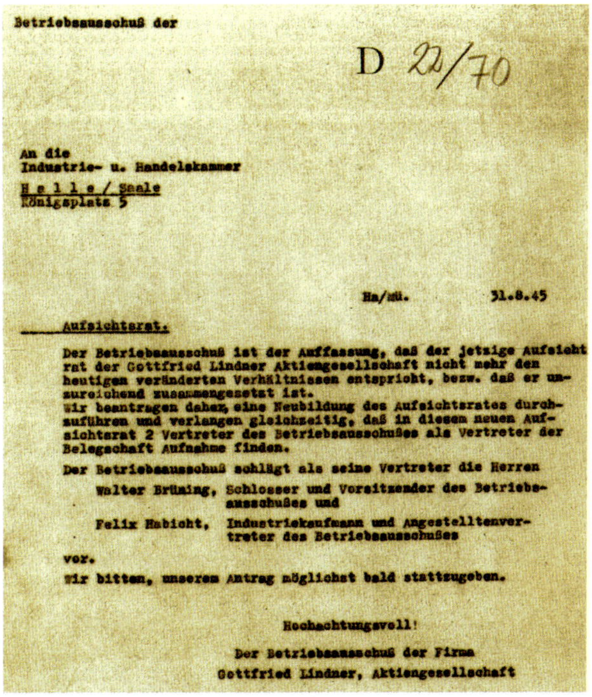

Betriebsausschuß der

D 22/70

An die
Industrie- u. Handelskammer
Halle / Saale
Königsplatz 5

Ha/Mü. 31.8.45

Aufsichtsrat.

Der Betriebsausschuß ist der Auffassung, daß der jetzige Aufsichtsrat der Gottfried Lindner Aktiengesellschaft nicht mehr den heutigen veränderten Verhältnissen entspricht, bezw. daß er unzureichend zusammengesetzt ist.
Wir beantragen daher, eine Neubildung des Aufsichtsrates durchzuführen und verlangen gleichzeitig, daß in diesem neuen Aufsichtsrat 2 Vertreter des Betriebsausschußes als Vertreter der Belegschaft Aufnahme finden.

Der Betriebsausschuß schlägt als seine Vertreter die Herren

Walter Brüning, Schlosser und Vorsitzender des Betriebsausschußes und

Felix Habicht, Industriekaufmann und Angestelltenvertreter des Betriebsausschußes

vor.

Wir bitten, unserem Antrag möglichst bald stattzugeben.

Hochachtungsvoll!
Der Betriebsausschuß der Firma
Gottfried Lindner, Aktiengesellschaft

Abb. 367: Brief des Betriebsausschusses der Gottfried Lindner AG an die IHK Halle, Ammendorf, 31. August 1945.

Vorschläge

Die Vorschläge betreffen den Aufsichtsrat:

> »*Wir beantragen daher, eine Neubildung des Aufsichtsrates durchzuführen und verlangen gleichzeitig, dass in diesem neuen Aufsichtsrat 2 Vertreter des Betriebsausschusses als Vertreter der Belegschaft Aufnahme finden.
> Der Betriebsausschuss schlägt als seine Vertreter die Herren …,
> Schlosser und Vorsitzender des Betriebsausschusses und …,
> Industriekaufmann und Angestelltenvertreter des Betriebsausschusses vor.
> Wir bitten, unserem Antrag möglichst bald stattzugeben.*«[372]

371. LHASA, MER, G. Lindner AG, Ammendorf, Nr. 212, S. 46.
372. LHASA, MER, G. Lindner AG, Ammendorf, Nr. 212, S. 46.

Amis in Ammendorf

Es gab von den Amerikanern keine Übergabe des Werkes an die Russen. Offenbar geschah die Neu-Besetzung in einer chaotischen Atmosphäre (Abb. 368).[373] Nach diesem Bericht ließen die Amerikaner kostenlos ihre Fahrzeuge reparieren und nahmen beim Abzug sämtliche Konstruktionsunterlagen mit. Der Wahrheitsgehalt dieser Äußerungen lässt sich heute schwer nachprüfen. Die Sowjetische Militäradministration handelte ebenso wenig zimperlich: sie diktierte die Aufgaben und enteignete schließlich total. Für die Mitnahme der Konstruktionsunterlagen spricht, dass die Russen später vollständig nach eigenen Dokumenten fertigen ließen.

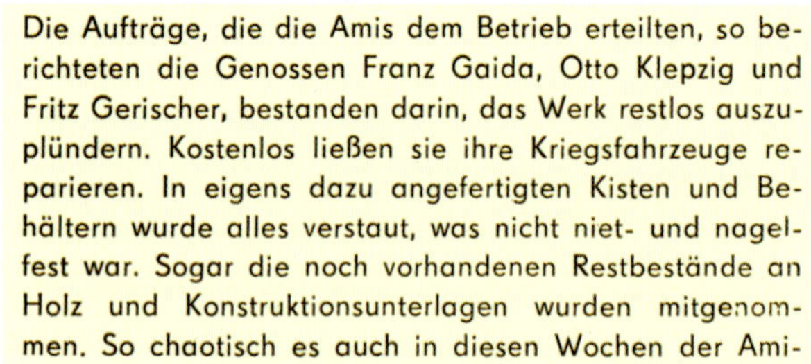

Die Aufträge, die die Amis dem Betrieb erteilten, so berichteten die Genossen Franz Gaida, Otto Klepzig und Fritz Gerischer, bestanden darin, das Werk restlos auszuplündern. Kostenlos ließen sie ihre Kriegsfahrzeuge reparieren. In eigens dazu angefertigten Kisten und Behältern wurde alles verstaut, was nicht niet- und nagelfest war. Sogar die noch vorhandenen Restbestände an Holz und Konstruktionsunterlagen wurden mitgenommen. So chaotisch es auch in diesen Wochen der Ami-

Abb. 368: Abschätziger Bericht über die Verhaltensweisen der Amerikaner in Ammendorf, Ammendorf, 2. Mai 1969.

Der russische Stadtkommandant kommt

Am 18. Juli 1945 kam der russische Stadtkommandant von Ammendorf zu Besuch (Abb. 369)[374] und befahl folgendes:

»Geschäftsbesuche sind gestattet und interessieren die russsische Besatzung nicht. Die russischen Behörden interessiert nur der Besuch militärischer Stellen. Militärische Personen, die nicht im Besitz einer Bescheinigung des Stadtkommandanten von Ammendorf sind, sind zum Stadtkommandanten zu verweisen. Lassen sich diese nicht abweisen, dann ist sofort der Stadtkommandant telefonisch zu unterrichten, der unverzüglich ein eingreifen veranlassen wird. Auch bei wiederholten Besuchen der gleichen militärischen Personen sind diese stets erneut an den Stadtkommandanten zu verweisen bzw. diesem zu melden.
gez. Ahrens.«

373. 20 Jahre DDR 20 Jahre Entwicklung zum sozialistischen Großbetrieb, Halle 1969, S. 14.
374. LHASA, MER, G. Lindner AG, Ammendorf, 1. Abl. Nr. 5.

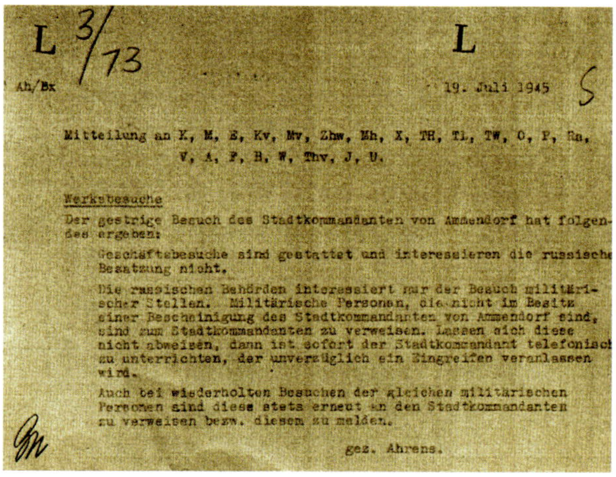

L 3/73 L

Ah/Bx 19. Juli 1945 S

Mitteilung an K, M, E, Kv, Mv, Zhw, Mh, X, TH, TL, TW, O, P, Ra, V, A, F, B, W, Thv, J, U.

Werksbesuche

Der gestrige Besuch des Stadtkommandanten von Ammendorf hat folgendes ergeben:

Geschäftsbesuche sind gestattet und interessieren die russische Besatzung nicht.

Die russischen Behörden interessiert nur der Besuch militärischer Stellen. Militärische Personen, die nicht im Besitz einer Bescheinigung des Stadtkommandanten von Ammendorf sind, sind zum Stadtkommandanten zu verweisen. Lassen sich diese nicht abweisen, dann ist sofort der Stadtkommandant telefonisch zu unterrichten, der unverzüglich ein Eingreifen veranlassen wird.

Auch bei wiederholten Besuchen der gleichen militärischen Personen sind diese stets erneut an den Stadtkommandanten zu verweisen bzw. diesem zu melden.

gez. Ahrens.

Abb. 369: Mitteilung des Direktors Ahrens an über den Besuch des Stadtkommandanten, Ammendorf, 19. Juli 1945.

Rahm und Ziege werden verhaftet

Am 7. Dezember 1945 fand die erste Aufsichtsratssitzung mit dem neu durchgesetzten Aufsichtsrat statt. Vom alten Vorstand wurden der Generaldirektor WALTER RAHM und der Betriebsdirektor PAUL ZIEGE durch die Rote Armee verhaftet (Abb. 370).[375]

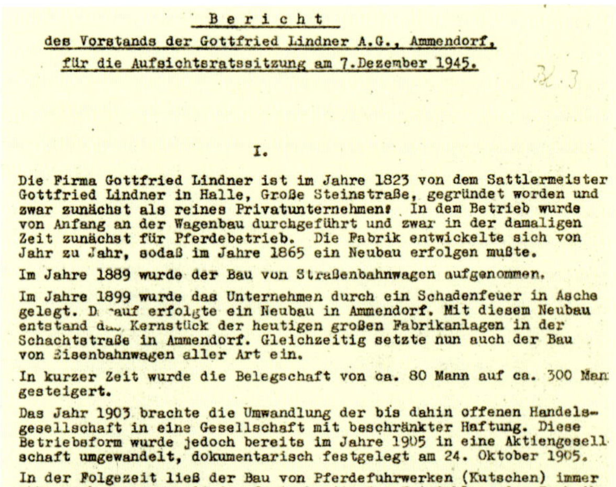

B e r i c h t
des Vorstands der Gottfried Lindner A.G., Ammendorf,
für die Aufsichtsratssitzung am 7.Dezember 1945.

I.

Die Firma Gottfried Lindner ist im Jahre 1823 von dem Sattlermeister Gottfried Lindner in Halle, Große Steinstraße, gegründet worden und zwar zunächst als reines Privatunternehmen. In dem Betrieb wurde von Anfang an der Wagenbau durchgeführt und zwar in der damaligen Zeit zunächst für Pferdebetrieb. Die Fabrik entwickelte sich von Jahr zu Jahr, sodaß im Jahre 1865 ein Neubau erfolgen mußte.

Im Jahre 1889 wurde der Bau von Straßenbahnwagen aufgenommen.

Im Jahre 1899 wurde das Unternehmen durch ein Schadenfeuer in Asche gelegt. D[illegible]auf erfolgte ein Neubau in Ammendorf. Mit diesem Neubau entstand d[illegible] Kernstück der heutigen großen Fabrikanlagen in der Schachtstraße in Ammendorf. Gleichzeitig setzte nun auch der Bau von Eisenbahnwagen aller Art ein.

In kurzer Zeit wurde die Belegschaft von ca. 80 Mann auf ca. 300 Man[illegible] gesteigert.

Das Jahr 1903 brachte die Umwandlung der bis dahin offenen Handelsgesellschaft in eine Gesellschaft mit beschränkter Haftung. Diese Betriebsform wurde jedoch bereits im Jahre 1905 in eine Aktiengesellschaft umgewandelt, dokumentarisch festgelegt am 24. Oktober 1905.

In der Folgezeit ließ der Bau von Pferdefuhrwerken (Kutschen) immer mehr nach, wogegen mit der fortschreitenden Entwicklung der Technik der Eisenbahnwagen- und Straßenbahnwagen-Bau immer weitere Fortschritte machte. 1908 kam zu diesen Fabrikationszweigen auch der Bau von Automobilkarosserien.

Nach dem Weltkrieg wurde die Eisenbahnwagen-Fabrikation sofort wieder aufgenommen, zu der sich im Laufe der fortschreitenden Steigerung des Kraftverkehrs bald die Herstellung von Lastanhängern und Lastauto-Aufbauten gesellte. Dagegen wurde der reine Karosseriebau für Personenautomobile im Jahre 1928 aufgegeben. Das Fabrikationsrecht wurde an die Firma Ambi-Budd Preßwerk G.m.b.H., Berlin-Johannisthal, abgetreten.

Während d[illegible] Krisenjahre sank die Belegschaftsziffer von ca.2000 Mann im Jahre 1928 auf ca. 250 Mann im Jahre 1932. Bei Ausbruch des letzten Krieges war die Belegschaftszahl wieder auf ca. 2000 Mann gestiegen.

Neben dem Stammwerk in Ammendorf wurden Zweigwerke ins Leben gerufen und zwar in Berlin, Dresden, Gaggenau, Hamburg, Köln, Königsberg und Nürnberg.

Durch Kriegsereignisse ist erfreulicherweise das Stammwerk in Ammendorf so gut wie nicht beschädigt worden. Dagegen sind die Zweigwerke Gaggenau, Hamburg und Köln total- und die Zweigwerke Berlin und Nürnberg teilweise beschädigt, während das Zweigwerk Königsberg als restlos verloren angesehen werden muß. Das Zweigwerk Dresden ist vollkommen unbeschädigt.

Abb. 370: Bericht des Vorstands der Gottfried Lindner AG für die Aufsichtsratssitzung vom 7. Dezember 1945, Ammendorf, 7. Dezember 1945.

375. LHASA, MER, G. Lindner AG, Ammendorf, Nr. 212, S. 47.

Im Auftrag des Präsidenten wird abgesetzt
Briefe bezüglich der Abberufung des Aufsichtsrates gingen nicht nur an den FDGB und die IHK. Vom 24. September 1945 stammt ein nicht mehr vorhandenes Schreiben, auf das sich die Provinzregierung hier beruft (Abb. 371)[376] Die Antwort lautet:

> *»Die mir mitgeteilten Mitglieder des Aufsichtsrates werden sämtlich abberufen werden müssen. Soweit sie in der sowjetisch besetzten Zone sind und hier bekannt sind, ist mit ihrem Verbleib im Aufsichtsrat, im Zuge der politischen Säuberung, nicht zu rechnen. Sonstige Mitglieder, die ausserhalb der sowjetisch besetzten Zone wohnen sind z. Zt. nicht in der Lage, ihre Pflichten zu erfüllen und auch ohne Überprüfung ihrer politischen Eignung daher abzuberufen. Um Ihren Aufsichtsrat neu zusammenzustellen, bzw. die Frage der Abberufung zu klären bitte ich Sie daher, eine persönliche Rücksprache zu vereinbaren.«*[377]

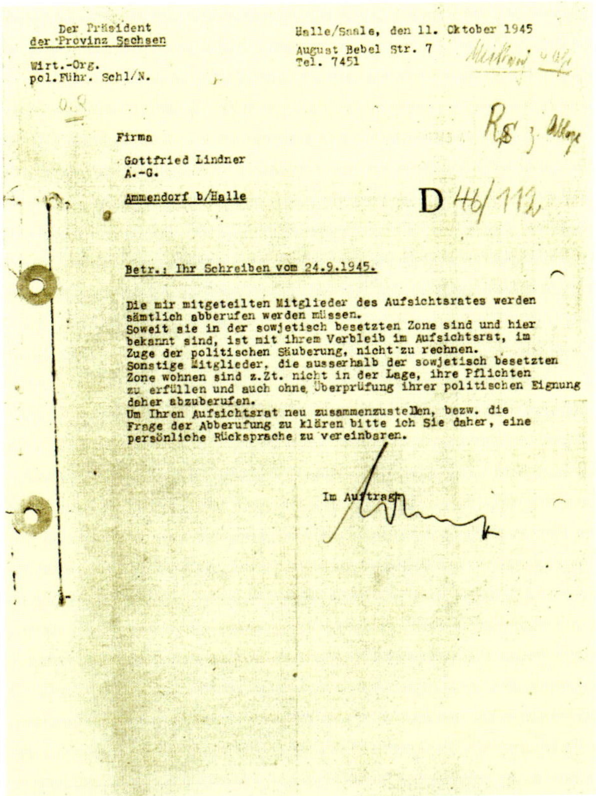
Der Präsident
der Provinz Sachsen

Wirt.-Org.
pol.Führ. Schl/N.

Halle/Saale, den 11. Oktober 1945
August Bebel Str. 7
Tel. 7451

Firma
Gottfried Lindner
A.-G.
Ammendorf b/Halle

D 46/112

Betr.: Ihr Schreiben vom 24.9.1945.

Die mir mitgeteilten Mitglieder des Aufsichtsrates werden sämtlich abberufen werden müssen.
Soweit sie in der sowjetisch besetzten Zone sind und hier bekannt sind, ist mit ihrem Verbleib im Aufsichtsrat, im Zuge der politischen Säuberung, nicht zu rechnen.
Sonstige Mitglieder, die ausserhalb der sowjetisch besetzten Zone wohnen sind z.Zt. nicht in der Lage, ihre Pflichten zu erfüllen und auch ohne Überprüfung ihrer politischen Eignung daher abzuberufen.
Um Ihren Aufsichtsrat neu zusammenzustellen, bezw. die Frage der Abberufung zu klären bitte ich Sie daher, eine persönliche Rücksprache zu vereinbaren.

Im Auftrag

Abb. 371: Brief des Präsidenten der Provinz Sachsen, Wirt.-Org. pol. Führ. an die Gottfried Lindner AG vom 11. Oktober 1945, Ammendorf, 11. Oktober 1945.

376. LHASA, MER, G. Lindner AG, Ammendorf, Nr. 415/4.
377. LHASA, MER, G. Lindner AG, Ammendorf, Nr. 415/4.

Neuer Aufsichtsrat wird bestätigt
Im Bericht heißt es über den Aufsichtsrat:

> *»Bei Kriegsende bestand folgender Aufsichtsrat: Direktor Hugo Zinßer, jetzt Wiesbaden, Vorsitzer, Staatsrat Dr. R. Thiel, Ruhla, stellvertretender Vorsitzer, Fabrikbesitzer Georg Schäfer, Schweinfurt, Bankdirektor Rudolf Steckner, Halle, Generaldirektor Lothar Wißer, Zella-Mehlis, Notar Dr. Kurt Zausch, Halle. Dieser Aufsichtsrat, dessen meiste Mitglieder nicht mehr erreichbar waren, wurde von der Provinzialverwaltung der Provinz Sachsen seines Amtes enthoben. Auf Vorschlag des Betriebsrates wurde am 27. November 1945 ein neuer Aufsichtsrat berufen, der sich wie folgt zusammensetzt: Rechtsanwalt Dr. …, Halle, Kaufmann …, Halle, Kaufmann …, Halle, Kaufmann …, Halle sowie als Betriebsratsmitglieder der technische Angestellte … und der Schlosser …«*[378]

Wie viele Tote und Gefangene gab es?
200 Mitarbeiter der Gottfried Lindner AG mussten ihr Leben im Krieg lassen. 600 Mitarbeiter wurden gefangen genommen.

Gehaltsabzug
Nazis wurden differenziert behandelt:

> *»Dabei wurden alle Nationalsozialisten, die von der Besatzungsmacht inhaftiert waren, fristlos entlassen. Diejenigen Nationalsozialisten, die stärker politisch hervorgetreten waren, ohne dass sie als Kriegsverbrecher angesehen werden könnten, wurden fristlos aus dem Angestelltenverhältniss entlassen und in das Arbeiterverhältnis umgesetzt. Allen übrigen Mitgliedern der NSDAP, die aus wirtschaftlichen Gründen im Betrieb verblieben, wurde ein 25%iger Gehaltsabzug für die Dauer von vier Monaten auferlegt. Der eingehaltene Betrag wird zur Unterstützung der Kinder im Kriege Gefallener ... verwendet.«*[379]

378. LHASA, MER, G. Lindner AG, Ammendorf, Nr. 212, S. 47.
379. LHASA, MER, G. Lindner AG, Ammendorf, Nr. 212, S. 48.

133

Die Belegschaft 1945

Die Belegschaft zählte am 1. Januar 1945 2 917 Arbeiter und 509 Angestellte. Am 30. April 1945 waren es noch 883 Arbeiter und 319 Angestellte. Die starke Reduzierung der Arbeiterzahl ist auf die hohe Anzahl von Fremd- und Zwangsarbeitern zurückzuführen, die nach Kriegsende ausschieden. Am 7. Dezember 1945 waren es 1 376 Arbeiter und 236 Angestellte, die Gesamtbelegschaft betrug also zum Zeitpunkt der Aufsichtsratssitzung im Dezember 1 612 Mitarbeiter.[380]

Die ersten Nachkriegsprodukte

Da noch alle Bankkonten durch die Besatzungsmächte eingefroren waren, musste Bargeld über den Verkauf von Sonderprodukten an die eigene Belegschaft beschafft werden, zum Beispiel Handwagen und Ofen-Herde (Abb. 372–373).[381]

Abb. 372: Fertigung von Handwagen im Jahre 1945 bei der Gottfried Lindner AG, Ammendorf 1945.

Abb. 373: Fertigung von Ofen-Herden im Jahre 1945 bei der Gottfried Lindner AG, Ammendorf 1945.

380. LHASA, MER, G. Lindner AG, Ammendorf, Nr. 212, S. 48.

381. 20 Jahre DDR 20 Jahre Entwicklung zum sozialistischen Großbetrieb, Halle 1969, S. 16..

Zweigwerke

»Von den auswärtigen Zweigwerken arbeiten Berlin, Dresden und Nürnberg wieder seit Kriegsende. Während in Berlin ... in der Hauptsache Fahrzeuginstandsetzungen durchgeführt werden, hat Dresden unmittelbar nach dem Einmarsch der Roten Armee der Bau von 3-t-Lastanhängern für diese durchgeführt. ... Nürnberg hat bisher einen genauen Bericht noch nicht eingesandt. Es haben sich ... bei verschiedenen Zweigwerken Absonderungsbestrebungen bemerkbar gemacht. So war das Zweitwerk Berlin vom Bezirksbürgermeister Berlin-Tempelhof in kommissarische Verwaltung genommen. Diese ist inzwischen durch unser Eingreifen wieder aufgehoben worden. Im westlichen Reichsgebiet hat der frühere Aufsichtsratsvorsitzende Direktor Zinßer von der Dresdner Bank ..., da ihm anscheinend seine Abberufung noch nicht bekannt geworden ist, eine Gottfried Lindner A.G., ... ins Leben gerufen (Abb. 374)[382]. *Diese Gründung wird von uns nicht anerkannt. In Nürnberg wird eingegriffen, sobald ein Vertreter von Ammendorf die Einreise nach dort genehmigt erhält. ... Gaggenau ist an den ... Betriebsleiter Geißler verpachtet worden ... Der Pachtvertrag läuft zunächst bis Ende 1946. Für ... Hamburg und Köln sind Anträge auf Wiedereinrichtung bei der englischen Militärregierung gestellt worden.«*[383]

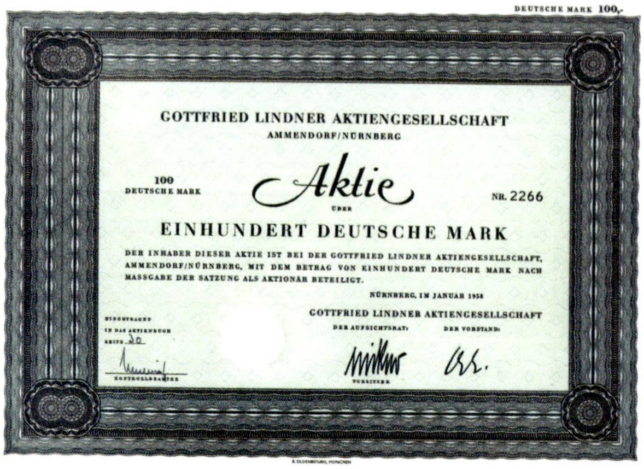

DEUTSCHE MARK 100,-

GOTTFRIED LINDNER AKTIENGESELLSCHAFT
AMMENDORF/NÜRNBERG

100 DEUTSCHE MARK

Aktie

NR. 2266

ÜBER

EINHUNDERT DEUTSCHE MARK

DER INHABER DIESER AKTIE IST BEI DER GOTTFRIED LINDNER AKTIENGESELLSCHAFT, AMMENDORF/NÜRNBERG, MIT DEM BETRAG VON EINHUNDERT DEUTSCHE MARK NACH MASSGABE DER SATZUNG ALS AKTIONÄR BETEILIGT.

NÜRNBERG, IM JANUAR 1958

GOTTFRIED LINDNER AKTIENGESELLSCHAFT

DER AUFSICHTSRAT: DER VORSTAND:

EINGETRAGEN IN DAS AKTIENBUCH SEITE 20

Abb. 374: Aktie der Gottfried Lindner AG Ammendorf/Nürnberg, Nürnberg 1958.

382. LHASA, MER, G. Lindner AG, Ammendorf, Nr. 212, S. 50.

383. FrotscherArchiv Halle.

Vollständige Inventur

Die Verhaftung von leitenden Mitarbeitern und der offensichtliche Verlust von vielen statistischen Unterlagen und Plänen machte es notwendig, eine vollständige Inventur des Maschinenparks, der Mitarbeiterzahlen im historischen Vergleich, der Energieverbrauchsdaten, der Schätzung der Produktionskapazitäten sowie der Unterlieferanten zu erstellen (Abb. 375).[384]

M. Vollständige Inventur der Maschinen — Blatt 1

Firma: Gottfried LINDNER Aktiengesellschaft
in: Ammendorf b. HALLE (SAALE) — Kreis: Saalkreis
Straße: Schachtstr. 18 — Reichsbetriebs-Nr.: 0/0321/0004
Industriezweig (bzw. frühere Fachgruppenzugehörigkeit): Fahrzeugindustrie

Vom derzeitigen Leiter des Betriebes zu unterzeichnen.
Es wird bestätigt, daß die unten gemachten Angaben so genau sind, wie das zur Zeit möglich ist.
Name (handschriftlich) — Stellung: BETRIEBSDIREKTOR (Maschinenschrift)
Name: Otto Stelter (Maschinenschrift) — Datum

Für die Bezeichnung der Einheiten und die Größenangaben ist das beigefügte Verzeichnis zu benutzen. Falls größere Posten der Haupteinrichtung mit Kraftantrieb, die dem berichterstattenden Betrieb gehören, nicht in dem beigefügten Verzeichnis enthalten sind, müssen sie in Spalte 1 und 2 ebenfalls nach Art, Größe oder Leistungsfähigkeit angegeben werden.
Wichtige Prüfungsgeräte, ob in dem beigefügten Verzeichnis aufgeführt oder nicht, müssen angegeben werden.

Bezeichnung der Betriebseinrichtung	Größe bzw. Kapazitätsangaben	Schlüsselnummer laut beigefügtem Schlüsselnummer-Verzeichnis	Am 1. Januar 1938 vorhandene Maschineneinheiten	Vom 1. Januar 1938 bis 1. Januar 1945 erworbene Einheiten	Summe der Spalten 4 und 5	Anzahl der seit 1. Januar 1938 abgestoßenen und unbrauchbar gewordenen Einheiten	Durch Kriegsschaden unbrauchbar gewordene Einheiten	Durch Besatzungsmacht beschlagnahmte Einheiten	Gesamtverluste seit 1. Januar 1938 Summe der Spalten 7, 8, 9	Zahl der in arbeits- oder reparaturfähigem Zustand vorhandenen Einheiten Spalte 6 minus Spalte 10	
1	2	3	4	5	6	7	8	9	10	11	
Langhobelmaschinen	von 1,5 bis 3m Tischlg.	6006115	5	1	6	-	-	-	-	6	Hobel-masch.
Kurzhobelmaschinen	v.400–750mm Hub	[illegible]	20	4 8	27	5	-	1	6	22 21	
Stoßmaschinen	bis 400 mm Hub	[illegible]	6	2	8	2	-	-	2	6	
Räumnadelziehmaschine	für Nuten bis 28mm	[illegible]	1	-	1	-	-	-	-	1	Räumma.
Drehbänke	von 1,0–2,5m Spitzenl.	[illegible]	37	13 15	50	9	1	-	10	42 40	
Carussel-Drehbank	bis 600 ∅ Dreh ∅	[illegible]	1	-	1	-	-	-	-	1	
Plan-Drehbänke	bis 1300mm Dreh ∅	[illegible]	3	-	3	-	-	-	-	3	Dreh-bänke
Gewindeschneidmaschine	bis 11/2"	[illegible]	4	1	5	-	-	-	-	5	
Zentriermaschine	bis 12mm Spannweite	[illegible]	2	1	3	-	-	-	-	3	
Revolver-Drehbänke	von 50–110 Spindelbohr.	[illegible]	18	4	22	1	-	-	1	21	Revolver-drehbänke u. Drehaut.
Halb-Automaten, Montforts	80mm Spindelbohrung	[illegible]	2	2	4	-	-	-	-	4	
Achsschenkel-Drehbank	bis 1,5m Spitzenlänge	[illegible]	2	1	3	-	-	-	-	3	
Bohrmaschinen	bis 16mm Leistung	[illegible]	36	21 16	57	6	1	-	7	49 50	Bohrmasch. und Bohrwerke
Bohrmaschinen	bis 32mm Leistung	[illegible]	26	8	34	9	-	-	9	25	
Bohrmaschinen	bis 50mm Leistung	[illegible]	10	7 12	17	2	-	1	3	19 14	
Bohrmaschinen	bis 70mm Leistung	[illegible]	7	-	7	-	-	-	-	7	
Radialbohrmaschinen	1,2 bis 1,5m Ausladung	[illegible]	10	13	23	8	-	1	9	14	
Bohrwerke	60 bis 75mm Spindel∅	[illegible]	5	1	6	1	-	-	1	5	
Fräsmaschinen Horizontal	Tischgr. 400x1250mm	[illegible]	16	9 10	25	4	1	2	7	19 18	Fräs-masch.
Fräsmaschinen Vertikal	Tischgr. 400x1000mm	[illegible]	2	5	7	-	-	-	-	7	
Kreissägen	600 bis 800mm Blatt ∅	[illegible]	13	3	16	3	-	1	4	12	Säge- u. Feilmasch.
Bügelsägen	bis 320mm Blattlänge	[illegible]	13	5 8	18	2	2	-	4	17 14	
Feilmaschinen		[illegible]	2	1	3	1	-	-	1	2	
Einsteinige Schleifmasch.	150mm Scheiben ∅	[illegible]	4	-	4	-	-	-	-	4	Schleif-maschin.
Einsteinige Schleifmasch.	300mm Scheiben ∅	"	5 9	- 4	5	2	-	-	2	7 3	
Einsteinige Schleifmasch.	500mm Scheiben ∅	"	5	-	5	1	-	-	1	4	
Einsteinige Schleifmasch.	1000mm Scheiben ∅	"	1	2	3	-	-	-	-	3	
Doppelten Schleifbock	150mm Scheiben ∅	"	7	2	9	1	-	1	2	7	
Doppelten Schleifbock	350mm Scheiben ∅	"	26	3 10	29	2	1	-	3	33 26	
Doppelten Schleifbock	800mm Scheiben ∅	"	3	1	4	1	-	-	1	3	
Sandsteine	800mm Scheiben ∅	"	5	-	5	1	-	-	1	4	
Sägen-Schleifmaschine	für Bandsägeblätter	[illegible]	4	5 6	9	-	1	-	1	9 8	
Spiralbohr-Schleifmaschine	" Bohrer v.1./.50mm	"	3	-	3	-	-	-	-	3	
Kegelrad-Stoßmaschine	bis 150mm Außen ∅	[illegible]	1	-	1	-	-	-	-	1	Verzahn-maschin.
Zahnrad-Fräsmaschine	bis 400 mm Außen ∅	[illegible]	1	-	1	-	-	-	-	1	
Lufthämmer	von 150–750kg Bärgew.	[illegible]	8	3 4	11	1	-	-	1	11 10	Hämmer-Schmiede-Biege- u. Richt-maschin.
Doppelgesenkhämmer	6000u.8000mkg	[illegible]	2	-	2	-	-	-	-	2	
Federhämmer	bis 80mm Hub	[illegible]	2	-	2	-	-	-	-	2	
Schmiedemaschinen 1 Stck.	250to 1 Stck. 500to	[illegible]	2	-	2	-	-	-	-	2	
Biege-u. Richtpresse	75 bis 200 to	[illegible]	3	-	3	1	-	-	1	2	
Blechrichtmaschinen	bis 1,5m Breite	[illegible]	2	-	2	-	-	-	-	2	
Winkeleisenbiegemasch.	1 Stck. bis 35x35x4 1 Stck. bis 100x100x10	[illegible]	2	- 1	2	-	-	-	-	3 2	
Friktionsspindelpressen	v.110 bis 600 to	[illegible]	6	- 1	6	-	-	-	-	7 6	Mechan. Pressen
Reibrollen-Spindelpresse	300to	[illegible]	1	-	1	-	-	-	-	1	
Kurbelpresse	400to	[illegible]	1	-	1	-	-	-	-	1	
Exzenterstanze	100 – 300 to	[illegible]	18	- 1	18	1	-	-	1	18 17	
Nietmaschinen	v.5./15mm ∅	[illegible]	7	2 3	9	1	-	-	1	9 8	
Klinkmaschinen	bis 15mm Stärke	[illegible]	6	-	6	1	-	-	1	5	
Stumpfschweißmaschine	1 Stck. bis 12000 mm² 1 Stck. bis 1000 mm²	[illegible]	1	1	2	-	-	-	-	2	
Abkante	v.1–2,4m Breite	[illegible]	14	1	15	1	3	-	4	11	Blech-u. Draht-bearbei-tungs-maschin.
Handhebelblechscheren	bis 2mm/ bis 150mm Messerlg.	[illegible]	26	4	30	1	-	-	1	29	
Schlagschere	v.1./.8mmx2000mm	[illegible]	8	1	9	1	1	-	2	8 7	
Blechrundwalze	2 Stck. 2000mm Breite 1 Stck. 1000mm "	[illegible]	3	- 1	3	-	-	-	-	4 3	
Blech- u. Eisenscheren	Messerlänge/200mm	[illegible]	18	3	21 22	3	-	-	3	19 18	
Sickenmaschine	f. Handbetrieb	[illegible]	4	-	4	1	-	-	1	3	

Abb. 375: Vollständige Inventur der Gottfried Lindner AG, Ammendorf 1945.

384. LHASA, MER, G. Lindner AG, Ammendorf, 1. Abl., Nr. 2.

Vollständige Inventur 2
Interessant sind die Angaben zu den Jahresumsätzen und der Schätzung der Produktionskapazität (Abb. 376).[385]

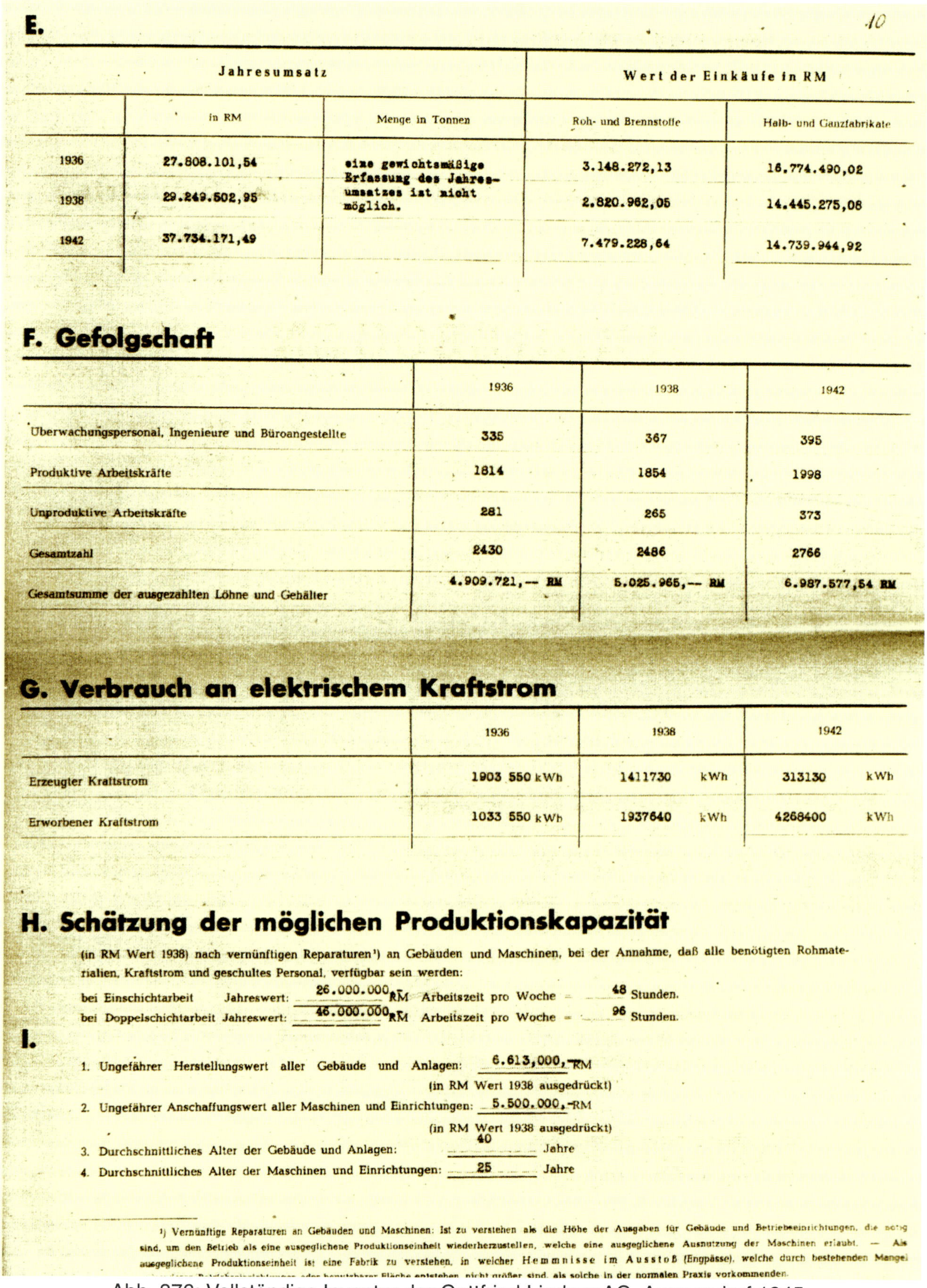

E.

10

Jahresumsatz			Wert der Einkäufe in RM	
	in RM	Menge in Tonnen	Roh- und Brennstoffe	Halb- und Ganzfabrikate
1936	27.808.101,54	eine gewichtsmäßige Erfassung des Jahresumsatzes ist nicht möglich.	3.148.272,13	16.774.490,02
1938	29.249.502,95		2.820.962,05	14.445.275,08
1942	37.734.171,49		7.479.228,64	14.739.944,92

F. Gefolgschaft

	1936	1938	1942
Überwachungspersonal, Ingenieure und Büroangestellte	335	367	395
Produktive Arbeitskräfte	1814	1854	1998
Unproduktive Arbeitskräfte	281	265	373
Gesamtzahl	2430	2486	2766
Gesamtsumme der ausgezahlten Löhne und Gehälter	4.909.721,-- RM	5.025.965,-- RM	6.987.577,54 RM

G. Verbrauch an elektrischem Kraftstrom

	1936	1938	1942
Erzeugter Kraftstrom	1903 550 kWh	1411730 kWh	313130 kWh
Erworbener Kraftstrom	1033 550 kWh	1937640 kWh	4268400 kWh

H. Schätzung der möglichen Produktionskapazität

(in RM Wert 1938) nach vernünftigen Reparaturen[1]) an Gebäuden und Maschinen, bei der Annahme, daß alle benötigten Rohmaterialien, Kraftstrom und geschultes Personal, verfügbar sein werden:

bei Einschichtarbeit Jahreswert: 26.000.000,- RM Arbeitszeit pro Woche = 48 Stunden.
bei Doppelschichtarbeit Jahreswert: 46.000.000 RM Arbeitszeit pro Woche = 96 Stunden.

I.

1. Ungefährer Herstellungswert aller Gebäude und Anlagen: 6.613,000,-RM (in RM Wert 1938 ausgedrückt)
2. Ungefährer Anschaffungswert aller Maschinen und Einrichtungen: 5.500.000,-RM (in RM Wert 1938 ausgedrückt)
3. Durchschnittliches Alter der Gebäude und Anlagen: 40 Jahre
4. Durchschnittliches Alter der Maschinen und Einrichtungen: 25 Jahre

[1]) Vernünftige Reparaturen an Gebäuden und Maschinen: Ist zu verstehen als die Höhe der Ausgaben für Gebäude und Betriebseinrichtungen, die nötig sind, um den Betrieb als eine ausgeglichene Produktionseinheit wiederherzustellen, welche eine ausgeglichene Ausnutzung der Maschinen erlaubt. — Als ausgeglichene Produktionseinheit ist eine Fabrik zu verstehen, in welcher Hemmnisse im Ausstoß (Engpässe), welche durch bestehenden Mangel [illegible] nicht größer sind, als solche in der normalen Praxis vorkommenden.

Abb. 376: Vollständige Inventur der Gottfried Lindner AG, Ammendorf 1945.

376. LHASA, MER, G. Lindner AG, Ammendorf, 1. Abl., Nr. 2.

K. Unterlieferanten

von fertigen und halbfertigen Teilen im Jahre 1938

Name und Anschrift	Hauptarten der in 1938 gekauften Erzeugnisse	Wert in RM
Eisengießerei Rödinghausen KG., Manden Krs. Iserlohn	Gußteile	3.700,--
Elektro-Dobkowitz, Nürnberg,	Elektroteile	6.000,--
Paul Engelmann, Leipzig, Hohenlimburger Federfabrik, Hohenlimburg	Tragfedern Federn	164.500,-- 19.000,--
Fritz Homann, Dissen	Winden	17.000,--
Hoesch-Köln Neuessen AG für Bergbau u. Hüttenbetrieb, Hohenlimburg-Oege/Westf.	Tragfedern u. Walzwerkserzeugnisse	12.000,--
Theod. Hornkohl, Metallwarenfabr. Bremen, Woltmerhauserstr. 442/444	Metallwaren	8.100,--
Friedr. Hüppe & Co., Remscheid	Gußteile	1.000,--
Hundt & Weber, Gelsenkirchen-Schalke, Adlerstr. 17-21	Schmiedeteile	6.800,--
Iserlohner Preß- u. Stanzwerke, Iserlohn	Preßteile	37.600,--
Irion & Vogler GmbH, Schwenningen a.N., Württemberg	Holzwaren	1.700,--
Industriebedarf Ernst W. Gutermuth, Offenbach/M.	techn. Zubehörteile	3.000,--
Jellinghaus & Co., Gevelsberg i.W.	Beschlagteile	36.200,--
Heinrich Jung & Sohn, Halver	Beschlagteile	3.800,--
Jurid Vertriebsges., Kirchbach & Co., Coswig Bez. Dresden	Bremsbeläge	65.800,--
Albert Jürse & Crotogino, Seest. Rostock	Maschinen	8.200,--
Kadner & Co., Roßwein	Max Tragfedern u. Achsen	4.300,--
F.W. Kamp, Milspe i. Westf.	Beschlagteile	1.500,--
Kettenfabrik in Unna,	Ketten	14.700,--
Arnold Kiekert Söhne, Heiligenhaus	Schlösser	29.300,--
Keilmann & Völker GmbH, Bernburg	Temperguß	1.200,--
Gebr. Kemper, Olpe i. Westf.	"	11.200,--
Otto Kirschmann, Halle,	Industriebedarf	8.600,--
Kettenwerke Schlieper GmbH, Grüne/Westf. (Krs. Iserlohn)	Ketten	1.400,--
Knorr-Bremse, Berlin	Bremsen	550.000,--
Klöckner-Eisenhandel GmbH, Berlin SW 68 Mannheim & Leipzig	Walzwerkerzeugnisse	81.000,--
Klöcknerwerke AG, Troisdorf u. Osnabrück	Eisenprofile	45.800,--
Knippschild & Beckmann, Inh. P. Knippschild, Hagen-Halden	Vorschweißflanschen	3.700,--
Klöckner-Werke AG, Abtlg. Georgs-Marien-Werke, Osnabrück,	Eisenprofile	13.000,--
Herrmann Klein & Söhne, GmbH, Kamen i. Westf.	Schmierpolster	4.200,--
Rudolf Kleine in Solingen	Eisenwaren	2.100,--
Franz Kohl, Halle	Bearbeitung v. Maschinenteilen	128.600,--
Ernst Koebcke & Co., Berlin, Dresdner Str. 16	Leibstühle	3.600,--
Korten & Endlein, Wuppertal-Barmen, Baumhofstr. 5	Beschlagteile	1.200,--
Körner & Schulte, Leipzig	Walzwerkerzeugnisse	1.200,--
Robert Koch, Radevormwald	Beschläge	1.100,--
Wilh. Koch GmbH, Dessau, Blumenthalstr. 16	Walzwerkerzeugnisse	3.300,--
Kronprinz AG, Solingen	Röhren	78.200,--
Krupp-Druckenmüller, Bln.-Tempelhof	Walzwerkerzeugnisse	243.000,--
Friedr. Krupp AG, Essen	Walzwerkerzeugnisse	12.200,--
Fr. Kreutzfeldt, Plön i. Holst.	Spriegel	27.500,--
Kugelfischer, Schweinfurt	Kugellager	113.900,--
Franz Kuppler, Berlin-Weisensee, Langhanstr. 129/131	Schlösser	2.000,--
H. Kuckuk, Bremen	Läfer	1.384,55
Mitteldeutsche Stahlwerke, Riesa, Brandenburg, Gröditz	Bleche, Walzwerkerzeugnisse, Radsätze	276.708,--

Abb. 377: Vollständige Inventur der Gottfried Lindner AG, Unterlieferanten, Ammendorf 1945.

Erste Sitzung des neuen Aufsichtsrats

Der neue Aufsichtsrat wurde durch eine Anordnung des Präsidenten der Provinz Sachsen, Unterabteilung Sicherung der Wirtschaft am 7. Dezember 1945 berufen.[377] Nun musste durch den Aufsichtsrat noch der Vorsitzer gewählt werden. Dies geschah in der Sitzung am 7. Dezember:

> *»Den Vorsitz übernimmt gemäß § 11 der Satzung das an Jahren älteste Aufsichtsratsmitglied, Herr Kircheisen. Es wird dann zur Wahl des Vorsitzers und des stellvertretenden Vorsitzers geschritten. Durch Zuruf werden gewählt: zum Vorsitzer Herr Kircheisen, zum Stellvertreter Herr Herbert.«*[378]

Der Aufsichtsrat bestand damit aus folgenden Mitgliedern:

1. Kaufmann Horst Kircheisen, Vorsitzer
2. Parteisekretär Otto Herbert, stellvertretender Vorsitzer
3. Kaufmann Paul Peters
4. Rechtsanwalt Dr. Otto Kunze
5. Schlosser Fritz Gerischer
6. Angestellter Fritz Engelhardt

Politische Erweiterung des Vorstandes

Der neue Aufsichtsrat beschloss umgehend die Implementierung weiterer politischer Mitglieder in den Vorstand der Gottfried Lindner AG. Die Idee hinter dieser Maßnahme war der Wunsch nach mehr Mitbestimmung durch die Belegschaftsmitglieder:

> *»Im Auftrage des Vorstandes und des Betriebsausschusses erstattet Herr Buchtenkirch Bericht über den gemeinsamen Vorschlag des Betriebsausschusses, der politischen Zellenorganisation und des Vorstandes, zu weiteren Vorstandsmitgliedern Herrn Walter Brüning und Herrn Felix Habicht ab 1. Dezember 1945 zu bestellen. Diese Neubestellung ergibt sich in konsequenter Durchführung des Mitbestimmunsrechts der Betriebsvertretung.«*[379]

Beide blieben Betriebsratsmitglieder und Herr Brünung Betriebsratsvorsitzender.

377. LHASA, MER, G. Lindner AG, Ammendorf, Nr. 212, S. 52.
378. LHASA, MER, G. Lindner AG, Ammendorf, Nr. 212, S. 52.
379. LHASA, MER, G. Lindner AG, Ammendorf, Nr. 212, S. 53.

Der neue Vorstand und seine Pflichten

Der neue Vorstand bestand aus folgenden Mitlgiedern:

1. Felix Habicht (Berichtspflicht über kaufmännische und finanzielle Belange)
2. Otto Stelter (Berichspflicht über den Stand der Produktion, Vorsitzer)
3. Rudolf Ahrens (Berichtspflicht über technische und konstruktive Vorhaben)
4. Walter Brüning (Berichtspflicht über politische und soziale Gestaltung des Werkes).[380]

Belegschafstversammlung wird einberufen

> *»Es wurde dann festgelegt, dass am 11. Dezember 1946 nachmittag 16 Uhr eine Belegschaftsversammlung stattfindet. Der Belegschaftsversammlung soll die Neuordnung des Vorstands unterbreitet werden. Daneben werden der erste Vizepräsident der Provinzialverwaltung, Herr Siewert, und der Präsident der Bezirksregierung, Herr Drescher, sprechen neben Mitgliedern des Aufsichtsrates.«* (Abb. 378)[381]

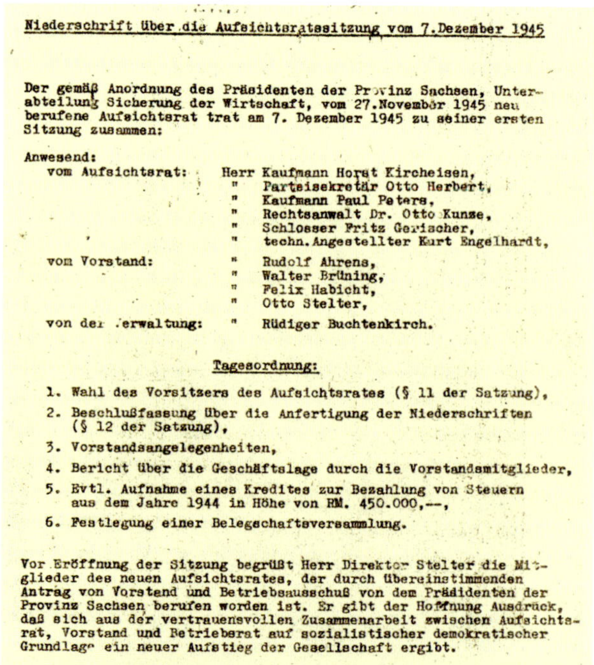

Niederschrift über die Aufsichtsratssitzung vom 7.Dezember 1945

Der gemäß Anordnung des Präsidenten der Provinz Sachsen, Unterabteilung Sicherung der Wirtschaft, vom 27.Novembör 1945 neu berufene Aufsichtsrat trat am 7. Dezember 1945 zu seiner ersten Sitzung zusammen:

Anwesend:
vom Aufsichtsrat: Herr Kaufmann Horst Kircheisen,
" Parteisekretär Otto Herbert,
" Kaufmann Paul Peters,
" Rechtsanwalt Dr. Otto Kunze,
" Schlosser Fritz Gerischer,
" techn. Angestellter Kurt Engelhardt,
vom Vorstand: " Rudolf Ahrens,
" Walter Brüning,
" Felix Habicht,
" Otto Stelter,
von der Verwaltung: " Rüdiger Buchtenkirch.

Tagesordnung:

1. Wahl des Vorsitzers des Aufsichtsrates (§ 11 der Satzung),
2. Beschlußfassung über die Anfertigung der Niederschriften (§ 12 der Satzung),
3. Vorstandsangelegenheiten,
4. Bericht über die Geschäftslage durch die Vorstandsmitglieder,
5. Evtl. Aufnahme eines Kredites zur Bezahlung von Steuern aus dem Jahre 1944 in Höhe von RM. 450.000,--,
6. Festlegung einer Belegschaftsversammlung.

Vor Eröffnung der Sitzung begrüßt Herr Direktor Stelter die Mitglieder des neuen Aufsichtsrates, der durch übereinstimmenden Antrag von Vorstand und Betriebsausschuß von dem Prädidenten der Provinz Sachsen berufen worden ist. Er gibt der Hoffnung Ausdrück, daß sich aus der vertrauensvollen Zusammenarbeit zwischen Aufsichtsrat, Vorstand und Betrieberat auf sozialistischer demokratischer Grundlage ein neuer Aufstieg der Gesellschaft ergibt.

Zu Punkt 1) der Tagesordnung:
Den Vorsitz übernimmt gemäß § 11 der Satzung das an Jahren älteste Aufsichtsratsmitglied, Herr Kircheisen.

Es wird dann zur Wahl des Vorsitzers und des stellvertretenden Vorsitzers geschritten. Durch Zuruf werden gewählt:
zum Vorsitzer Herr Kircheisen,
zum Stellvertreter Herr Herbert.

Abb. 378: Niederschrift über die Aufsichtsratssitzung vom 7. Dezember 1945, Ammendorf, 7. Dezember 1945.

380. LHASA, MER, G. Lindner AG, Ammendorf, Nr. 212, S. 53.
381. LHASA, MER, G. Lindner AG, Ammendorf, Nr. 212, S. 52.

Soziale Leistungen nach dem Krieg

Interessant ist der folgende Absatz aus dem Protokoll. Dabei wird LINDNERS soziale Einstellung zur Belegschaft bestätigt (sonst hätte man dies nicht fortgesetzt) und, dass es nach dem verlorenen Krieg schwieriger würde, diese Leistungen beizubehalten:

> *»Trotz der uns zur Verfügung stehenden geringen Mittel sind wir bestrebt, die sozialen Einrichtungen auch weiter aufrecht zu erhalten bzw. im möglichen Rahmen auszubauen. Die Werksküche liefert zurzeit täglich an rund 850 Belegschaftsmitglieder ein warmes Mittagsessen zum Preise von je 35 Pfg. gegen Abgabe von 50 g Brot, 10 g Fett und 25 g Nährmittel pro Woche. Ein Werksarzt wird ab 1. Januar 1946 neu eingestellt. Ihm steht das gut eingerichtete Gesundheitshaus mit Röntgenapparat zur Verfügung (Abb. 379).*[382]
> *Die werksärztliche Betreuung erfolgt im Sinne der freien Gewerkschaften. Die Belegschaft einschließlich Vorstand gehört zu 93% dem Freien Deutschen Gewerkschaftsbund an. Der seit Jahren bestehende Unterstützungsverein der Gottfried Lindner AG ist von dem Betriebsrat übernommen und konnte bisher aus den ihm zur Verfügung stehenden Mitteln die bisherigen sozialen Leistungen wie Beihilfe in schweren Krankheitsfällen, Beihilfe in besonderen Notfällen, Geburtsbeihilfe, Heiratsbeihilfe, Schulentlassungsbeihilfe, Sterbegeld und Altersrente auszahlen.«*[383]

Abb. 379: Lindner-Gesundheitshaus, Ammendorf 1945.

382. Frotscher-Archiv Halles.
383. LHASA, MER, G. Lindner AG, Ammendorf, Nr. 4, S. 5.

Gediegene Möbel für Umsiedler

Die Mitarbeiter der GOTTFRIED LINDNER AG waren immer wieder innovativ und stellten sich jeder schwierigen Situation. Waren die Bankkonten eingefroren, produzierten sie einfach für die Mitarbeiter und schafften so Liquidität. Waren keine Aufträge der Reichsbahn für neue Waggons vorhanden, fertigte man einfach Konsumgüter für die Umsiedler. Die Mitarbeiter in Ammendorf waren schon immer innovativ und kreativ mit ihrem Riecher für neue Situationen (Abb. 380).[384]

Gediegene Möbel für Umsiedler

Halles tatkräftige Fürsorge - 1000 Möbeleinrichtungen als Erstproduktion

Die Sorge für die Umsiedler steht heute im Vordergrund aller Bemühungen und Bestrebungen der hallischen Stadtverwaltung. Um ihnen die Voraussetzungen zu geben, wieder eine menschenwürdige Existenz zu gründen, wurden jetzt die Hallische Matratzenfabrik, die Firma Gottfried Lindner, Ammendorf, und die I-Werke in Sangerhausen in einer großzügigen Aktion eingesetzt, um das Notwendigste an Möbeln für Umsiedler zu schaffen. Geplant ist die Herstellung von Schlafcouchs (85,—), Armstühlen (22,—), Hockern (5,50), Hutablagen (11,—), Tischen (33,—), Kleiderschränken (120,50) und Küchenschränken mit Anrichte. Die Möbel sind keine schlechtverarbeiteten Behelfsstücke. Sie zeigen schlichte, aber geschmackvolle Formen, sie sind zweckentsprechend und formschön. Eine Wohnungseinrichtung wird in Kürze im Schaufenster von Kaufhaus Krödel zu sehen sein.

Zunächst sollen 1000 Möbeleinrichtungen produziert werden. Durch die Zusammenarbeit der drei obengenannten Firmen hofft man, alle Engpässe in der Materialbeschaffung zu überwinden. Eine der größten Schwierigkeiten, die Beschaffung von Sprungfedern für die Polster, ist bereits zum Teil dadurch gelöst, daß man geborgenes Kriegsmaterial verwendet. Auch bei Gurten und dergleichen kann in vielen Fällen auf ehemaliges Wehrmachtgut, Gasmaskenteile usw. zurückgegriffen werden.

Mit der Durchführung der Aktion, die von der Stadtverwaltung angeregt wurde, ist das Hilfswerk der Provinz Sachsen beauftragt worden. Es wird die gerechte Verteilung der Möbel lenken und, wo nötig, finanzielle Unterstützung gewähren. hrt.

Abb. 380: Gediegene Möbel für Umsiedler, Artikel aus: DER NEUE WEG, 26. November 1946.

Geschäftslage

> *»Über die Geschäftslage geben die Vorstandsmitglieder eingehend Bericht gemäß der zwischen dem Vorstand festgelegten Arbeitseinteilung. Es berichten: Herr Habicht über die kaufmännische und Fnanzlage, Herr Stelter über den derzeitigen Stand der Produktion, Herr Ahrens über die technischen und konstruktiven Vorhaben, Herr Brüning über die politische und soziale Gestaltung des Werkes.«*[385]

Herr Habicht über die Finanzlage

> *»Hinsichtlich des kaufmännischen Berichtes hatte Herr Habicht den Aufsichtsratsmitgliedern genaues Zahlenmaterial übergeben, auf das in dieser Niederschrift Bezug genommen werden kann. Es wird außerdem vo Herrn Habicht betont, dass in Zukunft ... Unterlagen rechtzeitig zur vorherigen kritischen Durcharbeitung übergeben werden.«.*[386]

384. Der Neue Weg Nr. 95, vom 26. November 1946, Halle 1946.
385. LHASA, MER, Gottfried Lindner AG, Nr 212, S. 53.
386. LHASA, MER, Gottfried Lindner AG, Nr 212, S. 53.

Herr Stelter über die Produktion

»Wenn das Werk, wie Sie ja wissen, aus dem Kriege auch ohne nennenswerte äußere Schäden hervorgegangen ist, so hat doch das Kriegsende die Produktion und Produktionsordnung völlig aus dem Gleichgewicht und zum Stillstand gebracht. Als ich Mitte Juli des Jahres auf meinen Posten berufen wurde, konnte ich immerhin die erfreuliche Feststellung treffen, dass sich der Betrieb, d. h. die Gesamtbelegschaft zusammen mit ihrem Betriebsrat, dadurch geholfen hatte, sich durch Aufnahme eines sogenannten Wiederanlaufprogramms mit an sich für unsere ureigene Fertigung fremden Wirtschaftsartikeln, wenn auch nur in geringem Umfange, zu beschäftigen. Es galt aber, nun allmählich zu der eigentlichen Fertigung des Werkes, nämlich den Bau von Waggons und Fahrzeugen überhaupt, zu gelangen. Leider muss festgestellt werden, dass dazu ausreichende Mittel weder an Material noch an Aufträgen vorhanden waren. Inzwischen ist es gelungen, für den Waggonbau einen sogenannten Reparaturauftrag von der Deutschen Reichsbahn zu erhalten. Im allgemeinen Fahrzeugbau haben wir die Produktion von Anhängern aufgenommen, die zurzeit in der Hauptsache aus Heeresteilen hergestellt werden. Darüber hinaus läuft das Wiederanlaufprogramm und eine Fertigung von Kartoffelwaschmaschinen sowie Kartoffelsortiermaschinen. Die einzelnen Betriebszweige weisen ungefähr folgende Entwicklung auf (Tabelle)«[387]

Was sagen diese Zahlen aus?

Steigende Zahlen finden sich in den Bereichen Lastanhängerbau, Lastanhänger-Reparaturen, beim Umsatz und bei den Arbeitern. Stark stiegen mit den Monaten die Produktion der lebenswichtigen Gebrauchsgegenstände und der Sonderaufträge der Russischen Administration. STELTER erläuterte das Absinken einiger Zahlen:

»Erläuternd muss zu dem Absinken der Stückzahlen in der Waggonreparatur bemerkt werden, dass die von der Reichsbahn gestellten Waggons jetzt sämtlich in die Schadensklasse 4 fallen, d. h. also dass nur noch große Schäden repariert werden müssen. Nachdem nämlich die Reichsbahn-Ausbesserungswerkstätten selbst wieder in Gang gekommen sind, nehmen uns diese die leichter beschädigten Waggons für ihre eigenen Reparaturwerkstätten fort.«[388]

Material ist knapp

»Zurzeit schweben in engster Verbindung mit der Provinzialverwaltung, Abteilung Holz, Verhandlungen und Bemühungen dahingehend, das fehlende Schnittholz in genügender Menge für das Werk zur Verfügung zu stellen. Die anfallende Produktion der Sägewerke ist zu 80% von den Russen in Anspruch genommen. Aus dem freien Sektor müssen wir unsere Befriedung suchen. Der Bedarf an Schnittholz beträgt 1200 cbm monatlich. Wir haben im Augenblick nur noch 500 cbm. ... Es muss ... gelingen, ... den vorhandenen Mangel an Eisen, Stahl, Radsätzen und Achsen ... zu überwinden.«[389]

Betriebszweig	Juni	Juli	August	September	Oktober	November	Dezember Plan
Waggonbau Reparatur	-	157	448	365	415	315	300
Lastanhängerbau	-	20	1	50	61	80	90–100
Lastanhänger-Reparatur	30	44	42	46	52	57	60
Landwirtschaftsmaschinen	-	-	-	-	-	50	150
Lebenswichtige Gebrauchsgegenstände	3400	3600	3860	6450	7000	7300	7500
Sonderaufträge Russische Adminstration		-	28 000	93 000	112 650	45 500	-
Gesamtauslastung in %					60	65–70	100% bis
Gesamtumsatz in RM	109 000	217 400	356 620	532 750	600 750	627 550	31. 3. 1946
Umsatzsteigerung gegen Vormonat in %		100	60	66	10	5	
Arbeiter	1130	1178	1180	1201	1288	1295	
Angestellte	303	269	257	238	225	223	
Gesamtzahl der Mitarbeiter	1433	1447	1437	1439	1513	1518	

387. LHASA, MER, G. Lindner AG, Ammendorf, Nr. 212, Seite 54.

388. LHASA, MER, Gottfried Lindner AG, Nr 212, S. 54.

389. LHASA, MER, Gottfried Lindner AG, Nr 212, S. 54–55.

Planungs- und Entwicklungsarbeiten

Herr Ahrens schilderte den Stand der Planung und Entwicklung:

»*Da die meisten Waggonfabriken innerhalb der sowjetischen Besatzungszone zerstört sind, denn praktisch gibt es nur noch Lindner und Schumann, haben wir jetzt die Möglichkeit, auch im Waggonbau eine führende Rolle zu spielen. Es wird die Aufgabe der Konstruktionsabteilung sein, weitschauend zu planen, um zweckgerechte, leichte und formschöne Konstruktionen zu schaffen. Dabei wird sich die Konstruktionsabteilung beschränken auf Schienen- und Straßenfahrzeuge und auch hier nur auf besonders markante Typen. Dass dabei selbstverständlich auch die Verwendung von neuen Materialien (Leichtmetall oder von Ersatzstoffen, die sich im Kriege bewährt haben) beachtet wird, bedarf keines besonderen Hinweise. Auch dem Federnproblem (Gummifederung) wird von uns besondere Beachtung geschenkt. Schmerzlich ist festzustellen, dass wir einen Mangel an tüchtigen Konstrukteuren haben, die aus eigenem Denken tiefer schürfen und – gestützt auf gute Materialkenntnisse – eigene konsturktive Gedanken bringen können. Hier werden wir versuchen, nach Möglichkeit notwendigen Ersatz zu schaffen.*«[390]

Diese edlen und hochfliegenden Pläne sollten bald durch die Sowjetische Militär-Administration beendet werden. Lindner wurde eine sowjetische Aktiengesellschaft.

Politische Macht und Soziales

Herr Brüning berichtete über die Neuwahl des Betriebsrates am 1. Juli 1945. Wichtig war ihm die politische Gewichtung im Betriebsrat: 11 (KPD) zu 4 (SPD). Dies zeigt, wie wichtig den Kommunisten die politische Macht war. Hinzu kam je ein Vertreter der Jugendlichen und der Frauen. Brüning äußerte sich auch zur politischen Bereinigung, die nach seiner Meinung stattgefunden hat. Die monatlichen politischen Gehaltskürzungen brachten eine Ersparnis von 20 000 RM. Neu war ein Parteiabzug für Mitglieder der NSDAP bis Ende des Jahres 1945.

Wofür wurden diese Gelder verwendet?

»*Aus diesem Betrag werden zusätzliche soziale Leistungen für besonders Bedürftige, insbesondere die Kinder unserer vom Heer noch nicht zurückgekehrten Belegschaftsmitglieder erfolgen. ... Für die Aktion „Rettet das Kind" hat der Unterstützungsverein 500 RM der Stadt Ammendorf zur Verfügung gestellt, außerdem für den Kindergarten nochmals 500 RM. Zu Weihnachten werden 900 Lindner-Kinder beschert werden, was eine Ausgabe von 7–8000 RM erfordert. Die Leistungen des Unterstützungsvereins, der ja eine selbständige Rechtspersönlichkeit darstellt, sind im großen ganzen wie bisher belassen worden. Vor allen Dingen werden auch die Kriegsbeschädigten besonders betreut; ihnen werden für den Fall, dass sie jetzt noch keine Rente bekommen, gewisse Ausgleichszahlungen gewährt. Ein Werksarzt wurde neu engagiert. In der Werksküche werden täglich cirka 900 Mann verpflegt.*«[391]

An diesem Zitat wird deutlich, dass Lindner vorbildliche Sozialleistungen anbot, die über die Nazizeit gerettet werden sollten, ohne Minderheiten zu berauben.

Neue Regeln für Gewinnbeteiligung

»*Eines der wichtigsten Ziele, die bereits zwischen Betriebsrat und Vorstand eingehend besprochen wurden, ist die Schaffung einer gerechten Gewinnbeteiligung, sobald die finanzielle Lage der Gesellschaft eine solche Maßnahme zulässt. Diese Gewinnbeteiligung soll nicht mehr als feste Weihnachtsgratifikation gewährt, sondern in eine echte Gewinnbeteiligung umgewandelt werden. Entsprechend ausgearbeitete Entwürfe werden rechtzeitig dem Aufsichtsrat vorgelegt werden.*«[392]

390. LHASA, MER, G. Lindner AG, Ammendorf, Nr. 212, Seite 55.

391. LHASA, MER, Gottfried Lindner AG, Nr 212, S. 55.

392. LHASA, MER, Gottfried Lindner AG, Nr 212, S. 56.

Die Russen suchen die Perlen

Die Niederschrift der Aufsichtsratssitzung vom 7. Dezember 1945 zeigte, dass man bei LINDNER in keinster Weise auf die Zwangs-Enteignung vorbereitet war und sie auch nicht erwartete. Man erwartete schon Aufträge der Sowjetischen Militärs, dachte jedoch, diese so gut als möglich in eigener Verwaltung abarbeiten zu können. Es war eine paradoxe Situation:

1. es galten weiterhin viele Verträge aus dem alten Deutschen Reich, zum Beispiel die Arbeitsverträge;
2. hatten die Amerikaner eine Provinzialverwaltung eingesetzt, die von den Russen geduldet worden war, wenn es auch zunehmend Konflikte gab, die letztlich nach der Verhaftung mehrerer Minister zur Ankündigung des Präsidenten ERHARD HÜBENER führten, aus Protest am Ende der Wahlperiode zurückzutreten.
3. versuchten die Russen inzwischen, sich einen Überblick über das eroberte Wirtschaftsvermögen zu verschaffen. Mit Befehl Nr. 72 der Sowjetischen Militär-Administration in Deutschland SMAD versuchten sie, mittels der von den Betrieben angefertigten General-Inventare herauszufinden, was sie am besten gebrauchen könnten, um es dann zu enteignen.

Russische Inventur nach Befehl Nr. 72

Auf den folgenden Seiten wird diese Inventur abgebildet. Vergleicht man sie mit der Eigen-Inventur der vorhergehenden Seiten wird die Unwilligkeit, den Russen valide Informationen zukommen zu lassen, überdeutlich. Wie später zu beweisen sein wird, protestierte sowohl die Provinzialregierung als auch der Aufsichtsrat gegen die Sequestration von LINDNER. Die Inventur erscheint oberflächlich und nur sehr grob im Vergleich zu der detaillierten Auflistung zuvor. Wichtige Kennzahlen und Informationen, wie die Liste der Unterlieferanten, fehlen völlig.

Rechtsgrundlage der Enteignungen

Das Potsdamer Abkommen enthielt Bestimmungen, aus denen die Russen ableiteten, Enteignungen vornehmen zu können. Dazu gehörte der Artikel IV, Absatz 1:

> *»Die Reparationsansprüche der UdSSR sollen durch Entnahmen aus der von der UdSSR besetzten Zone in Deutschland und aus den ... deutschen Auslandsguthaben befriedigt werden.«*[393]

Der Reparations- und Industrieplan

Im März 1946 einigten sich die Siegermächte auf einen konkreten Reparations- und Industrieplan. Er zeugt davon, wie sehr die Sieger vor der Wirtschaftskraft des Besiegten Angst hatten. Erst, wenn diese zurückgeschnitten wurde, könne man in Frieden leben, war der Gedanke:

> *»Es wird berechnet, dass das Gesamtergebnis des Planes eine Kürzung des Standes der Industrie insgesamt auf etwa 50 oder 55% des Vorkriegsstandes im Jahre 1938 (ausschließlich Bauwesen und Baumaterialindustrie) bedeutet.«*[394]

berichtete im Sommer 1946 das Leipziger Weltwirtschaftsinstitut. Die Branchen betraf es unteschiedlich (Tabelle).[395]

Wirtschaftszweig	Prozent des Standes 1938
Zementindustrie	64%
Textilindustrie	77%
Metallurgie	30,9%
Maschinenbau	30%
Fahrzeugbau	30%
Apparatebau	30%
Werkzeugmaschinenbau	11,4%
Landmaschinenbau	80%
Lastkraftwagen	67%
Personenkraftwagen	16%
Elektroausrüstung	30%
Chemie	60%
Pharmazie	80%

Die zunächst vorgenommenen Demontagen von Anlagen und Gleisen, die später als eine der »größten Schrott-Aktion der Weltgeschichte« bezeichnet worden sind, wurden ab März 1946 durch Enteignungen und Zwangsverwaltungen weitgehend abgelöst. Immerhin betrug die Leistung der Sowjetischen Aktiengesellschaften damals 19,5% der gesamten Produktion in der Sowjetischen Besatzungszone.

393. Teheran, Jalta, Potsdam (Dokumentensammlung), Moskau 1978, S. 422.
394. Mühlfriedel, W.: SAG-Betriebe – Schulen des Sozialismus, in: Jahrbuch für Wirtschaftsgeschichte, Heft IV, Berlin 1980, S. 61
395. a. a. O., S. 161–162.

Die Inventur der Russen

Die Inventur bezieht sich auf den Befehl Nr. 72 der Sowjetischen Militäradministration in Deutschland vom 25. September 1945 und wurde am 22. Oktober 1945 ausgeführt (Abb. 381).[396]

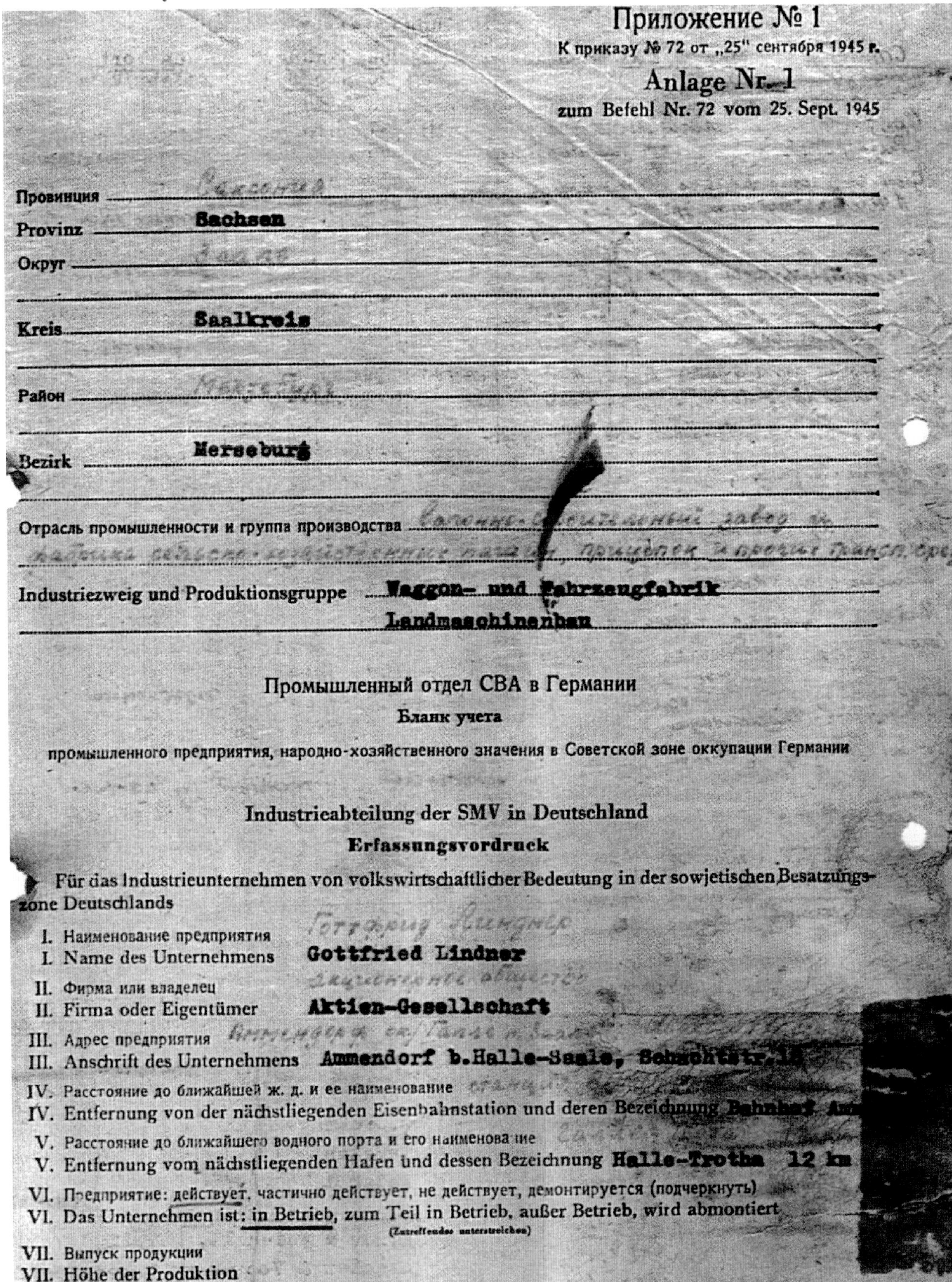

Приложение № 1
К приказу № 72 от „25" сентября 1945 г.
Anlage Nr. 1
zum Befehl Nr. 72 vom 25. Sept. 1945

Провинция
Provinz Sachsen
Округ
Kreis Saalkreis
Район
Bezirk Merseburg
Отрасль промышленности и группа производства
Industriezweig und Produktionsgruppe Waggon- und Fahrzeugfabrik Landmaschinenbau

Промышленный отдел СВА в Германии
Бланк учета
промышленного предприятия, народно-хозяйственного значения в Советской зоне оккупации Германии

Industrieabteilung der SMV in Deutschland
Erfassungsvordruck
Für das Industrieunternehmen von volkswirtschaftlicher Bedeutung in der sowjetischen Besatzungszone Deutschlands

I. Наименование предприятия
I. Name des Unternehmens Gottfried Lindner
II. Фирма или владелец
II. Firma oder Eigentümer Aktien-Gesellschaft
III. Адрес предприятия
III. Anschrift des Unternehmens Ammendorf b.Halle-Saale, Sehnchtstr.18
IV. Расстояние до ближайшей ж. д. и ее наименование
IV. Entfernung von der nächstliegenden Eisenbahnstation und deren Bezeichnung Bahnhof Am[...]
V. Расстояние до ближайшего водного порта и его наименование
V. Entfernung vom nächstliegenden Hafen und dessen Bezeichnung Halle-Trotha 12 km
VI. Предприятие: действует, частично действует, не действует, демонтируется (подчеркнуть)
VI. Das Unternehmen ist: in Betrieb, zum Teil in Betrieb, außer Betrieb, wird abmontiert
(Zutreffendes unterstreichen)
VII. Выпуск продукции
VII. Höhe der Produktion

Abb. 381: SMAD-Inventur der Gottfried Lindner AG, Ammendorf, 22. Oktober 1945.

396. LHASA, MER, G. Lindner AG, Ammendorf, 1. Abl. Nr. 4.

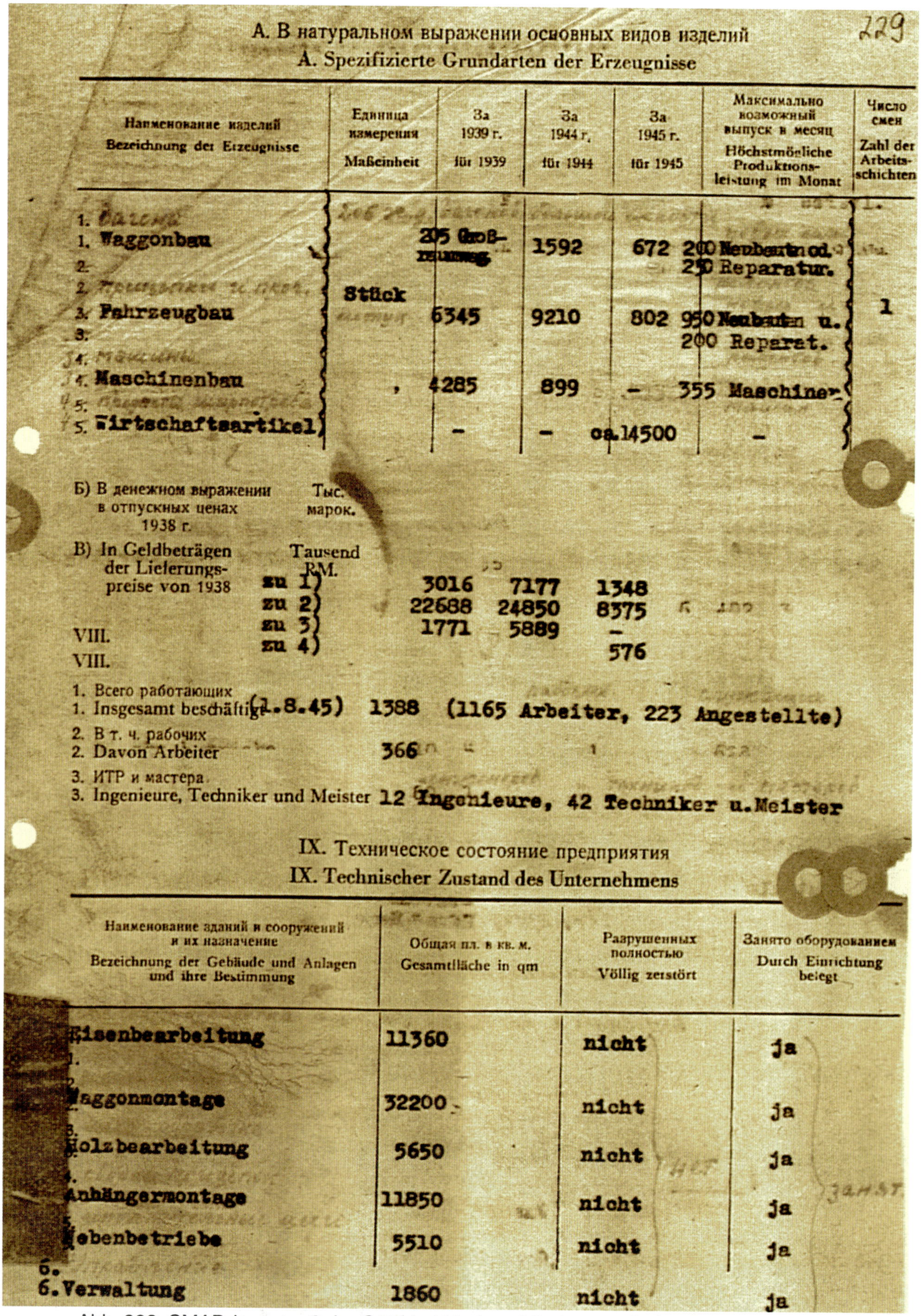

229

А. В натуральном выражении основных видов изделий
A. Spezifizierte Grundarten der Erzeugnisse

Наименование изделий / Bezeichnung der Erzeugnisse	Единица измерения / Maßeinheit	За 1939 г. / für 1939	За 1944 г. / für 1944	За 1945 г. / für 1945	Максимально возможный выпуск в месяц / Höchstmögliche Produktionsleistung im Monat	Число смен / Zahl der Arbeitsschichten
1. Waggonbau	Stück	205 Groß-[illegible]	1592	672	200 Neubauten od. 250 Reparatur.	1
2.						
3. Fahrzeugbau		6345	9210	802	950 Neubauten u. 200 Reparat.	
4. Maschinenbau	,	4285	899	–	355 Maschinen	
5. Wirtschaftsartikel		–	–	ca.14500	–	

Б) В денежном выражении в отпускных ценах 1938 г. — Тыс. марок.
B) In Geldbeträgen der Lieferungspreise von 1938 — Tausend RM.

	1939	1944	1945
zu 1)	3016	7177	1348
zu 2)	22688	24850	8375
zu 3)	1771	5889	–
zu 4)			576

VIII.
VIII.

1. Всего работающих
1. Insgesamt beschäftigt (1.8.45) 1388 (1165 Arbeiter, 223 Angestellte)
2. В т. ч. рабочих
2. Davon Arbeiter 366
3. ИТР и мастера
3. Ingenieure, Techniker und Meister 12 Ingenieure, 42 Techniker u.Meister

IX. Техническое состояние предприятия
IX. Technischer Zustand des Unternehmens

Наименование зданий и сооружений и их назначение / Bezeichnung der Gebäude und Anlagen und ihre Bestimmung	Общая пл. в кв. м. / Gesamtfläche in qm	Разрушенных полностью / Völlig zerstört	Занято оборудованием / Durch Einrichtung belegt
1. Eisenbearbeitung	11360	nicht	ja
2. Waggonmontage	32200	nicht	ja
3. Holzbearbeitung	5650	nicht	ja
4. Anhängermontage	11850	nicht	ja
5. Nebenbetriebe	5510	nicht	ja
6. Verwaltung	1860	nicht	ja

Abb. 382: SMAD-Inventur 2 der Gottfried Lindner AG, Ammendorf, 22. Oktober 1945.

382. LHASA, MER, G. Lindner AG, Ammendorf, 1. Abl.
Nr. 4.

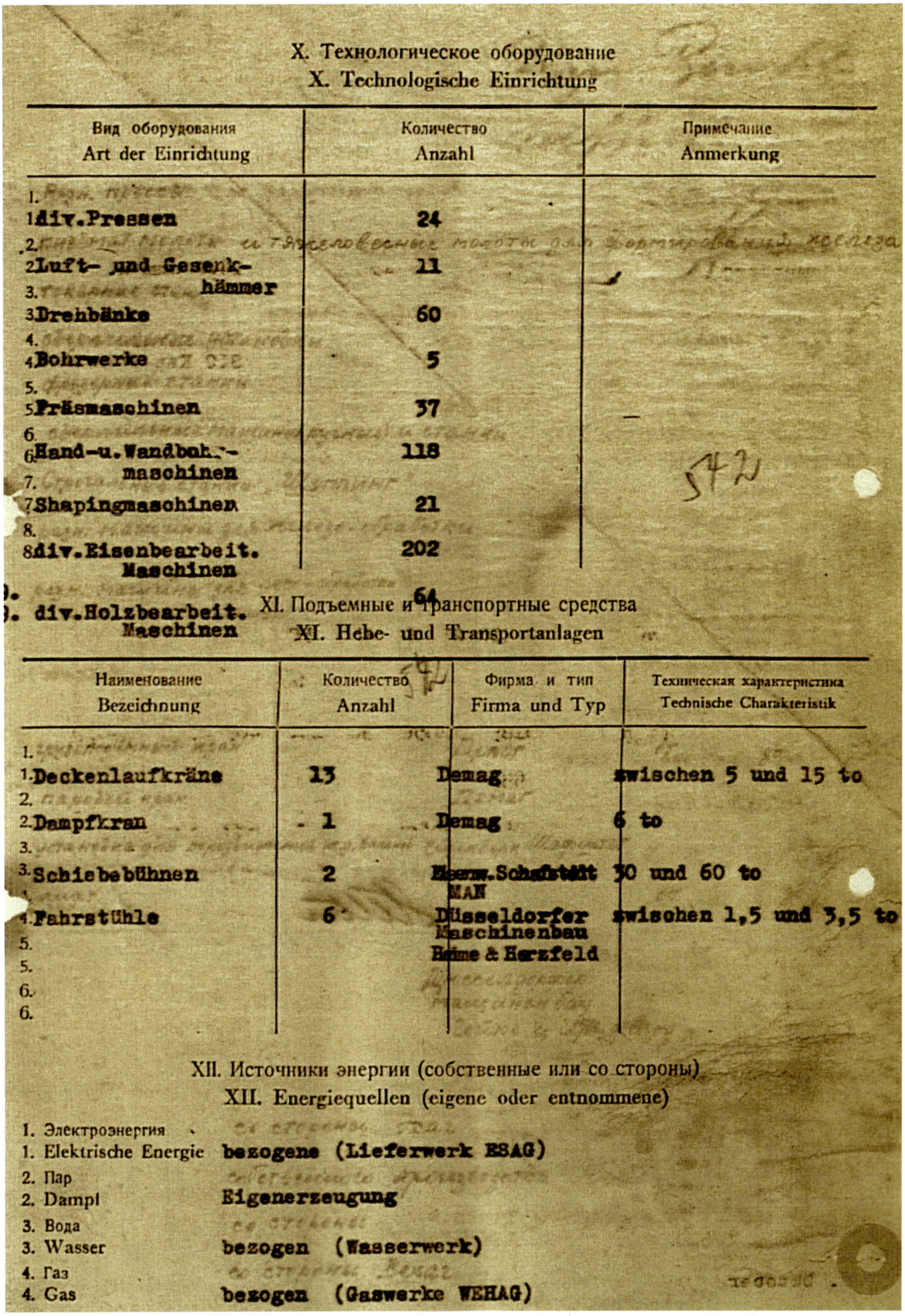

X. Технологическое оборудование
X. Technologische Einrichtung

Вид оборудования Art der Einrichtung	Количество Anzahl	Примечание Anmerkung
1. div. Pressen	24	
2. Luft- und Gesenk-hämmer	11	
3. Drehbänke	60	
4. Bohrwerke	5	
5. Fräsmaschinen	37	–
6. Hand-u. Wandbohr-maschinen	118	
7. Shapingmaschinen	21	
8. div. Eisenbearbeit. Maschinen	202	
9. div. Holzbearbeit. Maschinen	64	

XI. Подъемные и транспортные средства
XI. Hebe- und Transportanlagen

Наименование Bezeichnung	Количество Anzahl	Фирма и тип Firma und Typ	Техническая характеристика Technische Charakteristik
1. Deckenlaufkräne	13	Demag	zwischen 5 und 15 to
2. Dampfkran	1	Demag	6 to
3. Schiebebühnen	2	Masch.Schafstädt MAN	30 und 60 to
4. Fahrstühle	6	Düsseldorfer Maschinenbau Heine & Herzfeld	zwischen 1,5 und 3,5 to
5.			
6.			

XII. Источники энергии (собственные или со стороны)
XII. Energiequellen (eigene oder entnommene)

1. Электроэнергия
1. Elektrische Energie bezogene (Lieferwerk ESAG)
2. Пар
2. Dampf Eigenerzeugung
3. Вода
3. Wasser bezogen (Wasserwerk)
4. Газ
4. Gas bezogen (Gaswerke WEHAG)

Abb. 383: SMAD-Inventur 3 der Gottfried Lindner AG, Ammendorf, 22. Oktober 1945.

383. LHASA, MER, G. Lindner AG, Ammendorf, 1. Abl. Nr. 4.

228

XIII. Энергетические установки
XIII. Energetische Anlagen

Наименование установок Bezeichnung der Anlagen	Количество Anzahl	Фирма и тип Firma oder Typ	Мощность или производительность Kapazität oder Produktivität
1. Dampfkessel	5	Feger, Ammend.	ca. 90 m² Heizfl. 14
2. Kompressoren	3	Demag Weise & Monski	13,2 cbm u. 9 cbm
3 x Turbo-Generator	1	AEG	812 KVA

XIV. Состав предприятия
XIV. Bestand des Unternehmens

№№ п.п. Lfd. Nr.	Наименование цехов Bezeichnung der Abteilung	Полезная площадь Nutzfläche 1939	1944	Колич. технологич. оборудования Anzahl der technolog. Einrichtung 1939	1944	Колич. работающих Anzahl der Beschäftigten 1939	1944	Выпуск продукции в тыс. марок Produktionshöhe in Tausend RM 1939	1944
1.	Eisenbearbeitung	4250	11360	150	208	283	262		
2.	Waggonmontage	23200	23200	40	50	406	402	3016	7177 Waggonbau
3.	Holzbearbeitung	5650	5650	49	64	111	85		
4.	Anhängermontage	11850	11850	90	100	485	548	24459	25439 (Anh. u. Landr
5.	Nebenbetriebe	5510	5510	85	120	548	628		
6.	Verwaltung	1860	1860	-	-	206	238		

ДИРЕКТОР ИЛИ ВЛАДЕЛЕЦ ПРЕДПРИЯТИЯ (Подпись)

Direktor oder Eigentümer des Unternehmens (Unterschrift)

Betriebsdirektor Techn. Direktor

УПОЛНОМОЧЕННЫЙ ПРОВИНЦИАЛЬНОГО САМОУПРАВЛЕНИЯ (Подпись)

Der Bevollmächtigte der Provinzialselbstverwaltung (Unterschrift)

ПРЕДСТАВИТЕЛЬ СВА (Подпись)

Vertreter der SMV (Unterschrift)

„___" ________ 1945 г.

22. Oktober 1945

Abb. 384: SMAD-Inventur 4 der Gottfried Lindner AG, Ammendorf, 22. Oktober 1945.

384. LHASA, MER, G. Lindner AG, Ammendorf, 1. Abl. Nr. 4.

Alea iacta est –
Die Würfel sind gefallen
Lindner gehört zu den exzellenten Perlen

Die Niederschrift der Aufsichtsratssitzung vom 14. Februar 1946 zeigte, dass nun Klarheit herrschte – die Russen wollten Ammendorf wegen der Produkte und wegen der Qualität. Die Würfel waren gefallen. LINDNER sollte zu den 19,5% der Sowjetischen Aktiengesellschaften-Produktion in der Sowjetischen Besatzungszone SBZ gehören (Abb. 385, gegenüber).[385] Zunächst versuchten Aufsichtsrat und Vorstand sowie die Provinzialverwaltung, LINDNER aus dem SMA-Portfolio herauszulösen:

> *»Gemäß dem Befehl 124 war es notwendig, dass die Verwaltung das Anerkenntnis der Beschlagnahme durch die S. M. A. unterschrieb. Es haben mit Herrn Siewert der Provinzialverwaltung Verhandlungen stattgefunden, um zu erreichen, dass die Beschlagnahme aufgehoben wird. Nach Mitteilung der Provinzialverwaltung liegt ein Provinzialbeschluss dahingehend vor, dass Herr Präsident Dr. Hübener gebeten wurde, mit Herrn Generalmajor Kottikow der S. M. A. wegen Freigabe der Firma Lindner aus dem Bereich des Befehls 124 zu verhandeln. Unabhängig davon hat uns die Provinzialverwaltung angeraten, das schriftliche Einspruchsverfahren weiter zu betreiben.«*[386]

Finanzamt will Zweigwerksteuer nicht

> *»Das Finanzamt hat uns mitgeteilt, dass wir bei der Berechnung der Gewerbe- und Körperschaftssteuer die Zweigwerke herauslassen müssen. Dies trifft sogar für Dresden zu, obwohl dieses Zweigwerk in der russischen Besatzungszone liegt, weil das Bundesland Sachsen seine eigene Steuergesetzgebung geschaffen hat und verlangt, dass auch unselbständige Zweigwerke ihre Steuern selbst zu bezahlen haben. ... Für die in der Westzone liegenden Zweigwerke muss mit mit ganz anderen gesellschaftsrechtlichen Bestimmungen gerechnet werden.«*[387]

385. LHASA Sachsen-Anhalt, MER, G. Lindner AGH, Ammendorf, Nr. 212, S. 57.
386. LHASA Sachsen-Anhalt, MER, G. Lindner AGH, Ammendorf, Nr. 212, S. 59.
387. LHASA Sachsen-Anhalt, MER, G. Lindner AGH, Ammendorf, Nr. 212, S. 57.

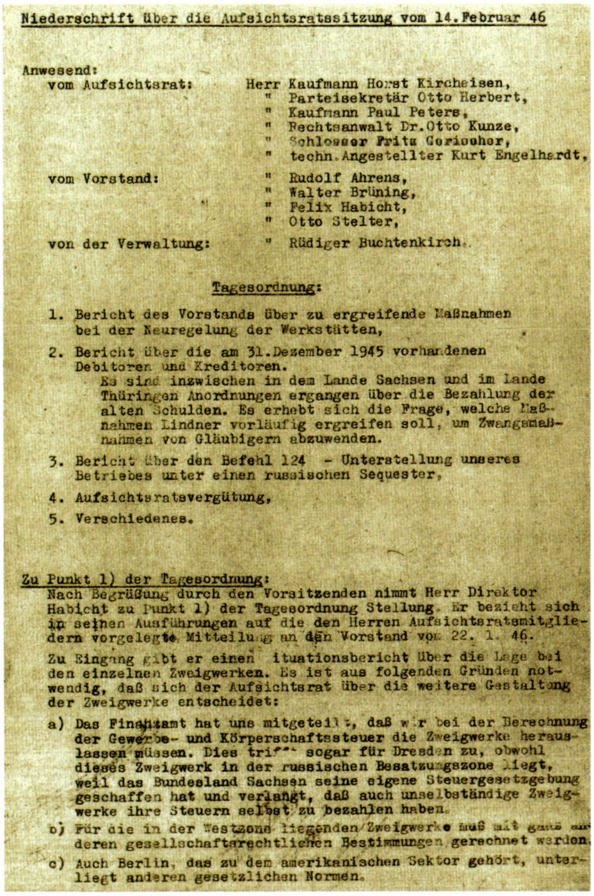

Niederschrift über die Aufsichtsratssitzung vom 14.Februar 46

Anwesend:
vom Aufsichtsrat: Herr Kaufmann Horst Kircheisen,
" Parteisekretär Otto Herbert,
" Kaufmann Paul Peters,
" Rechtsanwalt Dr.Otto Kunze,
" Schlosser Fritz Gerischer,
" techn.Angestellter Kurt Engelhardt,
vom Vorstand: " Rudolf Ahrens,
" Walter Brüning,
" Felix Habicht,
" Otto Stelter,
von der Verwaltung: " Rüdiger Buchtenkirch.

Tagesordnung:

1. Bericht des Vorstands über zu ergreifende Maßnahmen bei der Neuregelung der Werkstätten,
2. Bericht über die am 31.Dezember 1945 vorhandenen Debitoren und Kreditoren.
   Es sind inzwischen in dem Lande Sachsen und im Lande Thüringen Anordnungen ergangen über die Bezahlung der alten Schulden. Es erhebt sich die Frage, welche Maßnahmen Lindner vorläufig ergreifen soll, um Zwangsmaßnahmen von Gläubigern abzuwenden.
3. Bericht über den Befehl 124 - Unterstellung unseres Betriebes unter einen russischen Sequester,
4. Aufsichtsratsvergütung,
5. Verschiedenes.

Zu Punkt 1) der Tagesordnung:
Nach Begrüßung durch den Vorsitzenden nimmt Herr Direktor Habicht zu Punkt 1) der Tagesordnung Stellung. Er bezieht sich in seinen Ausführungen auf die den Herren Aufsichtsratsmitgliedern vorgelegte Mitteilung an den Vorstand vom 22. 1. 46.

Zu Eingang gibt er einen Situationsbericht über die Lage bei den einzelnen Zweigwerken. Es ist aus folgenden Gründen notwendig, daß sich der Aufsichtsrat über die weitere Gestaltung der Zweigwerke entscheidet:

a) Das Finanzamt hat uns mitgeteilt, daß wir bei der Berechnung der Gewerbe- und Körperschaftssteuer die Zweigwerke herauslassen müssen. Dies trifft sogar für Dresden zu, obwohl dieses Zweigwerk in der russischen Besatzungszone liegt, weil das Bundesland Sachsen seine eigene Steuergesetzgebung geschaffen hat und verlangt, daß auch unselbständige Zweigwerke ihre Steuern selbst zu bezahlen haben.
b) Für die in der Westzone liegenden Zweigwerke muß mit ganz anderen gesellschaftsrechtlichen Bestimmungen gerechnet werden.
c) Auch Berlin, das zu dem amerikanischen Sektor gehört, unterliegt anderen gesetzlichen Normen.

Abb. 385: Niederschrift über die Aufsichtsratssitzung, 14. Februar 1945.

Kreditoren und Debitoren nach dem Krieg

Eine wichtige Frage in dem neuen, zerissenen Land war die Schuldner-Gläubiger-Frage. Muss alles zurückgezahlt werden? Kann alles Verkaufte und Geborgte zu Geld gemacht werden? Bei LINDNER wusste man es auch nicht und fragte die Provinzialregierung:

> *»Die Geschäftsleitung hat dem Aufsichtsrat eine Übersicht über die per 31. Dezember 1945 bestehenden Debitoren und Kreditoren gegeben. Zwecks Klärung der Frage – Verpflichtungen aus Kaufverträgen vor dem 8. Mai 1945 – hat sich die Firma Lindner an den Herren Präsidenten der Provinz Sachsen gewandt. Dieser hat mit Schreiben vom 4. Februar 1946 geantwortet und darauf hingewiesen, das im Nichtzahlungsvermögen jeder Gläubiger für sich die Rechte aus dem Gesetz über eine Bereinigung alter Schulden in Anspurch nehmen kann.«*[388]

388. LHASA Sachsen-Anhalt, MER, G. Lindner AGH, Ammendorf, Nr. 212, S. 58.

Vergütung für Aufsichtsrat neu geregelt
Der Aufsichtsrat beschloss am 14. Februar 1946 auch die Änderung der Vergütungen:

> »*a) Jedes Mitglied des Aufsichtsrats bekommt pro Sitzungstag eine Aufwandsentschädigung von M 50.--.*
> *Dabei wird klar herausgestellt, dass der Vorsitzende auch für Sondersitzungen, die er mit der Verwaltung zur Durchführung seiner Geschäfte als Vorsitzender halten muss, den gleichen Betrag erhält.*
> *b) Der Aufsichtsrat verzichtet für 1945 und 1946 auf die in der Satzung festgelegten festen Bezüge.*
> *Hinsichtlich der Gewinnbeteiligung beschließt der Aufsichtsrat,*
> *c) dass ein etwa zur Verteilung kommender Gewinn auch an den Aufsichtsrat zu zahlen ist und zwar in Anlehnung an die Beschlüsse, die für die Gewinnbeteiligung der Gefolgschaft gefasst werden.*«[389]

Geld ist alle wegen Steuerforderung 1943
Nach der Vorlage des Monatsberichts für Januar 1946 erfasste den Aufsichtsrat Sorge um das Geld:

> »*Interessant daraus ist die Tatsache, dass im Monat März das jetzt bestehende Bankguthaben bis auf rund M 24 000.-- abgesunken sein wird, wenn die steuerlichen Forderungen in der bisherigen Höhe bestehen bleiben. Die Verwaltung wird mit allen Mitteln gegen die jetzt erfolgten Steuerveranlagungen für Gewerbe- und Körperschaftssteuer bei dem Finanzamt vorgehen. Es ist unbegründet, Steuern nach der Grundlage des Jahres 1943 zu erheben. Es ist klar erwiesen, dass die Gesellschaft im Jahre 1945 keinen Gewinn hatte und nach der Lage der Sache auch im Jahre 1946 einen Gewinn nicht haben wird. Es kann und muss die Steuervorauszahlung diesem Tatbestand angepasst werden. Über das Ergebnis der Verhandlungen mit dem Finanzamt, evtl. mit der Provinzialverwaltung ... wird der Aufsichtsrat brieflich unterrichtet werden.*«[390]

389. LHASA, MER, G. Lindner AGH, Ammendorf, Nr. 212, S. 59.
390. LHASA, MER, G. Lindner AGH, Ammendorf, Nr. 212, S. 59–60.

Bald ist alles repariert, nun wird produziert
Otto Stelter über die Produktion:

> »*Es kann festgestellt werden, dass trotz aller Hemmnisse das Januar-Programm erfüllt wurde. Das Auflage-Programm für Februar beträgt 800 Wagen. Inwieweit es möglich sein wird, dieses zu erfüllen, steht noch nicht fest. Der Betrieb wird alle Kräfte daran setzen, um das geforderte Soll, das sehr hoch ist, zu meistern.*
> *Ob über den Monat Februar hinaus noch mit der Zuführung wesentlicher Mengen von Schadenswagen gerechnet werden kann, ist unwahrscheinlich. Bei Fortfall der Wagenzuführung werden die Fabrikationslage und der Einsatz der ... Arbeitskräfte Schwierigkeiten bereiten, trotzdem zurzeit mit geringen Kräften bereits gewisse Vorarbeiten für die sonstigen noch vorhandenen Aufträge geleistet werden. Als erstes soll versucht werden, die GGths-Wagen (rund 80 Stück) zu bauen, weil das Material hierfür zum großen Teil im Hause ist. Daneben läuft als besonders vordringlich ein Reparationsauftrag über 2000 Güterwagen. Mit der Lieferung dieser Wagen soll ab Mitte Juni bereits begonnen werden; die Auslieferung soll am 31. Dezember 1946 beendet sein. Dabei weist Herr Stelter noch darauf hin, dass in Verhandlungen in Berlin die Federführung für diesen Reparationsauftrag auch hinsichtlich der Konstruktion der Firma Lindner übertragen wurde.*«[391]

Abb. 386: Ankunft eines Reparaturwaggons, Ammendorf 1945.

391. LHASA, MER, G. Lindner AGH, Ammendorf, Nr. 212, S. 58.

Konstruktionsplanungen

Ohne Straßenbahnen keine volle Auslastung, aber diversifiziertes Portfolio hilft auch hier in der Not

Herr AHRENS schilderte am 14. Februar 1946 über die Konstruktionspläne:

»wie schwierig es ist, jetzt eine klare Linie zu finden. Er verweist auf Befehl 20, wonach alle bestehenden Aufträge neu registriert werden müssen und gibt bekannt, dass die Registrierung bisher noch nicht durchgeführt wurde. Die erste Aufgabe, mit der sich das Konstruktionsbüro beschäftigt, ist der Reparationsauftrag auf 2 000 Güterwagen. Weiter sind in Planung Traktorenanhänger, normale Anhänger, Ackerwagen. Besonders vordringlich beschäftige sich das Konstruktionsbüro auch mit der Frage, wie das vorhandene Heeresmaterial evtl. in anderer Fertigung zur Verwendung kommen kann. Das Wichtigste bleibt nach wie vor für uns, zu erreichen, dass wir Straßenbahnwagen-Ausbesserungen und -Neubauten durchführen dürfen, weil dadurch erst die Ausnutzung unseres Maschinenparkes gegeben ist. Er bittet die Herren Mitglieder des Aufsichtsrates, auch ihrerseits bei den maßgebenden Stellen dafür zu sor gen, dass sich die russischen Militär-Dienststellen damit einverstanden erklären, dass wir das Straßenbahn-Programm, das für die Bewältigung des Verkehrs ja auch unbedingt erforderlich ist, genehmigt erhalten.«[392]

Material immer noch knapp

Herr HABICHT über die Knappheit:

»Es werden ... für die Güterwagen-Reparatur im Februar 2000 cbm Holz benötigt; 800 cbm sind bisher erst sichergestellt ... Besondere Schwierigkeiten sind ... jetzt dadurch entstanden, dass gemäß Befehl 29 – Registrierung von Aufträgen – alle schon genehmigten Kontingente verfallen sind, die Neueinreichung von Kontingentscheinen aber noch nicht möglich ist, weil die Provinzialverwaltung mit der Registrierung der Aufträge nicht nachkommt. ... weiter noch die Schwierigkeiten beim Bezug von Sauerstoff und Karbid und betont noch einmal, dass wir unter allen Umständen versuchen, das alte Heeresmaterial zu verwerten, wobei es bisher schon gelungen ist, für rund M 200 000.-- aus diesen Beständen an Privatabnehmer zu verkaufen. Um die Verwertung dieser Bestände noch weiter zu steigern, haben wir unsere in der sowjetischen Zone liegende Verkaufsorganisation eingeschaltet.«[393]

Dieses Zitat zeigt deutlich, wie schwierig die Rationierungs- oder Kontingentwirtschaft war und ist. Die Provinzialregierung und die Sowjetische Militäradministration Sachsen-Anhalt behinderten sich gegenseitig und verzögerten den schnellen Wiederaufbau. Die LINDNER-Mitarbeiter versuchten, diese Hemnisse zu umgehen.

Sozialleistungen

Eine Kuh und ein Schwein

Herr BRÜNING über Soziales:

»Er weist darauf hin, dass das Weihnachtsfest für ... 800 Kinder ca. M 10 000,-- gekostet hat, das die Aufwendungen an Kindergeld für diejenigen Kinder, deren Väter noch nicht vom Heer zurückgekommen oder gefallen sind, M 9 000,-- betragen haben. Diese ... wurden aus dem 25%igen Gehaltsabzug der früheren Angehörigen der NSDAP aufgebracht. ... Aufgrund der von dem Betrieb erzielten Leistungen bei der Güterwagenreparatur hat die SMA ca. 20 000 Zigaretten für den Betrieb beschafft. Außerdem sind uns versprochen worden: 20 Zentner Kartoffeln, 1 Kuh, 1 Schwein und 1 Zentner Mehl.«[394]

Gerade die letzten Zeilen zeigen, dass es sich immer noch um eine Natural-Tausch-Gesellschaft handelte. Man brauchte nicht Gold und nicht Geld, sondern Zigaretten, Kartoffeln, Kühe, Schweine und Mehl, um die täglichen Bedürfnisse der Menschen in ausreichendem Maße zu befriedigen.

392. LHASA, MER, G. Lindner AG, Ammendorf, Nr. 212, S. 60.

393. LHASA, MER, G. Lindner AG, Ammendorf, Nr. 212, S. 61.

394. LHASA, MER, G. Lindner AG, Ammendorf, Nr. 212, S. 61.

Letzte Aufsichtratssitzung vor Liquidation
Die letzte Aufsichtsratssitzung der GOTTFRIED LINDNER AG vor der folgenden Sequestration und späteren Liquidation fand am 8. Mai 1946 statt. Anwesend waren:
Vom Aufsichsrat
Kaufmann HORST KIRCHEISEN
Parteisekretär OTTO HERBERT
Kaufmann PAUL PETERS
Rechtsanwalt DR. OTTO KUNZE
Schlosser FRITZ GERISCHER
Angestellter KURT ENGELHARDT
Vom Vorstand
RUDOLF AHRENS
WALTER BRÜNING
FELIX HABICHT
OTTO STELTER
Von der Verwaltung
RÜDIGER BUCHTENKIRCH
Die Tagesordnungspunkte waren jedoch eher banal. Es ging um den Antrag auf Erneuerung des Kesselhauses:

»Das Kesselhaus ist im Jahre 1914–15 gebaut worden und seitdem nicht mehr vergrößert. Das Kesselhaus war eingerichtet auf eine Heizfläche von 150 000 cbm, während das Kesselhaus jetzt 600 000 cbm versorgen muss. Schon an Hand dieser Zahlen leuchtet es ein, dass sich daraus fast unüberwindbare Schwierigkeiten in der Heizperiode ergeben. Hinzu kommt noch, dass die jetzt zur Verwendung kommende Rohbraunkohle sehr salzhaltig ist, wodurch sich dauernd Störungen im Kesselbetrieb ergeben.
In der früheren Zeit hat man sich durch erhöhten Stromfremdbezug geholfen, der erhebliche Ausgaben verursacht ... Schon nach der Durchführung des 1. Bauabschnittes würde sich eine Jahresausgabenminderung durch den Wegfall ... von Fremdstrom ... von ... RM 250 000.-- ergeben. ... Es wird der SMA-Karlshorst dieses Projekt zur Genehmigung unterbreitet, da der Wirtschaftsoffizier darum ausdrücklich gebeten hat.«[395]

Die Sowjets hatten offensichtlich schon hier viel zu sagen bei Investitionen.

395. LHASA, MER, G. Lindner AG, Ammendorf, Nr. 212, S. 60.

Bilanz für 1945 liegt vor: kein Konkurs!
Der nächste besprochene Tagesordnungspunkt war die Bilanz für 1945:

»Es liegt die Bilanz ... vor, die mit einem ... Verlust von RM 4 799 988,65 schließt. ... Der Aufsichtsrat war sich darüber klar, dass kaum möglich ist, zur Zeit ein endgültiges Bilanzbild zu erstellen, weil über die verschiedensten Punkte, z. B. Verpflichtungen und Forderungen vor dem 8. Mai 1945 noch keinerlei Ausführungsbestimmungen vorliegen und weil es auch ungeklärt ist, in welcher Form in der Bilanz Forderungen gegenüber dem Reich und früheren Reichsbehörden eingesetzt werden können. ... Der Aufsichtsrat war sich aber darüber einig, dass die vorliegende Bilanz keinen Anlass gibt a) einen Antrag auf Konkurs oder ein Vergleichsverfahren zu stellen; b) keine Veranlassung vorliegt, zur Zeit einen Antrag an das Gericht gemäß dem Gesetz über die Bereinigung alter Schulden zu richten.«[396]

Produktion von 2 000 offenen Güterwagen
Über die Produktion wurde nur kurz ausgeführt, dass entsprechend Befehl 70 im zweiten Halbjahr 1946 2 000 offene Güterwagen nach russischer Bauart zu liefern waren. Offenbar hatten die Russen nun auch in der Konstruktion das Sagen.

Gehaltskürzungen werden aufgehoben
Herr BRÜNING über Soziales:

»dass bei einem Teil der Angestellten die seinerzeit durchgeführte Gehaltskürzung teilweise wieder aufgehoben worden ist, und zwar mit Wirkung ab 1. März 1946. In logischer Folge dieser Regelung beschloss der Aufsichtsrat, zumal auch der Betriebsrat mit dieser Regelung einverstanden ist, auch die Gehaltsbezüge des Vorstandes wieder in einem gewissen Umfange an die alten Bezüge anzugleichen. Das Gehalt für jedes Vorstandsmitglied wurde ... um RM 300.-- pro Monat ab 1. März 1946 erhöht.«[397]

396. LHASA, MER, G. Lindner AG, Ammendorf, Nr. 212, S. 61.
397. LHASA, MER, G. Lindner AG, Ammendorf, Nr. 212, S. 61.

Enteignung und Einteilung des Eigentums

Die Konstituierung der Sowjetischen Aktien-Gesellschaften (SAG) in der sowjetischen Besatzungszone begann im März 1946 und endete im Sommer 1948. In dieser Zeit erfolgte die Enteignung und Überführung in das nunmehrige Werk LINDNER der SAG TRANSMASCH. Die alte GOTTFRIED LINDNER AG wurde liquidiert. Dies war vor allem eine Eigentumsfrage. Die Bemühungen um die Herauslösung aus dem SAG-Eigentum waren gescheitert. OTTO STELTER wurde der Befehl erteilt, das Werk an den sowjetischen Generaldirektor ANDREJEW zu übergeben. 1947 erfolgte die Eintragung bei den deutschen Gerichten in die Grundbücher. Beim Ministerrat der UdSSR wurde eine Hauptverwaltung für sowjetisches Eigentum im Ausland gebildet, die die einzelnen Werke in fachliche Gruppen sortierte und zu 28 SAGs zusammenfasste. Das Werk LINDNER gehörte zur SAG TRANSMASCH. Diese Sortierung wurde später auch von der DDR ähnlich übertragen. So gehörte der spätere VEB Waggonbau Ammendorf zum VEB Kombinat Schienenfahrzeugbau Berlin (Abb. 387).[398]

VEB Waggonbau Ammendorf
im VEB Kombinat Schienenfahrzeugbau Berlin

Abb. 387: VEB Waggonbau Ammendorf, Ammendorf 1989.

Aus Waggonfabrik Lindner wird Waggonfabrik Ammendorf SAG Transmasch

Die Sowjets wollten die gesamte Produktion des Werkes. Immerhin betrug der Anteil des Waggonbaus in Ammendorf am späteren Gesamt-Export der DDR in die UdSSR 3%, was sehr viel ist. Da kein weiterer Export ursprünglich vorgesehen war, nutzte auch der Markenname LINDNER nicht mehr viel. Im Gegenteil, er war ähnlich dem Namen IG FARBEN mit dem Krieg der Nazis verbunden. Um auch den bekannten Markennamen LINDNER zu tilgen, geschah in der SAG-Zeit (1948–1950) die Umbenennung von Werk LINDNER in Waggonfabrik Ammendorf (Abb. 388).[399]

398. Erfahrungen und Methoden der Betriebsparteiorganisation der SED bei der Vorbereitung und Durchführung der neuen Reisezugwagengeneration „WPX", Halle 1989.
399. Fotoalbentitel, Ammendorf, um 1948–50.

Abb. 388: Umwandlung von Name und Marke, Ammendorf um 1948–1950.

Die neue Hierarchie

Anstelle des Aufsichtsrats gab es nun eine Bilanzkommission mit einem Vorsitzenden, einem stellvertretenden Vorsitzenden, vier weiteren Kommissionsmitgliedern und einem Sekretär der Bilanzkommission. Die Namen wechselten häufig, die Personen waren aber alle aus der Sowjetunion.

An die Stelle des Vorstandes trat nun: der Generaldirektor, der Chefingenieur, der Hauptbuchhalter (alle drei aus der Sowjetunion) sowie der Direktor, der technische Direktor, der kaufmännische Direktor, der Gehilfe des Direktors für Arbeit und der Hauptbuchhalter (alle fünf letztgenannten Positionen wurden an Deutsche vergeben).[400] Der erste sowjetische Generaldirektor hieß ANDREJEW, der erste deutsche Direktor der SAG war FRANZ GAIDA.

400. LHASA, MER, VEB Waggonbau Ammendorf, Ammendorf, 1. Abl., Nr. 9, S. 1.

Literatur

Dostal, Michael: Wagen, München 2006.
Fabian, Wolfgang: Befreier, Ammendorf 1981.
Fabian, Wolfgang: Erinnerungen und Erfahrungen, Ammendorfer Gespräche, Ammendorf 1987.
Fabian, Wolfgang: Kämpfer an unserer Seite, Dritter Teil, Ammendorf 1985.
Fabian, Wolfgang: Kämpfer an unserer Seite, Erster Teil, Ammendorf 1981.
Fabian, Wolfgang: Weite Strecken • Feste Freundschaft, Ammendorf 1981.
Frotscher, Johannes: Wo ist Fred?, Halle 2005.
Götze, Randolph: Die Geschichte des VEB Waggonbau Ammendorf in der Zeit vom Mai 1955 bis Januar 1957 (Diplomarbeit), Halle 1979.
Gottfried-Lindner-AG: Was müssen Sie vom Lastanhänger wissen?, Ammendorf um 1938.
Günther, Edith und Wolfgang Kroh: Moderne Schienenfahrzeuge, Berlin 1961.
Hoppe, Helmut: Die Betriebsgeschichte des VEB Waggonbau Ammendorf von Mai 1959 bis zum 13. August 1961 (Diplomarbeit), Halle 1979.
Hübner, Wolfgang: Die Geschichte des VEB Waggonbau Ammendorf von Januar 1957 bis März 1959 (Diplomarbeit), Halle 1979.
Jaeckel, Antonia: Zur Problematik der Ausfuhrbürgschaften und Ausfuhrgarantien der Bundesrepublik Deutschland in neuerer Zeit (Diplomarbeit), München 2001.
Judt, Matthias (Hrsg.): DDR-Geschichte in Dokumenten, Bonn 1998.
Kiefer, Peter: Die Geschichte des VEB Waggonbau Ammendorf in der Zeit nach dem 17. Juni 1953 bis zum 1. Mai 1955 (Diplomarbeit), Halle 1979.
Koch, Hannes: Erfahrungen und Methoden der Betriebsparteiorganisation der SED bei der Vorbereitung und Durchführung der neuen Reisezugwagengeneration „WPX“, Ammendorf 1989.
Krug, Günther: Auf den Schienen des Erfolgs, Berlin 1998.
Laibl, Angelika: 30 Jahre VEB Waggonbau Ammendorf (Diplomarbeit), Halle 1981.
Massalski, Karin: Die Geschichte des VEB Waggonbau Ammendorf in der Zeit vom Januar 1966 bis zum April 1967 (Diplomarbeit), Halle 1978.
Mende, Klaus: Moderne Schienenfahrzeuge, Berlin 1966.
Messerschmidt, Wolfgang: Vom Fuhrwerk zum Intercity, Stuttgart 1988.
Mühle, Monika: VEB Waggonbau Ammendorf in der ersten Etappe der antifaschistisch-demokratischen Umwälzung (Diplomarbeit), Halle 1978.
Mühlfriedel,W.: SAG-Betriebe – Schulen des Sozialismus, in: Jahrbuch für Wirtschaftsgeschichte, Heft IV, Berlin 1980.
Nadler, Christiane: Die Betriebsgeschichte des Waggonbau Amendorf von 1947 bis zur Gründung der Deutschen Demokratischen Republik im Jahre 1949 (Diplomarbeit), Halle 1978.
Oelsner, Petra: Geschichte des VEB Waggonbau Ammendorf in der Zeit vom Juni 1969 bis Juni 1971 (Diplomarbeit), Halle 1980.
Oestergaard, Alfred: Welt und Wissen, Gemeinverständliche, belehrende und unterhaltende Darstellungen aus allen Wissensgebieten, Berlin 1927.

Palm, Arno: Die Betriebsgeschichte des VEB Waggonbau Ammendorf vom 13. August 1961 bis zum VI. Parteitag der Sozialistischen Einheitspartei Deutschlands (Diplomarbeit), Halle 1980.
Papsch, Dietrich: Im Dschungel der Globalisierung, Jena 2007.
Quadt, Ernst: Deutsche Industrie Pioniere, Berlin 1940.
Rahm, Walter: Das Material im Fabrikbetrieb, Stuttgart 1929.
Rahm, Walter: Der Lohn im Fabrikbetrieb, Stuttgart 1929.
Rahm, Walter: Die Unkosten im Fabrikbetrieb, Stuttgart 1927.
Rahm, Walter: Fabrikorganisation für den mittleren und kleineren Betrieb, Berlin 1939.
Rahm, Walter: Gesetz der Betriebsgemeinschaft Gottfried Lindner Aktiengesellschaft Ammendorf bei Halle (Saale), Halle 1943.
Redaktionskollektiv: 20 Jahre DDR – 20 Jahre Entwicklung zum sozialistischen Großbetrieb, Ammendorf 1969.
Richter, Bernd: Die Betriebsgeschichte des VEB Waggonbau Ammendorf vom VI. Parteitag der SED bis zur 11. Tagung des ZK der SED im Dezember 1965 (Diplomarbeit), Halle 1980.
Rink, Joachim und Michael Schreiber: Die Geschichte des Waggonbau Ammendorf in der Zeit des Übergangs von der antifaschistisch-demokratischen Umwälzung zum sozialistischen Aufbau in der DDR (1949–1953)(Diplomarbeit), Halle 1979.
Schubert, Jutta: Die Geschichte des VEB Waggonbau Ammendorf in der Zeit vom April 1967 bis zum Juni 1969 (Diplomarbeit), Halle 1980.
Störiko, Alfred: 100 Jahre Verbände der deutschen Waggonindustrie 1877–1977, Frankfurt am Main 1977.
Westermann, Franz: Amerika wie ich es sah, Hamburg 1924.
Wagner, Peter et alii: Kleine Typenkunde deutscher Reisezugwagen, Stuttgart 1999.
Wulf, Torsten und Harald Hungenberg: Transition Strategies, New York 2002.

Abkürzungen

DELAPORT	Deutsche Lastanhänger Export Gemeinschaft
LHASA	Landeshauptarchiv Sachsen-Anhalt
MER	Merseburg
REFA	Reichsausschuss für Arbeitszeitermittlung
VEB	Volkseigener Betrieb

Bildnachweis

Für die Abbildungen wurden Bildnachweise auf der jeweiligen Seite angebracht. Sofern nicht extra vermerkt, stammen die Abbildungen aus den Beständen des Frotscher-Archivs. Es war nicht in allen Fällen möglich, die Rechteinhaber ausfindig zu machen und um Abdruckgenehmigung zu bitten. Berechtigte Ansprüche werden selbstverständlich im Rahmen der üblichen Konditionen abgegolten. Die Grafiken, Diagramme und Tabellen stammen von Sabine Schulz, Halle (Saale).

Wollen Sie wissen, wie die spannende Geschichte weiter geht?

Sie erfahren es im nächsten Band. Der zweite Band erscheint 2015.

Bestellen Sie den zweiten Band in jeder guten Buchhandlung oder direkt bei uns:

Sven Frotscher
FrotscherBuch
Carl-Robert-Str. 24
06114 Halle

T: 0345 17 11 204
F: 0345 17 11 2070
E: frotscherbuch@googlemail.com